Erwin Kräutler

Kämpfen, glauben, hoffen

W0173051

Dem Pilger unterwegs,
Bischof Erwin Kräutler,
Missionar, Mystiker, Kämpfer,
zur Vollendung seines 70. Lebensjahres
von den Weggefährten und Weggefährtinnen
des Indianermissionsrates CIMI
in zärtlicher Dankbarkeit.

Erwin Kräutler

Kämpfen, glauben, hoffen

Mein Leben als Bischof am Amazonas

Zusammengestellt und eingeleitet von Paulo Suess
mit einem Geleitwort von Franz Weber

Vier-Türme-Verlag

Bibliographische Information der Deutschen Nationalbibliothek
Die Deutsche Nationalbibliothek verzeichnet diese Publikation in der Deutschen Nationalbibliographie. Detaillierte bibliographische Daten sind im Internet über http://dnb.d-nb.de abrufbar.

Aus dem Portugiesischen übersetzt von Monika Ottermann
und Anna Maria Krammer (S. 174–198, 229–245)

2. Auflage 2012
© Vier-Türme GmbH, Verlag, Münsterschwarzach 2011
Alle Rechte vorbehalten

Diese Ausgabe ist eine überarbeitete Ausgabe des brasilianischen Originaltitels:
ERWIN KRÄUTLER, PAULO SUESS (HRSG.)
Servo de Cristo Jesus – Memórias de luta e esperança
erschienen bei:
Paulinas
Rua Dona Inácia Uchoa, 62
04110-020 - São Paulo - SP (Brasil)
www.paulinas.org.br
© Pia Sociedade Filhas de São Paulo – São Paulo, 2009
ISBN 978-85-356-2489-2

Umschlagfotos: Dietmar Stiplovsek, Hohenems (Portrait Bischof Kräutler)
und gaelj / Fotolia.com
Druck und Bindung: Friedrich Pustet KG, Regensburg
ISBN 978-3-89680-534-8
www.vier-tuerme-verlag.de

TEIL II: INDIGENE VÖLKER

TEIL III: MYSTIK

TEIL IV: ANKLAGE

TEIL V: ZEUGNIS

Geleitwort zur deutschen Ausgabe

Am 6. Dezember 2010 wurde Erwin Kräutler, dem Bischof der Prälatur Xingu, Brasilien, in Stockholm der Right Livelihood Award, der Alternative Nobelpreis, für sein Engagement für »die Menschenrechte der Indios und die Erhaltung des tropischen Regenwaldes im Amazonasgebiet« verliehen. Seit 1980 geht diese von Jakob von Uexküll gegründete Auszeichnung an Personen oder Organisationen, die sich mit Tatkraft und Mut für Menschenrechte, Frieden, Schutz der Umwelt, Rechte von Minderheiten, für die Gestaltung einer besseren Welt für alle Menschen einsetzen.

Als ich am 30. September 2010 über die Nachrichten von dieser Auszeichnung erfuhr, gratulierte ich Bischof Kräutler mit einer kurzen E-Mail zu diesem in meinen Augen absolut verdienten Preis für einen unerschrockenen Verfechter der Rechte der indigenen Völker und des damit verbundenen Schutzes des Lebensraumes Amazonien. Seine Antwort ließ nicht lange auf sich warten. Er bedankte sich für die Glückwünsche und schrieb in aller Bescheidenheit: »Dieser Preis gilt nicht mir alleine, sondern allen Menschen und Gruppen, in Brasilien, Europa und weltweit, die sich für die indigenen Völker und den bedrohten Amazonasraum einsetzen.«

Allein diese kurze Antwort wirft ein Licht auf den Kirchenmann und profilierten Theologen Bischof Erwin Kräutler, der weit über die Grenzen Brasiliens hinaus bekannt ist. Auch im deutschsprachigen Raum wurde sein unerschrockenes Engagement immer wieder mit Ehrungen und Auszeichnungen gewürdigt. Im akademischen Bereich verliehen ihm die Universitäten von Innsbruck (1992), Luzern (1992), Bamberg (1993) und Salzburg (2009) die Ehrendoktorwürde.

Für viele kirchlich und auch außerkirchlich, sozial und politisch engagierte Gruppen an der Basis ist Bischof Kräutler immer wieder Referenz, Vergewisserung und Ermutigung für das eigene Engagement. So wage ich zu behaupten, dass Dom Erwin, wie er in Brasilien genannt wird, hier bei uns eine Breitenwirkung erzielt wie kein anderer Bischof aus dem Süden.

Er verkörpert durch sein Glaubenszeugnis und seinen Einsatz »mit Leib und Seele« eine Kirche, der es im Geist des Zweiten Vatikanischen Konzils »um die Rettung der menschlichen Person« und »um den rechten Aufbau der menschlichen Gesellschaft« geht (Pastoralkonstitution, Nr. 3). Viele Menschen sehnen sich, besonders in einer Zeit der Krise, nach solchen Vertretern einer Kirche, die sich ihrer Weltverantwortung nicht entzieht und gerade dadurch auf neue Art und Weise glaubwürdig wird.

Worin liegt nun der Grund dieser hohen Reputation, ja sogar exemplarischen Funktion, die Bischof Kräutler hier im deutschsprachigen Raum genießt?

Meiner Meinung nach in seiner radikal prophetischen Anwaltschaft für die Armen, die Ausgeschlossenen, die indigenen Völker, die kulturell anderen und die bedrohte »Mitwelt«, wie er selbst seinen Einsatz für Amazonien umschreibt. Wie die Propheten des Alten Bundes und der Völkerapostel Paulus gerät auch er in Bedrängnis (vgl. 2 Kor 4,8ff), erhält Morddrohungen und kann sich nur mit zwei Bodyguards, die ihm die brasilianische Regierung als Leibwächter zugeteilt hat, in seiner riesigen Diözese bewegen.

Das vorliegende Buch hat Bischof Kräutlers treuer Weggefährte und theologische Berater des Indianermissionsrates Prof. Dr. Paulo Suess aus São Paulo zu Dom Erwins 70. Geburtstag im Juli 2009 herausgebracht. Die deutsche Fassung wurde durch einige aktuelle, nach 2009 von Bischof Kräutler gehaltene Predigten und Reden ergänzt. Texte aus verschiedenen Etappen des durch und durch missionarischen Lebensprojektes von Dom Erwin sind hier veröffentlicht und zeigen uns einen Menschen, der mit jeder Faser seiner Existenz das verwirklicht, was sein Leitwort als Bischof ausdrückt, »Diener Christi Jesu« (Röm 1,1) zu sein. Das Kapitel »Mystik« und die Zeugnisse am Ende des Buches geben uns einen Einblick in die innersten Kraftquellen dieses unendlich engagierten und absolut glaubwürdigen Kirchenmannes oder sagen wir besser Gottesmannes!

Engagement für die Armen und Ausgeschlossenen, Bewahrung der Schöpfung, kirchliche Basisgemeinden, die missionarische Dimension der Kirche, Einheit von Mystik und Politik, das sind Themen, die auch uns im deutschen Sprachraum umtreiben und nach neuen Wegen suchen lassen. Ich wünsche diesem begeisternden und engagierten Buch eines Propheten unserer Zeit und Grenzgängers zwischen den Welten eine breite Leserschaft.

Danke, lieber Erwin, für das, was du vielen von uns bist – ein glaubwürdiger Zeuge dafür, dass eine »andere Welt« möglich ist.

Prof. Dr. Franz Weber, Innsbruck
Lehrstuhl für interkulturelle Pastoraltheologie
und Missionswissenschaft

Vorwort

Die Lebenden, nur die Lebenden
können dich preisen, wie ich am heutigen Tag.

JES 38,19

Am 12. Juli 2009 vollendete Bischof (Dom) Erwin Kräutler, Missionar vom Kostbaren Blut Christi (CPPS) und Bischof der Prälatur Xingu, Bundesstaat Pará, Brasilien, sein 70. Lebensjahr. Wer ihn kennt, der spürt bald in seiner gesamten Ausstrahlung, in seinen Bewegungen, in seiner Gestik, im Gespräch, eine Jovialität und einen Charme, die vermutlich ein Erbe seines Vaterlandes sind. Man kann es fast nicht glauben, vor einem 70-Jährigen zu stehen. Österreich ist sein »Vaterland«, aber Brasilien ist sein »Mutterland«, in dem er mehr als die Hälfte seines Lebens verbracht hat, um zum Aufbau des weltweiten »Geschwisterlandes« beizutragen.[1]

Nach dem Kirchenrecht gehört er seit 1965 der Ortskirche des Xingu an, deren Sitz die Stadt Altamira im Amazonasgebiet ist. Aber in Wirklichkeit ist und fühlt er sich immer auch als ein Teil der Welt und der Universalkirche, die er mit einer Vertrautheit bereist, als ob sie der Xingu-Fluss oder die Transamazônica seien. Er ist immer unterwegs, immer auf der Durchreise. Alle möchten ihn festhalten – einige, weil seine Gegenwart ihnen guttut, andere, weil seine Gegenwart ihnen unbequem ist. Die Liebe Christi treibt ihn (vgl. 2 Kor 5,14). Eine missionarische Existenz!

Dieses Buch trägt im brasilianischen Original den Titel »Diener Christi Jesu« und den Untertitel »Erinnerungen an Kampf und Hoffnung«. Es enthält Erinnerungen an ein missionarisches Lebensprojekt, das dem Aufbau dieses universalen Geschwisterlandes gewidmet ist. Texte, Begegnungen und Erfahrungen des Mannes, der hier gewürdigt wird, zeigen uns verschiedene Phasen dieses einen Projektes, den Lebensweg eines treuen Zeugen und Dieners eines Neuen Bundes (vgl. 2 Kor 3,6).

Für uns vom brasilianischen Indianermissionsrat (*Conselho Indigenista Missionário, CIMI*) ist es ein großes Geschenk, Dom Erwin zweimal als Präsident gehabt zu haben, das erste Mal, als er gerade zum Bischof geweiht worden war, und jetzt, nach mehr als einem Jahrzehnt, nach der Vollendung seines 70. Lebensjahres. Wer den Lebensweg von Dom Erwin begleitet hat, weiß, dass die Sache des CIMI, die Sache der indigenen Völker, und damit auch die Sache der Armen, ihm keine Vorteile oder Privilegien eingebracht hat, dafür aber eine apostolische Glaubwürdigkeit, die Wertschätzung seiner Bischofskollegen, die Liebe des armen und einfachen Volkes im Xingu-Gebiet und die ihn stets begleitende Freundschaft der missionarischen Kirche.

»Kämpfen, glauben, hoffen« hält Rückschau – es erinnert unter anderem auch an den »Unfall«, der auf der Transamazônica von Feinden der indigenen Sache provoziert wurde, zu einer Zeit, in der wir um eine Bürgerrechtsverfassung kämpften, welche die Menschenwürde und die Rechte der indigenen Völker einschließen sollte. Bei jenem gestellten Unfall wurde Erwin, wie wir ihn freundschaftlich nennen, nicht in einem offenen Kampf bezwungen, sondern in einem Hinterhalt, wie einst Sepé Tiarajú, der große Kämpfer der Guaranivölker. Es kostete ihn fast das Leben. Wie viele Wochen von Leid und Schmerzen, wie viele Operationen nach diesem provozierten Unfall! Das Buch blickt auch auf die Kämpfe während der Verfassunggebenden Nationalversammlung und der diffamierenden Hetzkampagne der Zeitung *Estado de São Paulo* im Jahr 1987 zurück. Es ruft noch einmal die furchtlose Verteidigung des CIMI durch die Bischofskonferenz ins Gedächtnis, in der Person ihres damaligen Vorsitzenden, unseres im Rufe der Heiligkeit viel zu früh verstorbenen Dom Luciano Mendes de Almeida.

Die Stimme des Bischofs vom Xingu, aus Amazonien, war und ist wichtig, wenn es um das Reich Gottes geht, das im Bemühen um die Armen, im Einsatz für den Nächsten konkret wird. Seine Stimme wird und wurde aufmerksam gehört in seiner Diözese, innerhalb der Brasilianischen und der Lateinamerikanischen Bischofskonferenz (CNBB, CELAM), bei den Generalversammlungen der lateinamerikanischen Bischöfe in Santo Domingo (1992) und in Aparecida (2007). Ach, Santo Domingo und die Fünfhundertjahrfeier der »*Conquista*« Lateinamerikas! Was für eine ergreifende Buß- und Vergebungsmesse am Fuß des Denkmals von Antonio Montesino, dem Verteidiger der Indios in der ersten Stunde der Conquista! Dom Erwin durchbrach die Blockade des Korpsgeistes, der die Messe für unangebracht hielt, und kam zu diesem Gottesdienst zusammen mit Dom José Maria Pires, damals noch Erzbischof von João Pessoa.[2] Auch erinnern wir uns daran, dass es Dom Erwin zu danken ist, wenn im *Schlussdokument von Santo Domingo* Passagen über Inkulturation aufgenommen wurden und im *Schlussdokument von Aparecida* auf die besondere Situation des von ihm so sehr geliebten Amazoniens hingewiesen wird. Erwin hat uns immer geholfen, Kräfte für die Sache der Indigenen zu sammeln. Und wer wollte behaupten, dass die Inkulturation der missionarischen Arbeit und der Schutz Amazoniens und der Umwelt nicht auch die Interessen und den Status der indigenen Bevölkerung stärken?

Im Mittelpunkt des Buches, dessen Originaltitel »Diener Christi Jesu« den bischöflichen Wahlspruch des Verfassers widerspiegelt, stehen Spiritualität und Mystik. Der Kampf ist nicht seine Wahl. Er wurde ihm aufgezwungen. In der kämpferischen Mystik des missionarischen Engagements sucht Dom Erwin durch alternative Gesten die Logik des herrschenden Systems zu durchbrechen: Gegen Ausschluss predigt er Partizipation, gegen Akkumulation Teilen, gegen Ausbeutung Gratuität. Im Geschenkcharakter seiner Existenz konkretisiert sich der Widerstand gegen die Logik der Kosten-Nutzen-Rechnung. Die Geburtsstunde der Kirche als Volk Gottes ist das Pfingstfest, das Fest des Heiligen Geistes. Der Heilige Geist ist Gott in der Existenzweise der Gabe. Gratuität verweist auf die Möglichkeit einer Welt für alle. Sie ist der ganz spezifische Grund weltweiter Mission. Für Teil III haben wir die Notizen für die Exerzitien zusammengestellt, die Dom Erwin 2008 während der Bischofskonferenz gepredigt hat (46. Vollversammlung der CNBB in Itaici). Auch die besondere Erfahrung mit der hl. Thérèse vom Kinde Jesu (Kapitel »Ich gestehe: Ich habe gelebt!«, S. 229ff) muss im Zusammenhang mit der Mystik des Autors gelesen werden. Mystik und Spiritualität sind das Band, das die einzelnen Beiträge zusammenhält:

- Die *Mission* im Dreieck zwischen dem Indiodorf der Kayapó, der Transamazônica (S. 19ff) und dem 3. Amerikanischen Missionskongress in Quito (S. 38ff);
- die *Sache der indigenen Völker*, die geprägt wird von Kämpfen um Land, um eine bürgerrechtliche Verfassung und um einen Fortschritt mit hu-

manen Zügen, die durch den Bau der Transamazônica und des Wasserkraftwerkes Belo Monte geschädigt wird (S. 71ff, 89ff, 100ff);

• die *Klage* gegen die Missachtung der Rechte der Kleinbauern (S. 153ff), gegen die Gewalt und die Ermordung von Schwester Dorothy Stang (S. 174ff);

• das *Zeugnis*, das sich zeigt im missionarischen Leben (S. 199ff), in Statements vor unterschiedlichem Publikum (S. 89ff; S. 199ff; S. 203ff) und in den autobiografischen Fragmenten, die das Buch beschließen (S. 225ff).

»Kämpfen, glauben, hoffen«! Wo ist die Hoffnung in diesen Aufzeichnungen und in den von ihnen beschriebenen Kontexten ausfindig zu machen? Trotz der weltweiten Krise im Jahr 2008 sprechen die großen Diskurse immer noch vom Kapitalismus ohne Alternative, vom Ende der »Utopien« und der Geschichte sowie vom wissenschaftlichen Fortschritt als emanzipatorische Glaubensüberzeugung, die keine Grenzen kennt. Die hybriden Diskurse von Selbsterlösung und Erbarmungslosigkeit gegenüber anderen und einer anderen möglichen Welt verursachen eine bipolare Störung zwischen Euphorie und Depression. Für die Armen verursachen die Logik des Marktes, das räuberische Wachstum, die Fortschrittsideologie und das Lächerlichmachen alternativer Visionen, Leid und Ausschluss. In einer Welt, die global von multinationalen Unternehmen verwaltet und von Medien in der Hand des Kapitals interpretiert wird, sind die Paradigmen »Produktion« und »Arbeit« immer weniger in der Lage, gesellschaftszerstörende Prozesse zu bremsen.

Die Opfer dieser Enteignungslogik, die indigenen Völker der Asurini und Kayapó am Xingu und die Armen an der Transamazônica, fordern von ihrem Bischof nicht technische Lösungen, sondern seine Präsenz und Solidarität, Zeichen von Gerechtigkeit und Gründe zur Hoffnung.

Diese Hoffnung entsteht, wenn die Opfer lernen, zu reden, zu handeln, sich zu organisieren; wenn die Ortskirche inmitten des Volkes präsent ist, den Protagonismus ihrer eigenen Leitungsgremien zurückstuft und auf Privilegien und Prestige verzichtet, wenn sie die Organisationsprozesse begleitet, bei der Vertreibung der Minderwertigkeitsgefühle mithilft und sich bemüht, entfremdende Wünsche zu transformieren. Diese Hoffnung kann in der Kirche des Xingu erfahren werden. Es ist die Hoffnung, die in der Botschaft vom Reich Gottes und der Auferstehung Jesu verdichtet präsent ist. Auferstehung ist die Verheißung einer endgültigen Gerechtigkeit, bei der die Vergebung nicht die Erinnerung auslöscht.

Die Bedrängnisse der Einfachen führen nicht zur Gottvergessenheit, sondern es kann in ihnen das Inkognito Gottes erfahren werden. Gott hat sich von den Armen ein konkretes Antlitz ausgeliehen und ihnen dafür sein Erbarmen geschenkt, das durch die Präsenz treuer Hirten vermittelt wird.

Der Bruch mit dem System von Habsucht und Korruption, von Besitzkonzentration und Ungerechtigkeit hängt nicht vom Hirten ab, aber er wird durch ihn im Horizont des Neuen Bundes wahrscheinlicher. Die Aufgabe des Hirten ist es, in dunkler Nacht das Licht der Hoffnung nicht verlöschen zu lassen. Seine Mission ist es, »auch in den schwierigsten Situationen Hoffnung zu wecken [...], denn wenn es keine Hoffnung für die Armen gibt, wird es für niemanden, auch nicht für die so genannten Reichen, Hoffnung geben« (Schlussdokument von Aparecida, Nr. 395).

Das Gottesreich ist endzeitlich, eschatologisch, aber es realisiert sich geschichtlich in den Fragmenten gesellschaftlicher Erfahrung. Die vorauseilende Vorstellungskraft treibt ihre Wurzeln tief in die gegenwärtige Realität mit ihren noch nicht verwirklichten Möglichkeiten hinein. Unser» Kämpfen, Glauben und Hoffen« gehen weiter. Weiter geht auch Erwin Kräutler, der mit seinem Bischofsstab fest und entschlossen an die Türen klopft, die seinem armen und leidenden Volk verschlossen sind. Der Widerhall dieses Klopfens weckt seine Kayapó-Krieger auf, zeigt die Morgenstunde einer neuen Zeit an und weckt die Hoffnung, dass die Mauern, die Menschen voneinander trennen, fallen werden.

Der treue Gott möge das »Kämpfen, Glauben und Hoffen« seines »Dieners Christi Jesu« am Xingu beschützen, seine missionarische Arbeit segnen und jeden Tag die Gründe seiner Hoffnung stärken – »zur Ehre Gottes, zur Beschämung des Teufels und zur Seligkeit der Menschen«! (Lumen Gentium, Nr. 17)

Prof. Dr. Paulo Suess
Theologischer Grundsatzreferent
des Indianermissionsrates CIMI

Teil I

Mission

Der Weg entsteht beim Gehen

Szenen einer Kirche im Dienst des Lebens im Amazonasgebiet

Im Land der Kayapó

MOIKARAKÔ, SEPTEMBER 2001

Wir landen auf einer Urwaldlichtung. Die recht kurze Landebahn ist der
»Flughafen« von Moikarakô, dem Dorf der Kayapó-Indios. Der Empfang
ist sehr herzlich. Die Häuptlinge Kupatô und Motê freuen sich sehr. Seit unserer letzten Begegnung ist schon ein Jahr vergangen. Pater Pino und Raymundo heißen mich »im Namen der Ortskirche« willkommen. Die Kinder
lachen fröhlich, und die Mütter antworten auf meine Frage »Djãm gari mex
kumrêx« – »Geht's euch gut?« sanft lächelnd mit »Nà, mex kumrêx« – »Ja,
sehr gut!« Die Männer bereiten sich sofort für den *me tor* vor, einen rituellen
Tanz. Der ist noch kein Folkloreschaustück geworden, das man Touristen
vorführt, die mit ihren Fotoapparaten oder Filmkameras gierig Szenen festhalten wollen, die sie für »exotisch« halten, weil sie deren religiösen, mythi-
schen, transzendentalen Sinn nicht kennen. Der »Ökotourismus« ist Gott
sei Dank noch nicht bis Moikarakô gekommen! Bis wann wird dieses Volk
noch von dieser Plage frei sein?

Ich genieße den *me tor*, schaue den Männern zu, die sich singend und in einem ganz eigenen Rhythmus vorwärts und rückwärts bewegen. Aber Kupatô will, dass ich dem Tanz nicht nur zuschaue; er will, dass ich mitmache. Er gab mir ein Zeichen, mich in den Kreis einzureihen. Ich kam dazu, tat mein Bestes und passte mich dem Rhythmus an. Ich stampfte mit dem rechten Fuß, wenn am Ende jeder Strophe alle einen lauten Schrei ausstießen, der im Busch widerhallte:»Uáááhh!« Ich ließ meinen Bariton aus voller Kehle ertönen. Mit einem breiten Lächeln drücken Kupatô und Motê ihre Zufriedenheit aus.

Ich verabschiede mich von den Männern im *ngãbe* (Kriegerhaus) und gehe zum Haus der *wajanga*. Die Übersetzung dieses Titels mit»Medizinmann« oder»Schamane« ist nicht richtig. Manchmal wird *wajanga* sogar mit »Zauberer« übersetzt, eine Beleidigung und unverzeihliche Missachtung der Indios und ihrer kulturellen und religiösen Welt. Hinter dem Konzept des *wajanga* steht eine ganze Kosmologie und Mythologie. Für die Kayapó ist der *wajanga* ein»Mann, der zutiefst mit dem Geist verbunden und deshalb geisterfüllt ist«. Der *wajanga* kennt nicht nur die Geheimnisse der Natur, die ihn umgibt, und hat die Gabe empfangen, aus Pflanzen, Blättern, Wurzeln oder Rinden Medikamente zu schaffen und sie zur Heilung von Krankheiten zu verschreiben. Er kann, tut und»ist« noch viel mehr. Er ist die Brücke zwischen der Welt der Geister und der Welt der Menschen, der *mebengôkre*, wie die Kayapó sich selbst bezeichnen.[3] Den *wajanga* umgibt ein heiliges und unverletzliches Tabu. Heutzutage benutzen die Kayapó den Namen *wajanga* auch für den katholischen Geistlichen (und nur den katholischen!).

»Mit dem (Heiligen) Geist verbunden und von ihm erfüllt sein!« Gibt es eine schönere Definition für den Priester? Der Bischof erhält den Titel *wajanga benjadjwyr rax*, »großer Häuptling der *wajanga*«. Das ist ein ganz besonderer Ehrentitel, aber was im Alltag wirklich zählt, ist, von den Indios mit Zuneigung empfangen und akzeptiert zu werden.

Auf dem Weg zum Haus der *wajanga* komme ich am Haus von Kupatô vorbei. Seine Frau, Moiangri, steht an der Tür und begrüßt mich. Sie hält meine Rechte fest und schlägt leicht an meine Brust, in der Höhe des Herzens, und dann an meine Schulter. Die klassische brasilianische»Umarmung« ist hier nicht Brauch, und noch viel weniger die Küsschen auf die Wangen. Mit hoher Stimme sagt sie mir etwas, was ich nicht sogleich verstehe. Ihre Freude ist grenzenlos, überströmend. Mehrmals wiederholt sie die Worte »i kra« – »mein Sohn«. Und plötzlich verstehe ich! Sie möchte, dass ich sie zukünftig *nhirwa* nenne, was in der Kayapó-Sprache »Mama« bedeutet, und sie hat mir einen neuen Namen gegeben, der nichts mit meinem »Bischofsamt« oder mit meinem Taufnamen zu tun hat. Die Mutter wählt den Namen für den Sohn aus. Von nun an werde ich Bep Pôiti heißen. Ich wiederhole mehrere Male »Bep Pôiti«, bis Moiangri sich mit der richtigen Aussprache meines neuen Namens zufriedengibt.

Vor Jahren, als ich einmal dieses Volk besuchte, sagte einer der Häuptlinge zu mir: »Wajanga benjadjwyr rax kuben kêt, ôbikwa kumrêx« – »Der Bischof ist kein Weißer. Er ist unser Verwandter.« Ich freute mich sehr über diese Versicherung.

Die Kayapó unterscheiden zwischen den »Weißen«, die kommen, um sie auszubeuten, und sie oft betrügen, und den anderen, die kommen, weil sie den Kayapó Gutes wollen und sie lieben. Ich habe gelernt, meine Gefühle für die Indios in ihrer Sprache auszudrücken: »I mã mebengôkrê k-inh kumrêx« – »Es stimmt, ich mag euch Kayapó sehr gern!« Wenn ich diesen Satz wiederhole, reagieren alle, die ihn hören, mit dem lieblichsten Lächeln, das man sich vorstellen kann. Schließlich bedeutet das Wort *k-inh* auch hier in Moikarakô nichts anderes als im Evangelium »Liebe« und »lieben«. Bei den Moikarakô bin ich jetzt nicht mehr nur ein Verwandter, der sie manchmal besuchen kommt. Ich gehöre jetzt zur Familie, denn Moiangri ist meine *nhirwa*.

Pater Pino, ein Xaverianerpater und gebürtiger Italiener, und Bruder Raymundo, ein Mexikaner, leben seit einigen Jahren hier, im gleichen Lebensstil wie die Kayapó, soweit das möglich ist. Im Bundesstaat Pará ist der Pater eher bekannt als »Padre Zezinho«, aber diesen Namen können die Kayapó nicht aussprechen. Ihr Alphabet kennt kein »z«. So wurde aus Zezinho in Moikarakô »Pino«, die italienische Verkleinerungsform von Josef. Die Aussprache von »Pino« macht keinerlei Schwierigkeiten.

Raymundo hat stark indigene Züge, noch über sein glattes schwarzes Haar hinaus, das typisch für Indios ist. Als er ins Kayapó-Dorf kam, erkannten die Indios sofort seine Abstammung und begrüßten ihn als *mebengôkrê*, als einen der Ihren.

Zu Beginn gehörte zum Team von Moikarakô noch jemand, der Diakon Santiago. Leider starb er am 18. August 2000. Er wurde am Ufer eines kleinen Flusses ohnmächtig und fiel so unglücklich ins Wasser, dass er ertrank. Die Trauer im Dorf war bewegend. Die Indios begingen die Beerdigung von»Sânti«nach den jahrhundertealten Riten der Kayapó.

Mit sichtlichem Stolz»offenbaren«mir die Häuptlinge, dass sie selbst das Haus für die *wajanga* gebaut haben, ganz im Kayapó-Stil. Es ist ein Haus aus Lehmfachwerk mit einem Dach aus Palmstroh. Sogar in der Mittagshitze ist die Temperatur im Inneren angenehm.

Die Möbel und sonstige Ausstattung gehen nicht über das Allernotwendigste hinaus. An den Wänden des Eingangsraums stehen auf dem gestampften Lehmfußboden zwei Bänke, deren Höhe auch Kinder bequem sitzen lässt. Ein zweiflammiger Gasherd und ein paar Kisten vervollständigen die Einrichtung. Auf einer Bank liegt am Ende ein schon ziemlich mitgenommenes Heftchen mit Fotos in Plastikstecktaschen. Für die Kinder ist es das Höchste der Gefühle, diese bunten Bilder zu betrachten. Es beeindruckt mich immer wieder, wie sie alle Menschen auf den Fotos kennen, selbst wenn es große Gruppenaufnahmen mit Dutzenden von bemalten Gesichtern sind, die für uns alle gleich aussehen. Im nächsten Raum steht ein Tisch mit vier Schemeln. An ihm wird gegessen, und hier feiern Pater Pino und Bruder Raymundo jeden Morgen die Eucharistie. An den Dachbalken der Seitenwand sind die Hängematten befestigt; tagsüber sind sie zusammengerollt. An der Rückwand stehen ein paar Regale mit Büchern, Papierkram und ein paar Kisten. Ich denke, dass die Letzteren die notwendigsten Lebensmittel enthalten – Salz, Zucker, Kaffee oder Tee, Speiseöl und, wie das Frühstück zeigte, Kekse. Ein Bild von Unserer Lieben Frau von Guadalupe, mit ihrem herrlichen Indio-Antlitz, gibt dem Raum die Weihe einer Basilika. Warum wird dieses Antlitz sogar noch im Synodenrundschreiben *Ecclesia in America* als»Mestizen«-Gesicht bezeichnet? Seine Züge, die ganze Gestalt und die Kleidung der Jungfrau von Tepeyac sind völlig indigen! Da gibt es nichts von»Mischling«! Neben der Schutzpatronin Amerikas liegt eine Strohtasche, und Pater Pino flüstert mir zu:»Da ist das Allerheiligste drin!«

Gegen zehn Uhr abends rollen wir die Hängematten aus. Die Hähne beginnen kurz nach Mitternacht zu krähen, aber wer in solch einem Dorf lebt, lässt sich den Schlaf nicht von einem Hahnenschrei rauben. Man schläft bis zur Dämmerung, träumend und seufzend.

Aber diesmal ist das anders. Wir schlafen nicht bis zum Morgengrauen. Etwa gegen vier Uhr beginnen die Männer ein langes Morgenlob. Der Gesang hört plötzlich auf, aber nach einem Moment der Stille erhebt einer der Männer erneut seine Stimme, und die Psalmodie geht mit noch größerem Enthusiasmus weiter. Diese Jahrtausende alte Hymne muss viele Strophen haben. Die Sprache, in der sie gesungen wird, ist schwer zu verstehen. Die Worte sind uralte Ausdrücke, Überreste der Sprache von lang verstorbenen Vorfahren. Es ist eine Liturgiesprache, die das unergründliche Geheimnis preist, das Heilige. Plötzlich schweigen die Männer. Andere Stimmen erheben sich, hell, manchmal schrill. Das sind die Frauen, die anfangen, zu singen und zu tanzen.

Kurz vor der Morgendämmerung gehen Pater Pino, Bruder Raymundo und ich hinaus auf den Platz. Dort sitzen die Frauen aneinandergekuschelt, eine neben der anderen. Für die Kayapó und die Welt geht ein neuer Tag auf. Er erhebt sich purpurn aus dem dunklen Dschungel. Aber die rotgoldene Morgendämmerung geht bald in hellere Farben über. Bald wird die majestätisch aufgehende Sonne ihre ersten Strahlen über Moikarakô senden.

Nun erheben sich die Frauen und beginnen ihren Gang rund um den Platz. Ihr Schritt ist rhythmisch, ihr Gesang bewegend. Immer wieder erheben sie im Rhythmus der Schritte die Hände zum Himmel. Die Welt von Moikarakô wird schon von der Sonne erhellt. Die Weißen schreiben den 11. September 2001 ...

Jetzt kehren alle in ihre Häuser zurück, zu ihren alltäglichen Arbeiten. Auch wir gehen nach Hause und feiern die Eucharistie. Die Kayapó verehren Gott auf ihre Weise. Auch sie sind seine Kinder. Gott hört ihre Lobgesänge und liebt sie mit ewiger Liebe. Wir respektieren ihren Glauben, ihre religiöse Sensibilität und ihre kulturellen Ausdrucksformen. Wir möchten ihnen die Liebe Gottes durch unsere geschwisterliche und solidarische Gegenwart zeigen. Wir möchten das Kapitel 13 des Johannesevangeliums leben, den Indios »die Füße waschen« und sie lieben, »so wie« Jesus uns alle geliebt hat, bis hin zu den äußersten Konsequenzen, bis zum Ende und zur Vollendung (vgl. Joh 13,1). An diesem Morgen des 11. September 2001 verabschiede ich mich wieder einmal von Kayapó. Ein kleines Propellerflugzeug, ein »Teco-Teco«, wird mich nach São Félix do Xingu bringen. Bevor ich mich hineinschwinge, gehe ich von Haus zu Haus. Ich will niemand vergessen. Wann werde ich das nächste Mal in Moikarakô sein? Die Indios fragen mich danach. Die Verabschiedung von meiner *nhirwa* war besonders herzlich. Ich sagte nur:»Nhirwa, ar`ym ba t-e« –»Mama, jetzt muss ich gehen« und wiederholte den Namen, den sie mir gegeben hatte: *Bep Pôiti*. Moiangri lächelt zufrieden, hält meine Hand und sagt»I kra, i kra, Bep Pôiti!«

Ich verabschiede mich von den *wajanga* Pino und Raymundo. Der Teco-Teco hebt in Moikarakô ab und fliegt über das Dorf. Ich sehe den großen Platz und die Häuser um ihn herum. Mit Sehnsucht denke ich an die Indios, mit denen ich noch vor ein paar Minuten gesprochen habe. Das Flüsschen, in dem Sânti gestorben ist, spiegelt jetzt großzügig die Sonne. Wir gewinnen Höhe, und fünfzehn Minuten lang überfliegen wir»unberührten Urwald«, ein Meer von üppigen Baumkronen. Die Ipê-Bäume stehen in voller Blüte, in prächtigem Gelb, aber auch in zartem Lila. Beide Farben stechen vom üppigen Dunkelgrün der ewigen Wälder ab. Hier sind sie noch»ewig«.

Noch ein paar Minuten vergehen, und dann weiß ich, was»ewig« heißt. Wo das Indioreservat aufhört, beginnt eine andere Welt. Die Grenzen zwischen den zwei Welten sind wie auf dem Reißbrett gezogen. Hier der ewige Urwald, dort sofort die Fazendas, die grossen Landgüter. Gras oder Kriechvegetation. Die jahrelangen Brandrodungen haben die gesamte Landschaft verändert. Sogar die Hügel sind kahl. Hier und dort erhebt sich aus der Wildnis das gigantische Skelett eines Wesens, »das zu Lebzeiten Paranussbaum« hieß. Ich denke mit Wehmut an das verlorene Paradies, das in seiner Friedhofsstille das Raubtier Mensch anklagt.

Wo noch ein paar Reste von Urwald übrig sind, steigt jetzt ein dichter Qualm auf, der das entsetzliche Schauspiel von jahrhundertealten Bäumen in Flammen verhüllt. Das Feuer lodert dunkelrot. Die Flammen zerstören den Urwald! Unzählige Arten der Flora und Fauna Amazoniens, bis heute nicht einmal»entdeckt«, verbrennen bei lebendigem Leib!

Mir tun die schutzlosen Orchideen leid. Es sind die herrlichsten Blumen, die Gott geschaffen hat. So unschuldig! Sie sind nicht eitel. Sie verbergen sich immer im Busch und offenbaren sich nur dem, der sie liebevoll und mit Achtung sucht. Aber jetzt schließt das Feuer sie ein, umbarmherzig und ohne Mitleid, versengt sie, tut ihnen Gewalt an und bringt sie um ...

An der Transamazônica[4]

Ich kehre von einem der vielen Besuche bei Gemeinden an der Überlandstraße Transamazônica und ihren unzähligen Nebenstraßen zurück. Ich muss gestehen, ich falle um vor Müdigkeit. Und es ist schon spät in der Nacht. Morgen warten wieder zwei Gemeinden auf meinen Besuch, die eine morgens, die andere nachmittags. Und übermorgen andere mehr.

Gestern war ich in Bom Futuro (»Gute Zukunft«), 37 Kilometer von der Überlandstraße BR-230 entfernt, wie sich die Transamazônica offiziell nennt. Während des gesamten Tages war ich nicht weniger als 166 Kilometer auf »Erdstraßen« gefahren. Sogar mein Begleiter, Pater Oscar von der Schwesterkirche Porto Alegre, seit fast dreißig Jahren am Xingu und jetzt schon 74 Jahre alt, meinte:»Wie viel Zeit auf der Straße für so wenig Zeit bei den Leuten!« Das ist unsere Realität. Im größten Bistum Brasiliens, mit 368.000 Quadratkilometern, haben die Entfernungen kontinentale Ausmaße.

Wenn man »BR« sagt, denkt ganz Brasilien an eine asphaltierte Landstraße. Was wäre das schön! Das Straßennetz in der Prälatur Xingu hat 20.000 Kilometer oder mehr. Es ist schwierig, die genaue Länge anzugeben, denn diese»Straßen« entstehen von einem Tag auf den anderen. Holzhändler und Großgrundbesitzer lassen zuerst mit der Machete eine schmale Bresche schlagen. Die wird dann schnell ein Traktorpfad und danach eine »Straße«, aber Asphalt sieht man nie. Außer im Traum oder im Fernsehen.

Von jeder Fahrt kehre ich völlig zerschlagen heim. Gestern bin ich in einer Sandbank stecken geblieben, die sich auf 300 Metern über die Straße zog. Völlig untypisch! Normalerweise bleiben wir in der Regenzeit stecken, wenn die Straßen sich in Schlammsümpfe verwandeln oder in Bachbetten. Wie kann sich ein Auto mitten in der Trockenzeit festfahren?

Pater Oscar, der treue Begleiter meiner Fahrten, ist noch immer nicht in den verdienten Ruhestand getreten. Aber es ist verständlich, dass er nicht mehr in der Lage ist, ein Auto anzuschieben, um es »aus dem Sumpf zu ziehen«, während ich am Steuer sitze, den ersten Gang einlege und sofort danach den Rückwärtsgang, und meine Füße auf Gaspedal und Kupplung *carimbó* [5] tanzen.

Auf dem Rücksitz eine schwangere Frau. Mager, unterernährt! Alles an ihr ist nur Bauch! Und Sorge! Ich habe sie mitgenommen, sie und ihr Töchterchen von vier oder fünf Jahren, rachitisch, mit glühendem Fieber. Es legt sein Köpfchen auf den Schoß der Mutter. Aber der ist fast gar nicht mehr da, der Leib hängt über den Oberschenkeln, die nur Haut und Knochen sind. Was haben dieses Mädchen und seine Mutter mir leidgetan!

Wir stecken im Sand fest, unter einer umbarmherzigen, brennenden Sonne! Es geht weder vorwärts noch rückwärts! Je mehr ich Gas gebe, desto mehr vergräbt sich das Auto in den feinen Sand.

In Amazonien lernt man schnell, dass einer den anderen braucht, um zu überleben. Heute brauche ich Hilfe, morgen du. Wer hier unterwegs ist, entdeckt nur zu bald, dass Klassenunterschiede nach A, B oder C keinen Sinn machen. Auf den Straßen sind wir alle gleich. Der Herr Doktor hat keinen Vorteil gegenüber einem Knecht oder einem einfachen Bauern. Ein Universitätsdiplom hilft niemandem aus der Klemme. Du brauchst die Kraft von jemand, der gerade vorbeikommt. »Möge bald jemand kommen!« ist das Stoßgebet derer, die in der Klemme sitzen. Es gibt Nebenstraßen, auf denen es Stunden dauern kann, bis jemand kommt. Das gibt Zeit, mehr als einen Rosenkranz zu beten und sich dazu noch einen heftigen Sonnenbrand zu holen, weil man das Auto nicht allein lassen will, um einen Baum mit seinem bergenden Schatten zu suchen. An einigen Straßen sind Bäume mit Schatten spendenden Kronen eine Seltenheit geworden. Die Hügel und Täler sind karg und kahl! Es bleiben nur ein paar Büsche und ein bisschen Kriechvegetation übrig. Alles andere ist Weide!

Aber Gott sandte uns zwei seiner besten Söhne! Sie hatten an der Messe und der Gemeindeversammlung teilgenommen. Danach mit Freunden geplaudert oder den Bischofsbesuch als Gelegenheit genutzt, noch ein bisschen neben der Freundin sitzen zu bleiben. Jetzt sind sie auf dem Heimweg, per Motorrad. Sie sehen, was passiert ist, und halten an. Mit Freuden, sogar mit einem gewissen Stolz, bieten sie ihre Hilfe an und verbrauchen all ihre Energie, um den Bischof »und sein Gefolge« aus dieser Falle zu befreien. Ich danke ihnen überschwänglich. Die beiden schenken mir ein breites Lächeln. »Nix zu danken, wirklich!«, antworten sie und fahren weiter. Schließlich kommen wir in Brasil Novo an, dem Sitz der Pfarrei »Fronleichnam«. Wir bringen das kleine Mädchen und seine Mutter, die schon das nächste Kind erwartet, zum Gesundheitsposten.

Das sind vielleicht alles alltägliche Dinge. Wen beeindrucken im Amazonasgebiet oder im Nordosten Brasiliens, oder auch in den Favelas von Rio de Janeiro oder São Paulo, heute noch eine schwangere Frau und ein Mädchen mit glühendem Fieber?

Aber dennoch sind sie der alltägliche Hintergrund unserer missionarischen Bemühungen. Wir alle, engagierte Laien, Priester, Ordensleute und der Bischof, leben in genau diesem Kontext. Aber wir sind glücklich über unsere Berufung und unsere Sendung zum Dienst am Volk Amazoniens. Wie oft habe ich Brüder und Schwestern weinen sehen, als sie vom Xingu in ein anderes Gebiet Brasiliens versetzt wurden.

Es stimmt, dass es viele Unbequemlichkeiten und viele extrem erschöpfende Situationen gibt. Ich erinnere mich an eine sehr liebe Schwester, die sich nach stundenlangem Gehen plötzlich an den Straßenrand setzte und rief: »Ich kann nicht mehr! Ich bin kaputt! Ich kann keinen einzigen Schritt weiter!« Wir meinen bloß, dass wir nicht mehr können. Sie kam zu Hause an, wie so oft! In der ersten Nacht schlief sie nicht gut, weil die extreme Erschöpfung sogar den Schlaf raubt. Aber danach erzählte sie ihre Geschichte und lachte über sich selbst.

Diskussionen im Kollegenkreis

Rio de Janeiro, 1971

Wie viele Versammlungen und Seminare haben wir schon zur Seelsorge im Amazonasgebiet gehalten! Im Jahr 1971, vom 14. bis 16. Juli, veranstaltete die Brasilianische Bischofskonferenz im Bildungshaus »Nossa Senhora da

Paz« in Rio de Janeiro das *Erste Seminar zur Pastoral Amazoniens.*[6] Unter anderem wurden folgende Herausforderungen aufgelistet:

- die Verschärfung der gesamten Amazonien-Problematik, die durch den Nationalen Integrationsplan entstandenen neuen Situationen, aufgrund der neuen Straßen und deren Folgeerscheinungen;
- die Notwendigkeit der Koordinierung aller Mitarbeiter, die in der Pastoral dieser Region tätig sind;
- der Mangel an pastoralem Personal;
- die Notwendigkeit eines integrierten Pastoralplans, in Mitverantwortung der ganzen Kirche Brasiliens;
- die Notwendigkeit der Ausbildung von Mitarbeiterinnen und Mitarbeitern in der Pastoral.

Santarém, 1972

In der Zeit vom 24. bis 30. Mai 1972 fand in Santarém das *Interregionale Treffen der Bischöfe Amazoniens* statt. Das Wort von Papst Paul VI.:»Christus zeigt auf Amazonien« inspirierte die»Prioritätenliste der Pastoral Amazoniens«. Auf der Grundlage des Zweiten Vatikanischen Konzils, der Generalversammlung des Lateinamerikanischen Episkopats von Medellín (1968) und»unter Berücksichtigung der Erfahrungen und Wünsche, die von der Basis kamen«, wählte die Kirche Amazoniens zwei Leitlinien:

1. Die»Inkarnation« in die Realität hinein, das bedeutet, das Volk zu kennen und mit ihm in Einfachheit zusammenzuleben.
2. Die befreiende Evangelisierung.

Diese Leitlinien bilden die Grundlage für die Prioritäten der Pastoral in Amazonien:

1. *Die Ausbildung von pastoralen Mitarbeiterinnen und Mitarbeitern*:»Diese muss zu allererst die örtlichen, die einheimischen Elemente berücksichtigen. Niemand hat bessere Voraussetzungen, um die Führung in einer Gemeinde zu übernehmen, als ein Mensch aus ihrer eigenen Mitte.«

2. *Die christlichen Basisgemeinden*: Das Dokument zitiert Medellín: »Die ›Christliche Basisgemeinde‹ ist der erste und grundlegende kirchliche Kern«, das »Zentrum der Evangelisierung«, der »wichtigste Faktor der menschlichen Bildung und Entwicklung«. »Die Pfarrgemeinde muss ihre Seelsorge dezentralisieren.«

3. *Die Indigene Pastoral*: Die Kirche in Amazonien »erfüllt die von Christus empfangene Mission, die sie dazu aufruft, vorrangig jene Gruppierungen zu suchen, die am schwächsten, am stärksten reduziert und in ihren Werten und ihrem Schicksal am meisten der drohenden Zerstörung ausgesetzt sind«. Der Indianermissionsrat (CIMI), der kurz zuvor in Brasília gegründet worden war, wird als »Hauptakteur [...] im Dienst der indigenen Völker« betrachtet.

4. *Auswirkungen des Straßenbaus*: »In dieser geschichtlichen Stunde, in der die Transamazônica und andere Straßen die Integration und die Entwicklung des riesengroßen Gebietes in Verbindung mit den Wasserstraßen leisten, müssen wir verstärkt unsere Aufmerksamkeit auf die hiermit verbundenen Probleme richten.«

Manaus, 1974

Das Interregionale Treffen der Bischöfe Amazoniens in Santarém im Jahr 1972 hatte zwei Jahre später eine wichtige Folgeveranstaltung in einem anderen Interregionalen Pastoraltreffen, das vom 15. bis 22. Mai 1974 in Manaus stattfand. Den vier Prioritäten, die seit Santarém bis heute ihre Gültigkeit haben, wurde eine fünfte hinzugefügt: die *Jugendpastoral*. Durch sie wollte man »die Einbindung der Jugend in eine authentische, missionarische, österliche Kirche [fördern] und sie zu einer aktiven Beteiligung am Leben der kirchlichen Gemeinschaft bewegen, damit sie in ihr bewusst Verpflichtungen und Dienste übernimmt«.

Die Presseerklärung am Ende des Treffens vom 22. Mai1974 kommentiert erneut die Forderungen der Evangelisierung und die wichtigsten Probleme, mit denen die Kirche in Amazonien konfrontiert ist. Diese Erklärung, die schon mehr als 30 Jahre alt ist, hat bis heute nichts von ihrer Aktualität verloren. Für die Evangelisierung ist »eine ständige Inkarnation in die Realität hinein unverzichtbar«, und die Kirche darf sich nicht »der Situation des Volkes entfremden«. Die Bischöfe beanstanden »die übertriebene und unkontrollierte Erhöhung der Lebenshaltungskosten, die in krassem Gegensatz zu den geringen Löhnen steht«, »die unzulängliche Versorgung der Bevölkerungen [...], die in unzumutbaren Bedingungen entlang den neuen Straßen verstreut leben«, »die Unmenschlichkeit der Anwerber und Vermittler, welche die Arbeiter anlocken und danach ihrem Schicksal überlassen«, »das schwindelerregende Anwachsen der Prostitution und Kriminalität infolge des herrschenden Elends«. Angesichts dieser »Situationen von Leid und Ungleichgewicht, die sich in ungerechten Strukturen niederschlagen«, verpflichten sich die Bischöfe »in Gemeinschaft mit dem Volk«, der Versklavung entschieden entgegenzutreten und sich für Befreiung einzusetzen.

Icoaraci, 1990

Während mehr als 15 Jahren bemühten sich die Ortskirchen Amazoniens, die Beschlüsse von Santarém und Manaus umzusetzen. Offensichtlich spürten sie in dieser Zeit nicht die Notwendigkeit, ein weiteres Treffen einzuberufen, das zu einer Evaluierung des zurückgelegten Weges, einer eventuellen Bestätigung der in all diesen Jahren in der Pastoral verwendeten Leitlinien oder auch zur Suche nach neuen Antworten auf die Herausforderungen der 80er-Jahre hätte dienen können.

Aber schließlich kommt es doch noch vom 13. bis 15. Februar 1990 in Icoaraci (Pará) zu einem neuen Treffen der Regionen Norden I und Norden II. Die Bischöfe wollen sich austauschen über »eine Sorge, die uns alle betrifft: die Umweltzerstörung im Amazonasgebiet«. Diejenigen, die »in gewalttätiger und irrationaler Weise die Natur angreifen, indem sie die Wälder zerstören, die Flüsse vergiften, die Atmosphäre verschmutzen und ganze Völker umbringen«, werden von den Bischöfen »Sämänner des Todes« genannt. Sie stellen die großen Projekte in Frage, »die irreparable Schäden verursachen«, die Holz- und Bergbau-Industrie, die Staudämme und Wasserkraftwerke, den Bau neuer Straßen, deren »sofortige Wirkung eine unkontrollierbare Migration und die Entfesselung eines Runs nach verfügbarem Land« ist.

»Das Ausbluten Amazoniens hat sein Extrem erreicht, und die Schöpfung Gottes stöhnt im Todeskampf«, klagen die Bischöfe im Dokument

»Zum Schutz des Lebens in Amazonien«.[7] Sie spüren ihre prophetische Verantwortung, an die Öffentlichkeit zu treten und sowohl die Übel anzuprangern, welche die Region heimsuchen, als auch die dafür Verantwortlichen anzuklagen: für Missstände und für Mechanismen, die zu einer unheilbaren Umweltkatastrophe führen können, mit Auswirkungen, die »katastrophal für das gesamte Ökosystem sind und ohne Zweifel über die Grenzen Brasiliens und des Kontinents hinausgehen«. Das Dokument ist eine unmissverständliche Anklage, aber gleichzeitig auch ein kraftvolles Glaubensbekenntnis zum Gott des Lebens, der »den Tod nicht gemacht und keine Freude am Untergang der Lebenden hat« (Weish 1,13). Die Bischöfe Amazoniens – und das ist das Mindeste, das man hier sagen kann – waren in der Kirche Brasiliens die ersten, die eine ökologische Sensibilität bewiesen haben und zu Pionieren des Umweltschutzes geworden sind. Ihr Appell fand seinen Widerhall in Assisi, Italien: Während eines Treffens vom 23. bis 24. Mai 1990 wurde das ökologische Manifest »Schrei der Kirche zum Schutz des Lebens in Amazonien« formuliert.

Manaus, 1997

In der Zeit vom 9. bis 18. September 1997 fand in Manaus das VIII. Interregionale Treffen der Bischöfe Amazoniens statt, das der Versammlung von Santarém vor 25 Jahren gedachte. Ihm ging ein Seminar über Amazonien voraus, das die alten und neuen Herausforderungen für das Leben der Menschen behandelte. Themen wie die gesellschaftliche Vielfalt, die neue Rolle des Staates in der Region aufgrund großer Projekte wie Freihandelszone, SIPAM (System zum Schutz Amazoniens) und SIVAM (System zur Überwachung Amazoniens), die Städtefrage, die Agrarfrage und die Perspektiven für Amazonien wurden zum Hintergrund des Dokuments »Die Kirche, die Fleisch annimmt und ihr Zelt in Amazonien aufschlägt«.

Dieses Dokument beschreibt zunächst den Weg, den die Kirche in Amazonien seit dem Treffen in Santarém zurückgelegt hat, lobt Gott und dankt für alles Licht, das zu sehen ist. Aber es entdeckt auch die Schatten: unsere Mitverantwortung (Nr. 9) angesichts des »Leides, in dem die Völker und die Natur dieser Region leben« und »der Gewaltakte und Ungerechtigkeiten, unter welchen die Völker Amazoniens bis heute leiden« (Nr. 10). Es vergisst auch nicht,»dass die Situation der Frauen immer noch durch extreme Marginalisierung und Ungerechtigkeit gezeichnet ist« (Nr. 11), obwohl wir andererseits wissen,»dass die große Mehrzahl der christlichen Gemeinden von ihnen geleitet wird« (Nr. 11). Man muss betonen, dass schon zu Beginn des Dokuments die Sorge um das Leben in einem sehr viel weiteren Sinn sichtbar wird, nicht nur als Sorge um das Leben der Menschen und der Völker, die Amazonien bewohnen, sondern auch als Sorge um die Umwelt, deren Zerstörung das menschliche Überleben als solches bedroht.

Anschließend entwirft das Dokument»das Gesicht unserer Kirche« und schlägt einige grundlegende Haltungen vor, welche die Evangelisierungsperspektiven in Amazonien inspirieren sollten. Die Kirche ist eine»Jüngerin des Wortes«. Sie muss»sich zum Wort Gottes bekehren« und»Zeugnis davon geben, dass sie wirklich das glaubt und lebt, was sie predigt« (Nr. 22). Unsere Kirche soll»missionarisch und partizipativ« sein, wir sollen uns»viel mehr von der Liebe als von einem legalistischen Geist leiten lassen« (Nr. 24). Angesichts der Vielfalt der Kulturen setzt sie auf einen»achtungsvollen Dialog, der sich niemandem aufzwingt und niemanden ausschließt« (Nr. 25). Die Kirche muss»Zeugin des geduldigen und demütigen, auf der persönlichen Annäherung gegründeten Dialoges sein« (Nr. 28). Sie»ist Dienerin und Schützerin des Lebens« gegenüber allem, was es bedroht,»verwirklicht die Barmherzigkeit und das Mitleid Christi gegenüber jedem Lebewesen und dem bedrohten Leben« (Nr. 30). Die Kirche ist eine»Schwester der Schöpfung«! Eine der zentralen Stellen dieses Dokuments ist sicher die folgende Formulierung:

Für unsere Kirche ist es ein Privileg, ihre Mission in dieser Region voller Schönheit zu leben, in welcher der Bund des Schöpfers mit dem Universum so überaus deutlich wird, sowohl in der biblischen Tradition als auch in den indigenen Kulturen. Gleichzeitig sehen wir uns herausgefordert von der ungezügelten Verwüstung und Ausbeutung, die entmenschlicht und das Gleichgewicht der Natur zerstört. (Nr. 34)

Es ist unsere Mission als»Propheten und Prophetinnen Gottes, den Schutz der sozialen Gerechtigkeit mit der Rettung der Natur zu verbinden. Die

Faktoren, die in unserer Region die Zerstörung der Natur hervorrufen, sind dieselben, welche die soziale Ungerechtigkeit und die wirtschaftliche Abhängigkeit verursachen« (Nr. 38). Als »Perspektiven für die Evangelisierung« betonen die Kirchen Amazoniens in Manaus:

a) *Inkulturation*: »Unsere Kirche sucht ihr amazonisches Gesicht.« (Nr. 40) »Diese Inkulturationsbemühung setzt die Inkarnation in die Realität unserer Leute voraus.« (Nr. 43)

b) *Bürgerliche Rechte und Pflichten*: »Unsere Kirchen wollen die Menschen unterstützen, ihre Rechte und Pflichten als Bürger zu erkennen und auszuüben. Sie wollen besonders dazu beitragen, Führungskräfte aus dem Volk auszubilden, die im soziopolitischen Bereich tätig werden, damit der Sauerteig des Evangeliums auch in die Zentren der Entscheidungsfindungen eindringt.« (Nr. 46)

c) *Bildung und Ausbildung*: »Unsere Kirchen setzen sich dafür ein, die Beteiligungsräume der Laien, Männer und Frauen, zu erweitern; [...] Ämter zu schaffen, die den Bedürfnissen unserer Gemeinden angemessen sind; [...] die Bildung der indigenen Völker zu unterstützen.« (Nr. 47) In diesem Zusammenhang wird an zwei Ausbildungsinstitute erinnert, das Centro de Estudos de Comportamento Humano, Cenesc (Studienzentrum für menschliches Verhalten) und das Instituto de Pastoral Regional, IPAR (Regionale Pastoralinstitut), auch in der Absicht, »eine authentische Theologie Amazoniens zu entwerfen« (Nr. 47).

d) *Zentrale Verkündigung der Frohen Botschaft*: »Den Völkern das Evangelium Jesu Christi und seines Reiches verkündigen, als Quelle von Sinn und Befreiung.« (Nr. 48) Wir müssen fortfahren, dabei insbesondere die Gemeinschaften für diese Verkündigung »Gemeinschaften des Glaubens zu fördern, die Zeugen des Evangeliums sind, eucharistisch, missionarisch und befreiend« (Nr. 50).

Das Dokument von Manaus schließt mit einem bewegenden Glaubensbekenntnis, das noch über die besorgniserregenden Kontexte und Situationen hinausgeht, in denen die Versammlung der Regionen Norden I und Norden II im Jahr 1997 stattfand (Nr. 52–56):

1. Wir glauben an die Strahlkraft evangelischer Werte wie Gemeinschaft und Partizipation.
2. Wir glauben an die Gnade und die Kraft Jesu Christi, die unser Leben durchdringt und uns zur Bekehrung und Solidarität treibt!
3. Wir glauben an die Hoffnung, die Frauen und Männer auf ihrem Weg zu Gott, unserem Vater, nährt und stärkt!
4. Wir glauben an ein gerechtes, solidarisches, geschwisterliches Amazonien, in dem neues Leben wachsen kann!
5. Mit dem Vertrauen und der Festigkeit Marias von Nazaret, der Schutzpatronin Amazoniens, singen wir das Lob Gottes, der an den Kleinen Wunder tut, der die Mächtigen von ihren Thronen stürzt und die Niedrigen erhebt.

Manaus, 2007

Die *Generalversammlung des Lateinamerikanischen Episkopats* in Aparecida, Brasilien, vom 13. bis 31. Mai 2007 war ein Meilenstein auf dem Weg der Kirche unseres Kontinents. Um das Schlussdokument von Aparecida[8] dem konkreten Boden Amazoniens anzupassen, versammelten sich die Bischöfe Amazoniens vom 11. bis 13. September 2007 in Manaus, um Leitlinien und Handlungsperspektiven zu entwerfen. Man wollte mit diesem Treffen aber auch noch einmal an die Versammlung von Santarém (1972) erinnern, die so entscheidend für die Evangelisierung Amazoniens geworden ist. Zudem sollte eine Evaluierung der Kampagne der Geschwisterlichkeit (Fastenaktion der brasilianischen Kirche) von 2007, deren Thema »Geschwisterlichkeit und Amazonien« war, vorgenommen werden.

Das Dokument von Manaus 2007 hat sechs Kapitel. Es beginnt mit einer Beschreibung von »Amazonien heute« als der »Realität, in der wir leben«, und erinnert an die besonderen Kennzeichen der Region: ihre Biodiversität und üppige Natur, der Reichtum an natürlichen Ressourcen, aber auch an die Landflucht, den Drogenhandel und die Gewalt gegen Mensch und Natur. »Gott hat Amazonien als Heimat für viele Völker geschaffen.«

Das Thema des zweiten Kapitels ist die Umwelt. Die Bischöfe klagen den Raubbau in Amazonien an, an dem ein Wirtschaftsmodell schuld ist, das den sofortigen Gewinn sucht, und hinterfragen die großen Regierungsprojekte mit ihren unabsehbaren Folgen. Sie betonen, dass »die Rettung der Menschheit die Rettung der geschaffenen Welt einschließt«, und rufen in Erinnerung, dass »es für eine wahrhaft ökologische Inkulturation des Evangeliums nötig ist, die Mystik, die Mythologie und das traditionelle Wissen der indigenen Völker besser zu kennen«.

Im dritten Kapitel, »Die Kirche in Amazonien und die indigene Bevölkerung, die Nachkommen der afrikanischen Sklaven und die Flussanwohner«, geben die Bischöfe ihrer Freude Ausdruck, dass Amazonien die Heimat so vieler Völker ist. Sie erkennen an, dass sie inmitten von Konflikten leben, und stellen sich auf die Seite der indigenen Völker, der Flussanwohner und der Nachkommen der afrikanischen Sklaven »weil uns die Mission des Evangeliums dazu drängt, für eine Welt zu kämpfen, die allen gehört«. Sie loben die Arbeit des Indianermissionsrates, »welcher der Ortskirche sehr hilft, im Wissen um die indigenen Kulturen und in der Anerkennung ihrer Verschiedenheit und ihrer Rechte zu wachsen«.

Im Laufe ihrer Geschichte war die Kirche immer aufmerksam für die Wünsche und Hoffnungen der Völker Amazoniens, und sie ist weiterhin im Bereich von Erziehung und Gesundheit aktiv. So behandelt das Dokument in seinem vierten Kapitel die Beziehung zwischen Kirche und Staat und reklamiert, dass viele Politiker sich nicht für die »Lebensbedingungen der Bürgerinnen und Bürger interessieren«, sondern eher für den »Gebrauch der öffentlichen Gelder zum Erhalt ihrer persönlichen Macht«.

Weiter kommentiert das Dokument den Plan der brasilianischen Regierung zur Wachstumsbeschleunigung (Plano de Aceleração do Crescimento, PAC) und seine Auswirkungen auf die Umwelt. Es beklagt, »dass das Volk leidet und empört ist wegen des Verrats derjenigen, die das Banner der Ethik vor sich hertragen«, es wird die Anklage der »Mauschelpolitik« erhoben gegen die »überall verbreitete Korruption und die persönlichen Interessen von Menschen oder Cliquen, die über das Allgemeinwohl gestellt werden«.

Im fünften Kapitel des Dokuments von Manaus versichern die Bischöfe Amazoniens nochmals, dass die Kirche sich in Dienst und Dienstämtern verwirklichen und »auf dem Prinzip der Gemeinschaft und der Partizipation« aufgebaut sein muss. Dabei muss sie einen ganz besonderen Schwerpunkt auf die Kirchlichen Basisgemeinden (CEBs) legen, die »ein Geschenk Gottes an seine Kirche sind, besonders in Amazonien«. Die Bischöfe bekennen, dass die CEBs ein »Werk des Heiligen Geistes sind«. Mit großer Feinfühligkeit beobachten sie, »dass die Gemeinden, gestärkt durch das Wort Gottes, nicht aufhören, in aller Deutlichkeit nach der Feier der Eucharistie zu verlangen«. Sie beklagen, dass viele der Gemeinden »diese Gelegenheit, wenn es hoch kommt, zwei oder drei Mal im Jahr haben«.

Das letzte Kapitel ist dem Projekt der »Schwesterkirchen« gewidmet, »als Ausdruck der Solidarität und Gemeinschaft mit den kirchlichen Gemeinden Amazoniens«. Die Bischöfe laden »die Schwesterkirchen, Einrichtungen und Wohltäter ein, ihr Leben zu teilen, ihre Arbeit kennen zu lernen und gemeinsam die Herausforderungen der Evangelisierung in Angriff zu nehmen«. Das Dokument »Missionarische Jüngerschaft in Amazonien«, Manaus 2007, schließt mit der Bitte an die »Mutter Gottes und unsere Mutter, die Liebe Frau von Nazaret«, dass sie »das Leben aller Völker Amazoniens behüten möge«.

Unterwegssein – mit Leidenschaft für die Sache und im Glauben an Gott

ALTAMIRA, 14. AUGUST 2002

Ich gestehe, dass Dokumente in Augenblicken großer Müdigkeit wenig helfen. Was ist das Geheimnis der Berufung zur liebenden Hingabe der Kleinen Schwester Jesu, Mayi? (Siehe das Zeugnis in Teil V, S. 199ff) Auf rein menschlicher Ebene gibt es keine Ursachen, Gründe oder Motivationen philosophischer, psychologischer oder soziologischer Art, die den Wunsch, diesen Lebensweg zu wählen, erklären könnten.

Wir befinden uns hier im Bereich des Glaubens, der Hoffnung und der Liebe. Und der heilige Paulus sagt es ganz eindeutig: »Die größte unter ihnen ist die Liebe.« (1 Kor 13,13)

Die Geschichte der missionarischen Berufung ist Jahrtausende alt. Die Patriarchen und Propheten, die von Gott berufen und gesandt waren; Jesus, der Missionar des Vaters; Maria und ihr »Ja«; die Apostel und Jünger aus den Anfangszeiten der Kirche – fast alle diese Männer und Frauen legten Zeugnis ab von ihrem Glauben, ihrer Hoffnung, ihrer Liebe, bis hin zum Martyrium. Die Zeiten vergehen, aber »die Liebe hört niemals auf« (1 Kor 13,8). Bis heute gibt es Menschen, die alles riskieren und »bis ans Ende lieben« wollen, bis zu den äußersten Konsequenzen (Joh 13,1), bis zum »Consumatum est« (»Es ist vollbracht«, Joh 19,30). Das ist kein Menschenwerk! Das alles ist Gnade, ist Gabe Gottes! Dies ist das Geheimnis der Kleinen Schwester!

Aber ist die Liebe nur Opfer? Liebe ist vor allem Leidenschaft. Nur darum hält sie das Opfer aus! Die Liebe beseelt, treibt an und schenkt Freude, sogar inmitten des Leides.

Hinsichtlich des lebendig gelebten Glaubens sind unsere kleinen Gemeinden wahre Perlen. Bei ihnen lebt die Kirche! Das Volk Gottes ist der Grund unseres Engagements. Aus Liebe weihen wir Gott unser Leben und stehen wir im Dienst des Gottesvolkes, das wir lieben.

Die Begegnung mit einer Gemeinde ist immer etwas, das beseelt und stärkt. Dem Volk in den Gemeinden zu begegnen lässt die Müdigkeit vergessen. Wer zu ihm kommt, schöpft neuen Mut. Ich fühle mich als Bischof bei keiner anderen Tätigkeit so erfüllt wie bei den Besuchen in den Gemeinden. Nach endlosen Kilometern im Jeep oder endlosen Stunden im Boot bin ich plötzlich mitten unter meinem Volk, in einer aktiven, organisierten und zuversichtlichen Gemeinde. Frauen und Männer, Jugendliche und alte Menschen, sogar Kinder setzen sich ein und engagieren sich. Dank sei Gott!

Hier kann der Bischof nicht als »Außerirdischer« auftreten, voller »Rühr-mich-nicht-ans«, sich nicht auf irgendeinem Thron niederlassen, heilige Gewänder tragen und den »Kleinen« fernbleiben (vgl. Mt 11,25–30). Der Bischof gehört zu diesem Volk, diesen Menschen, wird mit Freuden empfangen und von Kindern, Jugendlichen, Erwachsenen und Alten liebevoll umarmt als Bruder und »unser Hirte«.

Nicht tausend staubiger Straßen und festgefahrene Jeeps, nicht brennende Sonne noch sintflutartiger Regen, nicht die Erschöpfung von stundenlangen Fußmärschen können uns trennen vom Volk Gottes Amazoniens. »Wer kann uns trennen von der Liebe Christi?« (Vgl. Röm 8,35ff) Jesus identifiziert sich mit diesem Volk! Wer mag uns scheiden von der Liebe dieses Volkes, für das Jesus sogar sein Blut vergossen hat?

Unsere Verantwortung und Verpflichtung
Missionarische Gemeinde für die Menschheit[9]

Die Menschheit fragt uns, die missionarische Gemeinde, die den Auftrag empfangen hat, an, »das Reich Christi und Gottes anzukündigen und in allen Völkern zu begründen« (Lumen Gentium, Nr. 5):

Was bedeutet die Ankündigung dieses Reiches für die großen Probleme, die die Menschheit bedrohen? Welchen Beitrag leistet die missionarische Gemeinde zur Lösung dieser Probleme? Und wir, die missionarische Gemeinde, fragen uns: Welches sind diese Probleme und welche Lösung können wir anbieten – der Welt, der Menschheit und vor allem den Armen? Gibt es eine Lösung für diese Probleme? Wie können wir unser Projekt in eine säkulare Sprache übersetzen, damit das 21. Jahrhundert es als sein Projekt verstehen kann, prägnant, in seinen Kontexten verwurzelt, aber gleichzeitig offen für die Transzendenz, in der sich »die Güte und die Menschenliebe Gottes zeigt« (Tit 3,4)?

Ganz ähnlich fragte gegen Ende des 2. Jahrhunderts ein berühmter Heide, der unter dem Namen Diognet bekannt war, die christliche Gemeinde:

Was ist das für ein Gott und was ist seine Frohe Botschaft, auf die die Christen vertrauen? Was für ein Projekt habt ihr Christen, missionarische Jünger, für eine Welt, die nicht mehr viele Projekte hat, die für alle gelten? Was ist euer Projekt? Was ist euer Geheimnis?

Und der unbekannte Verfasser dieses katechetischen Diognetbriefes antwortet:

Die Christen bewohnen nirgendwo eigene Städte und bedienen sich keiner abweichenden Sprache [...]. Sie bewohnen jeder sein Vaterland, aber nur wie Fremde; sie beteiligen sich an allem wie Bürger, aber ertragen alles wie Fremde; jedes fremde Land ist ihnen Vaterland und jedes Vaterland ein fremdes Land. [...] Die Christen wohnen in der Welt, sind aber nicht von der Welt. [...] aber gerade sie halten den Kosmos zusammen. (Diognetbrief, 1–7; nach: Bibliothek der Kirchenväter, Bd. 12)

Was bedeutet »den Kosmos zusammenhalten«? Mit Sicherheit bedeutet das, für das Leben der Welt »eifern«; all diejenigen »auf den Schultern tragen«, deren Leben bedroht ist; »kämpfen« für die Gerechtigkeit der Auferstehung und »vertrauen« auf jenen Gott, der in dieser Welt Fleisch geworden ist, damit die Welt »das Leben habe und es in Fülle habe« (Joh 10,10).

Wenn wir von »Mission« sprechen, unterscheiden wir mehrere Dimensionen. Mission kann bedeuten »Zeugnis in der Welt«, »missionarische Seelsorge«, »Neue Evangelisierung«, »Neuevangelisierung«, »Ökumene«, »interreligiöser Dialog«, »Mission ad gentes« (zu den Völkern), »Mission inter gentes« (unter den Völkern) und »Mission im Ausland«. Alle diese missionarischen Tätigkeiten zusammen bilden »die Mission (Sendung, Aufgabe) der Kirche in der Welt«. Unsere Sendung richtet sich an alle Kulturen, Völker, sozialen Klassen und Altersgruppen.

Man könnte fragen: Ist das nicht ein viel zu breites Feld? Führt diese Breite nicht dazu, dass wir unsere eigenen speziellen Probleme vernachlässigen? Wo bleibt da unsere katholische Identität, wo die Option für die Armen, der Schutz der indigenen Völker, wo die Ortskirche mit ihren kirchlichen Basisgemeinden, wo die Ämter, die Laien, der ökumenische und der interreligiöse Dialog?

Gottesliebe und Nächstenliebe sind untrennbar. Worauf es jetzt ankommt, ist, in einer sich stets verändernden Welt den roten Faden des Evangeliums aufzunehmen und ihm in missionarischer, grenzenloser Verantwortung, die expandiert wie der Kosmos, treu zu bleiben.[10]

Unsere Verantwortung

Das Argument der »missionarischen Natur« ist ein innerkirchliches Argument, das an der Notwendigkeit und Kontinuität des missionarischen Paradigmas festhält. Nach der Lateinamerikanischen Bischofskonferenz von Aparecida ruft die Kirche aufs Neue die Getauften auf, ihr Jüngersein dringend und bedingungslos aktiv zu verwirklichen (Aparecida, Nr. 289, 368, 518). Diese missionarische Mobilmachung darf weder als etwas Außergewöhnliches betrachtet werden noch als das Vorrecht einzelner Ortskirchen, einiger Pastoralbereiche oder spezieller Bewegungen. Nach dem Zweiten Vatikanischen Konzil gehört die missionarische Natur zur Normalität und zur Daseinsberechtigung der Kirche:»Die pilgernde Kirche ist ihrem Wesen nach ›missionarisch‹, da sie selbst ihren Ursprung aus der Sendung des Sohnes und der Sendung des Heiligen Geistes herleitet gemäß dem Plan Gottes des Vaters« (Ad Gentes, Nr. 2).

Nach dem Konzil hat das lateinamerikanische Lehramt diese Versicherung bei verschiedenen Gelegenheiten aufgenommen (vgl. Santo Domingo, Nr. 12; Aparecida, Nr. 347). Der »Dritte Teil« des Schlussdokuments von Aparecida, der dem pastoralen Handeln gewidmet ist, zeichnet das Bild einer Kirche, die sich als Ganze »missionarisch ausrichten« will (Aparecida, Nr. 213). Auch die *Leitlinien der Evangelisierenden Aktion der Kirche in Brasilien 2008–2010* stellen den Traum des missionarischen Jüngerseins »in einer Kirche in ständiger missionarischer Ausrichtung« in ihren Hauptteil (Nr. 47–101).

Was bedeutet diese »missionarische Natur«? Das Verständnis des Ausdrucks »Natur« hat eine lange Geschichte. Im Glauben verstehen die Christen die Welt als die Schöpfung Gottes mit einer natürlichen Ordnung, die sich durch Vernunft und Sinn auszeichnet. Aber der Glaube erinnert uns auch daran, dass die Welt, die Natur und die Menschheit in einen »Fall«, in einen »Bruch« der ursprünglichen Vernunft verwickelt sind. Sie sind gezeichnet durch die Sünde, die es verhindert, dass wir ohne die Erleuchtung der Offenbarung das Natürliche (die »Natur«) einfach als gut, vernünftig und ethisch erkennen.

Die vielfältigen Betonungen der »missionarischen Natur« der Kirche in den jüngsten Dokumenten erlauben nicht den Schluss, dass diese Natur vergessen wurde. In verschiedenen Zeiten und Regionen der Welt ist sie durch die Nähe der Kirche zur »Macht« verdunkelt worden. Diese »Macht«, ob sie sich nun in Kolonialmächten, imperialen, diktatorischen oder selbst demokratischen Mächten ausdrückt, hat immer versucht, die Mission in Ideologie zu verwandeln und die Präsenz der Kirche bei den Armen zu neutralisieren, denn deren Vorhandensein klagt die Verletzung ihrer Rechte und ihrer Kulturen durch die jeweiligen Regime an.

Nach christlichem Glauben hat Jesus Christus selbst uns den missionarischen Ursprung und die missionarische Natur geoffenbart. Die Mission hat ihren *Ursprung* in der Mission des dreifaltigen Gottes (»Mission Gottes«) und ihr *Ziel* im Heil der Menschheit: »Damit sie das Leben haben und es in Fülle haben« (Joh 10,10). Diese Mission verlängert sich durch die Aussendung der Jünger durch den auferstandenen Jesus im Heiligen Geist: »Wie du (Vater) mich in die Welt gesandt hast, so habe auch ich sie in die Welt gesandt.« (Joh 17,18)

Die Einheit zwischen dem historischen und dem auferweckten Jesus ist geprägt von den Wunden an seinen Händen und an seiner Seite, die von dem Lanzenstich geöffnet wurde. Der Auferstandene »zeigte ihnen seine Hände und seine Seite. Da freuten sich die Jünger, dass sie den Herrn sahen« (Joh 20,20). Jesus von Nazaret, der »Gesandte des Vaters« (Joh 20,21), »hat die volle Menschennatur angenommen« (Ad Gentes, Nr. 3). Die Zeichen, die den Weg der missionarischen Gemeinde markieren, sind sehr bescheiden: die Leere, die Offenheit, der Bruch mit Vorherigem, das Unterwegssein, das Kreuz und die Hostie. Die Krippe und das Grab sind leer, die Tür des Abendmahlssaales ist offen, der Stammbaum Jesu ist durch den Heiligen Geist unterbrochen. Die Kirche ist Dienerin, Pilgerin, Gast auf Erden, Werkzeug, Zeichen.

Unsere Realität

Die pilgernde und missionarische Kirche wurde am Pfingstfest gegründet, das für die Juden das Fest der Gesetzesgabe am Sinai ist und für die Christen das Fest der Gabe des Neuen Gebotes, also einer neuen Ethik und Praxis. An diesem Fest wurden Jünger und Jüngerinnen in der Einheit des Heiligen Geistes zur Mission ausgesandt. Vom ersten Pfingsttage an lernte die kirchliche Gemeinde, dass sie die Aufgabe hat, Dienerinnen und Diener des Reiches und Zeugen der Auferstehung zu bilden, zu berufen und zu entsenden. Aber die Jüngerinnen und Jünger waren noch zu sehr mit Jerusalem verhaftet, dem Tempel, der ererbten jüdischen Tradition, ihren Familien. Da geschah etwas Unerwartetes, nämlich die Zerstörung Jerusalems durch die Römer im Jahre 70. So prägen Pfingsten, die Zerstörung und die Vertreibung aus Jerusalem den Beginn der weltweiten Mission der Kirche, die seit jener Zeit weder ein eigenes Vaterland noch eine eigene Kultur hat. Im Heiligen Geist ist die missionarische Gemeinde gesandt, in der ganzen Welt die Völker und Kulturen in einem großen »Netz« (vgl. Joh 21,11) von Solidarität, Vielfalt und Einheit miteinander zu verbinden. Aus dieser Sendung entstehen österliche Gemeinden, welche die Vision des Ersten Tages der Neuen Schöpfung in ihrem Kontext zu leben suchen. Aus den Gemeinden entsteht die Sendung, und die Mission ist das Herz der Kirche. Dieses Herz hat zwei Bewegungen: Sendung und Ruf – die Sendung an die Randgebiete der Welt und von dieser »Peripherie« aus den Ruf zur Befreiung des Zentrums. Unter dem Zeichen des Reiches sucht die Mission eine Welt ohne Peripherie und ohne Zentrum.

Aber an wen wendet sich die missionarische Gemeinde? Wer ist diese »Welt«, wer ist diese »Menschheit« heute?

Unser missionarischer Optimismus flieht nicht vor der Wirklichkeit, vor dem Leid und vor den Armen, welche die Opfer der fünf großen Krisen unseres Planeten Erde sind: die Wirtschaftskrisen, die Gesellschaftskrise, die Umweltkrise, die Kulturkrise und die Krise der Demokratie. Die zentralen Probleme der Menschheit, die zu Beginn unseres 21. Jahrhunderts aus diesen vielschichtigen und miteinander verknüpften Krisen entstehen, sind folgende:

a) Die wirtschaftliche Polarisierung der globalen Gesellschaft in einer hemmungslosen Konkurrenz, in der nicht gewinnt, wer menschlicher ist, sondern wer billiger produziert. Wachstum und Expansion sind zu zwei Zauberworten geworden, die auf immer ausgefeilteren Technologien basieren, die letztlich auf das Ersetzen von menschlichen Arbeitskräften durch die Technik abzielen.

b) Billiger produzieren kann derjenige, der sich den Bedingungen einer mühseligen Arbeit unterwirft, die noch nicht von Maschinen und Computern übernommen werden kann. Die mühselige Arbeit geht einher mit einer unwürdigen Bezahlung und dem Fehlen jeglicher sozialer Sicherheiten, einschließlich der Rente oder der Unterstützung der Kindererziehung.

c) Die völlig irrationale Ausbeutung betrifft nicht nur unseren Bruder Arbeiter, Indio oder Migrant, sondern auch unsere Schwester Natur. Die pausenlose Verwüstung der Natur, die Zerstörung unserer Wälder und der Biodiversität »bringt das Leben von Millionen Menschen in Gefahr«, speziell den Lebensraum der »Bauern und der Indigenen, die in Landstriche an Berghängen und in die Großstädte vertrieben werden, wo sie in den Elendsgürteln dicht zusammengedrängt leben müssen« (Aparecida, Nr. 473).

d) Die Kulturkrise zeigt sich einerseits als Sinnkrise und andererseits als Fundamentalismus, mit seinen Spielarten in den großen Religionen und den politischen und philosophischen Ideologien.

e) Nachdem Kriege geführt wurden, um die Demokratie zu errichten, steckt diese liberale Demokratie heute in einer tiefen strukturellen Krise: Es findet keine klare Trennung der Gewalten (Exekutive, Legislative und Justiz) mehr statt. Ebenso fehlen fest umrissene ethische Grundsätze und Leitlinien. Die liberale Demokratie erlaubt keine befriedigende Beteiligung des Volkes, insbesondere nicht der Armen und der Ausgeschlossenen.

f) Die *Justiz*, die Gerechtigkeit, in unseren Ländern ist zu einer rein formellen Justiz geworden, die marode und sündhaft teuer ist, oft weit entfernt von den Orten betrieben wird, wo die Ungerechtigkeiten begangen werden, und die es den Armen unmöglich macht, ihre grundlegendsten Rechte zu erlangen, weil sie die Rechtsbürokratie nicht kennen und die Preise fähiger Anwälte nicht bezahlen können.

Unsere Verpflichtung

Die Opfer verlangen von uns keine technischen Lösungen, sondern ihr Recht zur Beteiligung an der Planung der missionarischen Arbeit der Kirche selbst, die ein Übungsfeld für umfassendere Veränderungen sein könnte. Sie verlangen von uns Zeichen der Gerechtigkeit und Gründe für Hoffnung.

Unsere Aufgabe als missionarische Jünger ist die eines pilgernden Propheten, der anklagt und ansagt, der andere Werte lebt (Teilen, Solidarität, Gratuität) und eine andere mögliche Welt aufzuzeigen versucht, deren Vorbild
für uns das Reich Gottes ist. Unsere Träume, unsere Vision für die Welt und
unsere Hoffnung haben Auswirkung für die ganze Welt, weil wir durch sie –
Traum, Vision, Hoffnung – fähig sind, »die Welt zusammenzuhalten«, wie
der Diognetbrief sagt. Um unsere Schultern für diese Aufgabe zu stärken,
müssen wir auf unsere Identität achtgeben. Vier Säulen können uns helfen,
die Welt unserer missionarischen Natur zu stützen. Wir leben diese Natur
im weltweiten Kontext, in der pluralen Einheit des Heiligen Geistes, in der
Haltung der Gratuität und in der Hoffnung *der* Armen und *mit den* Armen.

Weltweiter Kontext

Wie können wir die Glaubensartikel, die Zeichen der Gerechtigkeit, die Bilder der Hoffnung und die Solidaritätspraktiken für unsere Gegenüber der
modernen Welt übersetzen? Die Kontextgebundenheit der Mission gründet theologisch auf der Nähe Gottes während der ganzen Heilsgeschichte
und auf der Nachfolge Jesu, der sich durch seine Inkarnation der Menschheit angenähert hat (Gaudium et Spes, Nr. 22). Der Gott der jüdisch-christ-
lichen Heilsgeschichte ist ein Gott, der seinem Volk nahe ist. Mit dem heiligen Irenäus können wir sagen, dass Gott jedem Menschen nahe ist durch
seine beiden ausgestreckten Hände, nämlich durch den Sohn und durch
den Heiligen Geist.[11] Die geschichtliche und kontextuelle Vermittlung des
Heilsplanes Gottes macht die Geschichte und den Kontext zu einem Sakrament seiner Gegenwart. Die Mission, die sich einfügt in das Herz der Geschichte und der Kultur eines jeden Volkes, »ist ein Imperativ der Nachfolge
Jesu und notwendig, um das entstellte Antlitz der Welt wieder herzustel-
len« (Santo Domingo, Nr. 13b). Die Analogie zwischen der Menschwerdung Jesu von Nazaret und der kontextuellen Nähe hat die missionswissen-
schaftliche Reflexion veranlasst, das Paradigma der Inkulturation zu prägen.
Mit der Inkulturation wird »die Kirche immer verständlicheres Zeichen von
dem, was geeigneteres Mittel der Mission ist« (Enzyklika Redemptoris Missio, Nr. 52), um das Evangelium zu verkünden, und zwar nicht als eine Alternative zu den Kulturen, sondern als deren tiefste Verwirklichung.

Das Ziel der Inkulturation ist die Befreiung, und der Weg der Befreiung ist die Inkulturation. Das Paradigma der Befreiung zielt nicht auf Ausschluss, sondern auf die Beteiligung aller, auf die weltweite Gültigkeit von Gerechtigkeit, Solidarität und Liebe. Die weltweite Verkündigung und Praxis der größeren Liebe und die Verkündigung des Reiches als »Befreiung aus der Sklaverei der Verlorenheit (Verderbtheit, Korruption!)« (Röm 8,21; Lumen Gentium, Nr. 9) gelten allen, weil sie gegen die geltenden Systeme wirken.

Einheit in der Vielfalt

Das Zweite Vatikanische Konzil machte es durch neue Themen wie »Ortskirche«, »Kontextualisierung«, »Inkulturation« und »Dialog« möglich, viele Voraussetzungen der Weltkirche neu zu überdenken. Die Einheit der Mission ist eine Einheit in der Vielfalt des Heiligen Geistes. Die vielfältigen Antworten der Kulturen sind kein unglücklicher Zwischenfall, sondern müssen positiv verstanden werden als Beteiligung an der Schaffung einer neuen Welt. Und in dieser Welt verteidigen sie ihre Identität immer im Kontrast mit dem Andersartigen. Aus diesem Kontrast erwächst der Imperativ der Vielfalt in der Einheit.

Der Pluralismus der Kulturen entfaltet sich im Pluralismus der Religionen. Die ausdrückliche Anerkennung der Religionsfreiheit durch das Zweite Vatikanische Konzil (in seiner Erklärung *Dignitatis Humanae*) ist eine der Voraussetzungen der Mission. In den meisten Kirchen und bei der Mehrheit der Gläubigen herrscht Konsens darüber, dass die religiöse Verschiedenheit unabänderlich ist, und das verweist uns auf den interreligiösen Dialog. Der Dialog ist ein Instrument der Verständigung, der Achtung und des friedlichen Zusammenlebens, und in allen Pluralismussituationen hat er »immer den Charakter eines Zeugnisses, bei einem Höchstmaß an Achtung der Person und der Identität des Gesprächspartners« (Puebla, Nr. 1114).

Die Einheit erbauen bedeutet, »Trennmauern« niederzureißen (vgl. Eph 2,14). »Den Armen die Frohe Botschaft verkünden« bedeutet, eine der vielen Trennmauern niederzureißen, deren Bau die Gesellschaft nicht nur zwischen verschiedenen Ländern erlaubte, sondern auch innerhalb einzelner Nationen und Gesellschaften. Als Jesus von einem Gesetzeslehrer gefragt wird, wer denn der Nächste sei, den es zu lieben gilt, erzählt er das Gleichnis vom Barmherzigen Samariter (vgl. Lk 10,25ff). Dadurch fordert er nicht nur, die ethnische Mauer zwischen Juden und Samaritanern niederzureißen, zwischen unreinen Mestizen und reinen Juden, die klerikale Mauer zwischen Priestern und Laien, sondern auch die Mauer zwischen einer marginalisierten Sekte und der offiziellen Religion, zwischen Gerechten und Sündern, zwischen Reden und Handeln, zwischen Wahrheit und Liebe. Von der »Verderbtheit der Sünde« geprägte Mauern niederreißen bedeutet, das Antlitz Gottes in den Menschenantlitzen wiederzugewinnen, die freie Verständigung zwischen Menschen, die gleich und unterschiedlich sind. Angesichts der »Leidenszüge Christi« in den Zügen der Menschheit in »Situationen extremer Armut« (Puebla, Nr. 31ff), in denen die Entäußerung der Menschwerdung und der Erlösung ihre geschichtliche und heilsgeschichtliche Bedeutung erhält, fallen alle Mauern. Denken wir immer daran: *Jesus war kein Maurer. Er hat keine Mauern gebaut. Er war Zimmermann und machte Türen und Fenster.*

Gratuität

In einer Welt von Wettbewerb und Ausschluss, in der alles nur nach seinem Marktwert beurteilt wird, muss die Mission die Ebene der Bedürfnisse überwinden (»Kosten-Nutzen-Rechnung«) und einen Bereich für alternative Projekte wiedergewinnen, in denen nicht der Markt herrscht, sondern die Gratuität. Die missionarische Gemeinde vertraut auf die Anziehungskraft ihres selbstlosen Zeugnisses. Ihr Marketing braucht keine Werbung und keine Waffen. Die Räume der Gratuität innerhalb des Christentums sind Räume des Widerstandes gegen die Räume, die vom Gewinn beherrscht werden. Der Gewinn individualisiert und privatisiert. Der Markt ist nicht für alle da.

In Aparecida hat sich die Kirche das »Haus der Armen« genannt (Aparecida, Nr. 8). Ihr Bereich ist ein alternativer Raum, der von der Gratuität des Kreuzes Jesu und der Ostererfahrung seiner Jüngerinnen und Jünger bestimmt wird. Diese Gratuität des Kreuzes ist nicht ein Vorwort der Befreiungs- und Emanzipationsgeschichte, sondern ihr Grundpfeiler: »Eine Liebe uneingeschränkter Hingabe als Lösung für den Konflikt, das muss der ›radikale‹ kulturelle Pfeiler einer neuen Gesellschaft sein.« (Aparecida, Nr. 543)

»Die Großherzigkeit der Missionare offenbart die Großherzigkeit Gottes; in der Selbstlosigkeit der Apostel tritt die Selbstlosigkeit des Evangeliums in Erscheinung.« (Aparecida, Nr. 31) Eine Kirche, die »Haus der Armen« sein will, muss eine arme Kirche sein. Von den Armen empfängt sie die Gabe der Selbstlosigkeit und die Nähe des Heiligen Geistes, welcher der »Vater der Armen« (Pfingstsequenz) und der »Vorkämpfer der Mission« (Redemptoris Missio, Nr. 21b) ist.

Bei der Suche nach Gerechtigkeit ist die Kirche nicht eine Richterin zwischen den Parteien, sondern die »Anwältin der Gerechtigkeit und der Armen« (Aparecida, Nr. 395 und 533). Sie ist Partei, sie verteidigt eine der Parteien des Verfahrens. Ihre pneumatologische Mission, ihre Sendung im Heiligen Geist, ist es, »Trösterin«, »Fürsprecherin« und »Anwältin« zu sein: den »Geist der Wahrheit« (Joh 14,17) aufzurufen und zu vertreten, der vom Vater kommt, und Zeugnis zu geben gegen den »Vater der Lüge«, der die gesellschaftliche Ordnung verwirrt. Der Heilige Geist ist der Geist der Wahrheit, nicht aufgrund einer richtigen Lehre, eines perfekten Gesetzes oder einer höheren Moral, sondern weil in ihm die Wahrheit geschieht, indem er Leben schafft: in der Praxis des Neuen Gebotes und der größeren Gerechtigkeit zum Wohl der Armen.

Seit dem Zweiten Vatikanischen Konzil hat die katholische Kirche einen Leitfaden für ihre missionarische Tätigkeit, der die tiefere Dimension ihrer »missionarischen Natur« klarmacht: die vorrangige Option für die Armen. Diese Option ist vorrangig, weil sie »all unsere pastoralen Prioritäten und Strukturen durchziehen soll« (Aparecida, Nr. 396). Die »missionarische Natur« hat ihren Ursprung in der »Mission Gottes«, welche die Mission des fleischgewordenen Wortes ist, das sich »entäußerte und wie ein Sklave wurde« (Phil 2,7), und die Mission des Heiligen Geistes, der den Armen gesandt wurde: »Alles, was mit Christus zu tun hat, hat mit den Armen zu tun, und alles, was mit den Armen zu tun hat, ruft nach Jesus Christus.« (Aparecida, Nr. 393) Im Heiligen Geist ist der Sohn des Zimmermanns bei seiner Taufe im Jordan als »geliebter Sohn« bestätigt worden. Vom Heiligen Geist wurde er in die Wüste geführt, »um sich auf seine Sendung vorzubereiten« (vgl. Mk 1,12f; Aparecida, Nr. 149). In ihm wurde er zum Messias gesalbt, »um den Armen die Frohe Botschaft zu bringen« (vgl. Lk 4,18). Nach seiner Auferstehung sandte Jesus seine Jünger und Jüngerinnen aus, um in der Kraft des Heiligen Geistes die Frohe Botschaft vom Anbruch des Reiches Gottes zu verkünden (vgl. Aparecida, Nr. 276). Alle Aussendung zur Mission geschieht im Heiligen Geist.

Es ist schon 40 Jahre her, dass Papst Paul VI., der die Dokumente des Zweiten Vatikanischen Konzils in pastorale Wirklichkeit umzusetzen suchte, bei der Eröffnung der 2. Generalversammlung des Episkopats von Lateinamerika und der Karibik in Medellín erklärte:

> *Die Kirche sieht sich heute der Berufung zur Armut Christi gegenüber. [...] In der schlichten Einfachheit ihrer Formen ist die Armut der Kirche ein Zeugnis der Treue zum Evangelium; sie ist die manchmal unverzichtbare Bedingung, um ihrer Sendung Glaubwürdigkeit zu verleihen [...], und stellt eine Übung dar, welche die Kraft der Sendung des Apostels verstärkt.*

Die Struktur dieser Kirche der Armen ist trinitarisch. Sie ist »Volk Gottes«, »Leib des Herrn« und »Tempel des Heiligen Geistes« (Lumen Gentium, Nr. 17). In den Gemeinden wird sie durch den Impuls des Heiligen Geistes geboren und wiedergeboren, und sie »erbaut sich als Kirche Gottes, wenn sie in den Mittelpunkt ihrer Sorge nicht sich selbst stellt, sondern das Reich Gottes, das sie als Befreiung für alle verkündet« (Leitlinien der Evangelisierenden Aktion der Kirche in Brasilien 1995, Nr. 64).

Im Gedächtnis der Eucharistie erinnert sich die christliche Gemeinde an die Gratuität ihres Heils, und sie erneuert im Gedächtnis der Fußwaschung die Motivation ihres Dienstes, dessen Logik die Dominanzbeziehungen unterwandert (vgl. Mk 10,42ff). Im Bewusstsein der als Gabe empfangenen Befreiung danken und in der Erfüllung der neuen Ordnung dienen (»Unter euch soll es anders sein!«) sind grundlegende Dimensionen ihrer Mission. Die Gabe macht das eigene Bemühen nicht überflüssig, und durch unsere Bemühungen wird die Gnade nicht überflüssig: »Das Leben ist ein unentgeltliches Geschenk Gottes, Gabe und Aufgabe, [...] das wir schützen müssen.« (Aparecida, Nr. 464)

Die Gratuität treibt uns notwendig zur institutionellen Einfachheit. Nur flache Strukturen erlauben es, an Gratuität zu denken. Aufwändige Strukturen sind sehr teuer. Eine Kirche, die unterwegs ist, ist eine einfache und transparente Kirche. Das Unterwegssein im Heiligen Geist ist eine Wanderung ohne Waffen und in Entäußerung. Die wahrhafte Bekehrung und Verwandlung macht einen Menschen einfacher. Und die Einfachheit ist auch eine Antwort auf die immer spezialisiertere Komplexität der Welt. »Als ich euch ohne Geldbeutel aussandte, ohne Vorratstasche und ohne Schuhe, habt ihr da etwa Not gelitten?« (Lk 22,35)

Die Gründe unserer Hoffnung

Die heute vorherrschenden Diskurse behaupten, es gäbe keine Alternative zum Kapitalismus, die Utopien hätten ihren Sinn verloren und die Geschichte sei an ihrem Ende angelangt. Das sind gegen die Armen gerichtete Diskurse, die nichts als Selbstrettung und Verzweiflung verraten und Pessimismus und Depression verursachen. Die Hoffnung blüht auf, wenn die Opfer anfangen zu sprechen, zu handeln, sich selbstständig zu organisieren, und wenn die missionarischen Jünger und Jüngerinnen ins Volk eintauchen, auf die Vorteile ihrer gesellschaftlichen Herkunft verzichten, die Organisationsprozesse begleiten, und denen, die Hilfe benötigen, wieder ein neues Selbstwertgefühl geben. Und vor allem, wenn sie sich bemühen, jene entfremdeten Wunschvorstellungen, die alles von der Vorsehung Gottes oder den Versprechungen der Politiker erwarten, in geschichtliche Hoffnung umzuwandeln.

Die Hoffnung ist eine zentrale Botschaft des biblischen Glaubens (vgl. Spe Salvi, Nr. 2). Die Botschaft des Reiches Gottes und der Auferstehung Jesu, welche die Verheißung der endgültigen Gerechtigkeit ist, ist eine Verheißung, die sich bei der Auferstehung der Toten erfüllen wird, wenn »in Christus alle lebendig gemacht werden« (1 Kor 15,22). Wir glauben an den Auferstandenen und verkünden sein Reich im Horizont der endzeitlichen Fülle »eines neuen Himmels und einer neuen Erde« (Offb 21,1).

Der Gott-mit-uns ist immer ein Gott, der vor uns hergeht und uns entgegenkommt. Er ist die absolute Zukunft der Menschheit. Die Hoffnung, welche die innere Kraft des Glaubens ist, lässt uns auf einen Gott vertrauen, der immer größer ist als alles andere, und auf die Zukunft, die er uns verheißen hat. Die Hoffnung befähigt uns, das Geheimnis Gottes als den

Mittelpunkt der Welt zu erkennen – in den Gesichtern der Migranten und Flüchtlinge, der Arbeitslosen und der Obdachlosen auf den Straßen der Großstädte, in den Gesichtern der Bauern und Indigenen ohne Land und derer, mit afrikanischen Wurzeln, die in rassistischen Gesellschaften um ihre Anerkennung kämpfen (vgl. Aparecida, Nr. 58, 65, 72, 88ff, 402, 427, 439, 454). Der Schrei dieser Menschen erinnert uns täglich an die Gegenwart Gottes und die menschliche Ungerechtigkeit, welche die Welt wie ein bösartiges Krebsgeschwür beherrscht. Gott hat den Schrei seines Volkes gehört. Er hat nicht einfach nur auf das Leiden des Volkes geschaut, sondern er hat an diesem Leid teilgenommen. Er selbst ist gegenwärtig im Schrei seines Volkes. Gott ist der Schrei der Armen. Gott leidet nicht mehr für uns, aber er hat Mitleid mit uns. Und wir können uns dem Leiden der anderen aussetzen, weil wir in ihnen das Mitleid Gottes erfahren.

Gott als das handelnde Subjekt der Geschichte und der Mission anzuerkennen erleichtert die Last des missionarischen Einsatzes, ohne uns aus der Verantwortung zu stehlen. Er ist der Gute Hirte der missionarischen Jüngerinnen und Jünger. Deshalb sollen wir Gott nicht um dieses oder jenes bitten, sondern um die Gabe, die er selbst ist. Gott von Gott erbitten bedeutet, offene Ohren erbitten, ausgestreckte Hände, ein sich hingebendes Leben und eine nie verstummende prophetische Stimme.

Der Gott, der den Schrei seines Volkes gehört hat, der mit uns ist inmitten der Konflikte, sendet uns aus zur Mission. Der Aussendung geht der Ruf zum Exodus voraus: Er ruft uns zum Auszug aus der Sklaverei. In der Knechtschaft und Unterwerfung hat die Sklaverei vielfältige Gesichter. Aber zu Beginn einer jeden Knechtschaft steht immer der Versuch, den Armen die Erinnerung an die eigene Geschichte zu nehmen.

Für die missionarische Verkündigung sind die Exoduserfahrung und die Wiedergewinnung der geschichtlichen Erinnerung grundlegend. Eine Mission, die eine »Frohbotschaft für die Armen« sein und verkünden will, sucht sich notwendigerweise aus einem System auszuklinken, welches das Leid der Armen verursacht, sucht dieses System ins Wanken zu bringen und, in positiver Hinsicht, die Erinnerung der Unterdrückten wiederzugewinnen. Der Gott, der zum Auszug aus Ägypten aufruft, macht auch der Babylonischen Gefangenschaft ein Ende. Der nachexilische Prophet Sacharja (»Jahwe ist

Gedächtnis«) verheißt die Befreiung der »Gefangenen voller Hoffnung [...] aus der wasserlosen Zisterne« (Sach 9,11f). Gefangene voller Hoffnung sind Sand im Getriebe eines Systems, das auf Ausschluss, Ausbeutung und Privilegien für einige wenige aufgebaut ist (vgl. Aparecida, Nr. 62).

Wer wie Abraham aus seinem Heimatland auszieht oder wie Mose aus einem fremden Land, in dem er versklavt war, weiß nicht, wohin er zieht. Letztlich ist die Hoffnung das Vertrauen auf Gott. Die Mission lebt und bringt den Exodus in Richtung auf eine neue Welt, in Richtung auf das Reich Gottes voran. Die Hoffnung gibt uns die Beweggründe und die Kraft, zwischen der angepassten und leidvollen Gegenwart und dem Auszug in eine unvorhersehbare und riskante Zukunft zu entscheiden. Das Leben in der Hoffnung hat seine Risiken und Gefahren.

Durch die Mitarbeiterinnen und Mitarbeiter in der Pastoral ist die Kirche in den verschiedenen Bürgerbewegungen präsent, die daran glauben, dass eine andere Welt möglich ist. Dort ist es ihr Auftrag, »auch in den schwierigsten Situationen Hoffnung zu wecken [...], denn wenn es keine Hoffnung für die Armen gibt, wird es für niemanden Hoffnung geben« (Aparecida, Nr. 395).

Wir müssen wieder einen neuen Zugang zu den Armen und Benachteiligten finden und unter ihren Reihen »Führungskräfte« ausbilden, die aus den Kämpfen des Volkes hervorgegangen sind, wo »Christus selbst ein Pilger wird und als Auferstandener unterwegs ist« (Aparecida, Nr. 259). Der Auferstandene ist der Gekreuzigte. Das Kreuz gehört nicht zur Vorgeschichte der Befreiungskämpfe. Es gehört zu seiner Geschichte selbst, die immer weitergeht und in der wir Etappen, Prioritäten und Ziele festsetzen auf dem Weg zu einer anderen Welt, die möglich ist. Die Hoffnung der Armen stärken zu wollen verlangt Präsenz, Vision und Einmischung von missionarischen Jüngern als gesellschaftlichen Handlungsträgern. Der Apostel, der den ersten Petrusbrief geschrieben hat, ermahnt uns, »stets bereit zu sein, jedem Rede und Antwort zu stehen, der nach dem Grund unserer Hoffnung fragt, [...] aber bescheiden und ehrfürchtig« (1 Petr 3,15f).

Obwohl nicht wir es sind, die das Neue entstehen lassen, wird es uns auch nicht ohne unser Zutun auf dem Silbertablett serviert. Zusammen mit den Armen, die die Boten der Hoffnung sind, stehen wir zur Armut unseres

Wissens, wenn es um die konkrete Form der erhofften Zukunft geht. Aber wir wissen dennoch, dass die Veränderungen, die unsere Hoffnung beseelen, mit bestimmten Haltungen beginnen:

• mit der Beteiligung der Armen am Aufbau der neuen Welt und der Kirche;
• mit der Umverteilung der Güter, die einige wenige aufgehäuft haben;
• mit der Anerkennung der Verschiedenheit;
• mit der von der missionarischen Gemeinde gelebten Gratuität.

Die Kirche in Lateinamerika und der Karibik steht vor drei Alternativen:

1. ängstlich die vielen empfangenen Talente vergraben (Mt 25,14ff);
2. in das kapitalistische System eintauchen und kleine Verbesserungen vorschlagen;
3. sich mit Zeichen der Gerechtigkeit in die ungerechte Welt einmischen und die Samenkörner des Reiches Gottes ausstreuen.

Die Kirche von Aparecida hat die Einmischung und den Einbruch in die gegenwärtige Welt als Dienst für die Armen angenommen. Sie hat versprochen, nicht nur die Anwältin der Armen zu sein, sondern ihr Haus. Als Haus der Armen wird die Kirche ein Haus der Hoffnung sein.

Das Evangelium verkünden

Wege und Horizonte

Das Evangelium zu verkünden
ist für mich kein Grund zum Rühmen;
im Gegenteil, es ist ein Zwang, der mir auferlegt wurde.
Weh mir, wenn ich das Evangelium nicht verkünde!

1 KOR 9,16

ALTAMIRA, AUGUST 1999,
AM FEST DER HL. ROSA VON LIMA, DER PATRONIN LATEINAMERIKAS

Was versteht man unter »Mission«? Was ist »Mission«, was ist »Sendung«? In diesem Jahrhundert und in den vergangenen wurden viele Bücher darüber geschrieben. Aber es gibt einen winzigen Text eines Bischofs aus dem Nordosten Brasiliens, dessen »evangelisierender Elan« weit über die Grenzen des amerikanischen Kontinents hinausging. Er brachte allen Kontinenten die Gute Nachricht und etwas von unserer Armut (vgl. Puebla, Nr. 368). Er ist sowohl im Süden als auch im Norden der Welt bekannt und geschätzt. Er brach am 27. August 1998, um halb elf abends, in die endgültige Heimat auf: Dom Hélder Câmara, der frühere Bischof von Recife.

Mission heißt aufbrechen, gehen,
alles verlassen, aus sich herausgehen,
den Panzer des Egoismus durchbrechen,
der uns in unserem Ich einschließt.
Mission heißt aufhören, um uns selbst zu kreisen,
als ob wir der Nabel der Welt und des Lebens wären.
Mission heißt, sich nicht von den Problemen der kleinen Welt
blockieren zu lassen, der wir angehören: Die Menschheit ist größer.
Mission heißt immer aufbrechen, aber ohne Kilometer zu verschlingen.
Mission heißt vor allem, sich den andern als Geschwister öffnen,
sie entdecken und ihnen zu begegnen.
Und wenn wir, um ihnen zu begegnen und sie zu lieben,
die Meere überqueren und durch die Himmel fliegen müssen,
dann heißt Mission, aufzubrechen bis an die Enden der Erde.

Das Konzilsdekret über die Missionarische Tätigkeit *Ad Gentes* (Nr. 2) sagt: »Die pilgernde Kirche ist ihrem Wesen nach ›missionarisch‹ (das heißt als Gesandte unterwegs), da sie selbst ihren Ursprung aus der Sendung des Sohnes und der Sendung des Heiligen Geistes herleitet gemäß dem Plan Gottes des Vaters.« *Ad Gentes* verknüpft die Missionarität der Kirche mit ihrer Katholizität. Mit anderen Worten: Wenn die Kirche nicht missionarisch ist, hört sie auf, katholisch zu sein. »Zur Völkerwelt von Gott gesandt, soll die Kirche ›das allumfassende Sakrament des Heils‹ sein. So müht sie sich gemäß dem innersten Anspruch ihrer eigenen Katholizität und im Gehorsam gegen den Auftrag ihres Stifters (vgl. Mt 16,15), das Evangelium allen Menschen zu verkünden.« (Ad Gentes, Nr. 1)

Der Weg der missionarischen Kirche

Seit ihren ersten Anfängen ist die Geschichte unserer Kirche die Geschichte ihrer missionarischen Existenz. Alles begann »in der Morgendämmerung des ersten Tages der Woche« (Mt 28,1), als »Maria aus Magdala und die andere Maria« zum Grab gingen. Die Frauen empfangen die überwältigende Nachricht, dass der Leichnam Jesu nicht mehr in dem »Felsengrab« (Lk 23,53) eingeschlossen ist: »Er ist nicht hier; denn er ist auferstanden!« (Mt 28,6) Und sie »verließen sogleich das Grab [...] und liefen, es den anderen Jüngern zu verkünden« (Mt 28,8).

Der Evangelist Markus (16,10) erzählt, dass Maria aus Magdala »ging und es denen verkündete, die mit ihm zusammen gewesen waren, und die nun klagten und weinten«. Mit dem »Ja« einer Frau, dem Ja Marias, beginnt Gott sein wunderbares Heilswerk und sendet seinen Sohn. Mit einer anderen Frau, ebenfalls eine Maria, beginnt die Osterbotschaft, welche die Jahrhunderte durchlaufen wird. »Es ist wahr! Der Herr ist wirklich auferstanden!« (Lk 24,34) – das ist das apostolische »Kerygma« bis zum heutigen Tag. Die erste Verkündigung des »Er ist auferstanden« kam den Frauen zu (Lk 24,1–10).

Am Tag seiner Himmelfahrt, als Jesus sich von seinen Aposteln verabschiedet, sagt er ihnen ein letztes Wort: »Ihr werdet die Kraft des Heiligen Geistes empfangen, der auf euch herabkommen wird; und ihr werdet meine Zeugen sein in Jerusalem und in ganz Judäa und Samarien und bis an die Grenzen der Erde.« (Apg 1,8)

50 Tage nach Ostern erfüllt sich die Verheißung des Herrn. Bis dahin hatten die Jünger sich »aus Furcht vor den Juden« hinter »verschlossen Türen versammelt« (Joh 20,19; vgl. 20,26). Pfingsten hat die Türen zur ganzen Welt aufgestoßen. Die Angst ist vergangen, die Zweifel sind verschwunden, die Sorge ist vorbei. Die erste christliche Gemeinde hörte auf, sich heimlich zu versammeln. In der Nacht, in der Jesus verurteilt wurde, hatte Petrus den Herrn dreimal verleugnet und sogar »geflucht und geschworen«, dass er nichts mit diesem Meister zu tun hatte: »Ich kenne diesen Mann nicht und verstehe nicht, wovon du redest!« (Mk 14,66–72) Derselbe Petrus wendet sich jetzt an seine Landsleute und ruft aus: »Israeliten! [...] Jesus, den Nazoräer, [...] habt ihr durch die Hand von Gesetzlosen ans Kreuz geschlagen und umgebracht. Gott aber hat ihn auferweckt!« (Apg 2,22–24). Männer und Frauen »aus allen Völkern unter dem Himmel« hörten die machtvollen Worte Petri: »Mit Gewissheit erkenne also das ganze Haus Israel: Gott hat ihn zum Herrn und Messias gemacht, diesen Jesus, den ihr gekreuzigt habt.« (Apg 2,36) Das »traf sie mitten ins Herz« (Apg 2,37). Sie verstanden die Predigt des »Galiläers« Petrus, als ob er in ihrer eigenen Sprache redete. Die furchtlose Verkündigung und das überzeugende Zeugnis Petri am Pfingsttag hatten Erfolg: »An jenem Tag wurden der Kirche etwa 3.000 Personen hinzugefügt.« (Apg 2,41) Der Heilige Geist hatte zur Geburt der Kirche geführt!

Amerika: 500 Jahre Evangelium

In allen Jahrhunderten hat der Geist Gottes Missionare und Missionarinnen erweckt, leidenschaftliche Christen und Christinnen, die ihr Leben dem Evangelium verschrieben, Länder durchzogen und Meere überquerten auf der Suche nach dem großen Ziel: »dass jede Zunge bekenne: ›Jesus Christus ist der Herr‹ – zur Ehre Gottes, des Vaters« (Phil 2,11).

Wie viele Missionare und Missionarinnen sind zu »Märtyrern« geworden, im ganz engen Sinn dieses Wortes: sie haben ihren Glauben verkündet und bezeugt bis zum Äußersten, bis zum Vergießen ihres eigenen Blutes.

Jesus sprach aramäisch. Seine Kreuzesinschrift war schon in anderen Sprachen geschrieben: Hebräisch, Latein und Griechisch (vgl. Joh 19,20). Das Neue Testament wurde nicht mehr in der Sprache des Heiligen Landes geschrieben, sondern auf Griechisch. Der hl. Hieronymus übersetzte es ins Lateinische. Aber auch der römische Limes markierte nicht die Grenze für die Ausbreitung des Evangeliums.

Eine neue Zeit beginnt. Jetzt werden die »Barbaren« evangelisiert. Die Brüder Kyrill und Methodius, die aus Thessaloniki stammten, gehen zu den slawischen Völkern. Patrick evangelisiert Irland. Er hatte die Sprache der Bewohner dieser »Grünen Insel« als Sklave gelernt. Irland behält den Schatz, die kostbare Perle, die es gefunden hat, nicht für sich, sondern sendet Missionare aus, welche die Frohbotschaft grünen und blühen lassen auf jenem Kontinent, von dem es sie einst empfangen hat.

Das Evangelium setzt seinen Lauf durch die Welt fort. Gegen Ende des 15. Jahrhunderts öffnen sich neue Horizonte. Europa entdeckt, dass zwischen Lissabon und dem »Land der aufgehenden Sonne« ein anderer Kontinent liegt. Die Schiffe und Karavellen, die über das »düstere Meer« segelten, um Ostindien auf einem kürzeren Weg zu erreichen, ankerten stattdessen vor einer »Neuen Welt«.

Am 12. Oktober 1492, um zwei Uhr morgens, am Ende einer herrlichen Vollmondnacht, schreit Rodrigo de Triana, Matrose auf der Karavelle »Pinta«, vor der Insel Guanahaní aus vollen Lungen: »Tierra, tierra!« – »Land, Land!« Zusammen mit all den Sünden der Konquistadoren, all ihrer Perversität und ihrem skrupellosen Ehrgeiz, all ihrer Gier nach Land, Gold und versklavten Völkern, befand sich an Bord der *Pinta* auch ein Buch, das die Geschichte eines Gottes erzählt, der »reich an Erbarmen ist« (Eph 2,4) und »will, dass alle gerettet werden und zur Erkenntnis der Wahrheit kommen« (1 Tim 2,4). Das entsprechende historische Datum für Brasilien ist der 22. April 1500, der Mittwoch der Osteroktav. Pedro Álvarez Cabral erspäht den *Monte Pascoal*, den »Osterberg«. Auf dem Schiff, das die Portugiesen bringt, befinden sich auch acht Franziskaner und zwei Weltpriester. Am 26. April 1500 feiert Pater Henrique Soares de Coimbra die erste Messe und hält eine Homilie »über das Evangelium«. Es beginnt das Evangelisierungswerk im »Land des Heiligen Kreuzes«, in der »Terra da Santa Cruz«.

Von 1492 an waren es Orden und Kongregationen, die es übernahmen, den Befehl des Herrn zu erfüllen:»Geht zu allen Völkern und macht alle Menschen zu meinen Jüngern.«(Mt 28,19) Die Berichte und Briefe der ersten Missionare sind bewegend. Sie scheinen Fortsetzungen der Briefe des hl. Paulus zu sein. Die Leiden der Pioniere bei der Evangelisierung des amerikanischen Kontinents waren nicht geringer als die Bedrängnisse des Heidenapostels:»Von allen Seiten werden wir in die Enge getrieben und finden doch noch Raum; wir wissen weder aus noch ein und verzweifeln dennoch nicht.«(2 Kor 4,8) Der Jesuitenpater José de Anchieta schreibt an seinen Ordensgeneral Diego Laínez:

Wir sind fast ständig unterwegs und besuchen viele Dörfer [...], ohne Rücksicht auf Schwüle, Wolkenbrüche oder die großen Überschwemmungen der Flüsse, wir wandern oft bei Nacht durch finstere Wälder, [...] unter großen Mühen, wegen der Beschwerlichkeit der Wege sowie der Unbillen des Wetters. [...] Oft sind wir krank, und von den Schmerzen zermürbt brechen wir auf dem Weg zusammen. [...] Aber nichts ist zu mühsam für jene, deren einziges Ziel die Ehre Gottes ist und das Heil der Seelen, für die wir nicht zögern, unser Leben zu geben![12]

Passagen mit ähnlichem Inhalt finden sich in der Geschichte der ersten Missionare aller Orden, die sich in Brasilien für die Fortsetzung der Mission der ersten Jünger Jesu eingesetzt haben. Es ist klar, dass sie Kinder ihrer Zeit waren. Wenn wir die Bemühungen der damaligen Missionare von der Höhe unserer akademischen Kenntnisse zu Beginn des 21. Jahrhunderts aus analysieren, entdecken wir bei ihnen mit Sicherheit schwere Fehler. Es ist eine geschichtliche Tatsache, dass jahrtausendealte Kulturen untergegangen sind. Die Missionare kamen in die»Neue Welt«(»neu« aus europäischer Sicht) mit abendländischen Kategorien und Kriterien, sie errichteten eine Kirche mit europäischem Gesicht und im Gewand des»alten« Kontinents.

Der Begriff»Inkulturation des Evangeliums« gehörte nicht zum kirchlichen Vokabular jener Zeit, und noch weniger war das Ziel der Missionstätigkeit eine Evangelisierung»ausgehend von« den autochthonen Kulturen.

Dennoch beeindruckt der »Freimut«, die Leidenschaft, das Feuer, der Eifer, welche Frauen und Männer dazu brachten, die enorme Aufgabe vom Verkündigen und Bezeugen der Guten Nachricht voranzutreiben. Sie riskierten ihr Leben, wurden verfolgt, man machte ihnen den Prozess und verbannte sie, oder sie vergossen ihr Blut für das Reich Gottes. Wer könnte leugnen, dass es die »Liebe Christi« war, die sie dazu antrieb (vgl. 2 Kor 5,14), sich der Evangelisierung zu weihen und sich hinzugeben bis zu den äußersten Konsequenzen, »bis zur Vollendung« (vgl. Joh 13,1).

Wir leben in einer anderen Zeit, und unsere Kirche ist im Verständnis des Gebotes des Herrn gewachsen. Die Anthropologie und die missionarische Erfahrung haben uns gelehrt, in allen Kulturen mögliche Vermittlungen für eine neue Evangelisierung zu entdecken. Heute wissen wir, dass die Inkulturation der Boten und der Botschaft eine Voraussetzung ist für Teilen, Beteiligung, Verständnis und Solidarität.

Evangelisierung mit »neuem Eifer«

»Evangelisieren [...] heißt, die Frohbotschaft in alle Bereiche der Menschheit zu tragen und sie durch deren Einfluss von innen her umzuwandeln und die Menschheit selbst zu erneuern«, schreibt Papst Paul VI. in Nr. 18 seines Apostolischen Schreibens *Evangelii Nuntiandi*. Wir sind gerufen, auf die dringenden Appelle von klar umrissenen missionarischen Gebieten und Situationen zu antworten, sowohl in der Mitverantwortung der weltweiten Mission der Kirche *ad gentes*, unter den Völkern, als auch in den Herausforderungen durch die Mission »über Grenzen hinweg« in unserem eigenen Land. Im Zeitalter der Globalisierung zeigen uns die Zeichen der Zeit – durch die Gott zu uns spricht –, dass unsere Kirche mehr denn je dazu beitragen muss, »eine wahre Kultur globalisierter Solidarität zu schaffen« (Ecclesia in America, Nr. 55).

Die Methoden, mit denen das Evangelium angeboten wird, haben sich geändert, aber die Leidenschaft, das Feuer, der Eifer, welche die Verkündigung und das Zeugnis begleiten müssen, sind unveränderlich und unersetzlich. Wenn unser Einsatz nicht von einer tiefen missionarischen Mystik getragen wird, die ansteckt und überzeugt, geht er nicht über ein oberflächliches religiöses Marketing hinaus, und wenn er noch so sehr moderner Kommunikationstechniken entsprechend durchgestylt ist.

Das wichtigste Ziel des 6. Lateinamerikanischen Missionskongresses/1. Amerikanischen Missionskongresses ist es, die missionarischen Kräfte unseres Kontinents zur bewussten Übernahme ihrer kirchlichen Aufgabe zu ermutigen, das Evangelium zu verkündigen und zu bezeugen, ohne Grenzen, ohne Einschränkungen und auch über die Grenzen hinaus. Es ist klar, dass bei diesem Kongress lange Stunden dazu dienten, die verschiedensten zum missionarischen Charakter der Kirche gehörenden Themen zu studieren und zu vertiefen. Aber sein Zweck ist ebenso wie der der Studien die Belebung, die Bestärkung, das Impulsgeben, ist jener »neue Eifer«, von dem der Papst schon am 9. März 1983 sprach, bei der Eröffnung der 19. Generalversammlung der Lateinamerikanischen Bischofskonferenz. In der Kathedrale *Unsere Liebe Frau von der Immerwährenden Hilfe* in Port-au-Prince, Haiti, versicherte Papst Johannes Paul II.: »Die Feier eines halben Jahrtausends von Evangelisierung wird ihren vollen Sinn erhalten, wenn sie eine erneuerte Verpflichtung [...] nicht zu einer Neuevangelisierung, sondern zu einer Neuen Evangelisierung ist. Neu in ihrem Eifer, in ihren Methoden und in ihrem Ausdruck.«[13] Die wichtigste Forderung des Papstes gilt nicht den neuen »Methoden« oder neuen »Ausdrucksweisen«, sondern einem »neuen Eifer«, der die Missionarinnen und Missionare unseres Kontinents treiben soll.

Der Eifer kommt nicht von selbst. Nur eine tiefe Erfahrung Gottes und die Leidenschaft für die Sache seines Reiches können den Eifer wecken, die »Glut des Geistes«, die Apollos beseelte (Apg 18,25) – die Begeisterung, den Enthusiasmus, die Freude und den Mut, alle möglichen Konflikte, Schwierigkeiten und sogar die Verfolgung auf sich zu nehmen. Es ist die feste Überzeugung, die Paulus vor Timotheus bekennt: »Ich weiß, auf wen ich meinen Glauben gesetzt habe!« (2 Tim 1,12) Sie wird zu einem bedingungslosen Anhaften an Christus, das ihn ausrufen lässt: »Weh mir, wenn ich das Evangelium nicht verkünde!« (1 Kor 9,16), und sie macht ihn fähig, um des Evangeliums willen alles zu erleiden – Gefangenschaften, Auspeitschungen, Steinigungen, Erschöpfung und harte Arbeit, Nachtwachen, Hunger und Durst, Kälte und Blöße, wie er selbst es uns berichtet und noch hinzufügt:

»Und das alles, ohne den Rest zu erwähnen: den täglichen Andrang zu mir und meine Sorge für alle Gemeinden!« (2 Kor 11,23–28)

Missionare und Missionarinnen sind nicht eine Art besonders qualifizierter Angehöriger der Kirche mit spezieller Ausbildung, so etwas wie »ausführende Organe« von Programmen und Projekten, die eine schöpferische Elite entwickelt hat. Was seit Anbeginn der Kirche die Missionare und Missionarinnen auszeichnet, ist ihre tiefe Leidenschaft für den lebendigen Christus, den österlichen Christus. Die Menschen, die das Reich Gottes leidenschaftlich lieben, sind diejenigen, die bis heute Männer und Frauen aller Rassen und Kulturen für den Glauben begeistern.

Dieser missionarische Eifer durchbricht die bequeme Anpassung und die Routine. Er treibt die Kirche zur Begegnung mit den Menschen und zum Eintauchen in die Wirklichkeit, in der das Volk lebt – er macht sie zu »Salz« (Mt 5,13), »Licht« (Mt 5,14) und »Sauerteig« (Mt 13,13; Lk 13,21f).

Die Evangelisierung der Welt beginnt an der Basis der Ortskirchen

In Lateinamerika sind wir seit mehr als 500 Jahren daran gewöhnt, einen »Missionar« als jemanden zu verstehen, der oder die von außen »herkommt«, zu uns kommt. Es hat uns viel gekostet, endlich zu verstehen, dass ein Missionar auch »weggeht«, dass er aus unseren Diözesen, aus unseren Ländern weggeht in andere Gebiete, Länder und Kontinente. Während der letzten Jahrhunderte sind tatsächlich Tausende von Missionaren aus dem »alten« Kontinent in unsere Länder gekommen. Frauen und Männer entschieden sich für die Mission in einem der Länder Lateinamerikas und der Karibik oder wurden von ihren Ordensgemeinschaften gesandt. Das ist vielleicht der Grund, warum in unseren Ortskirchen immer noch eine gewisse Schwierigkeit besteht, die eigene missionarische Verantwortung wirklich wahr- und ernstzunehmen. Das *Schlussdokument von Puebla* (Nr. 368) sagt:

Für Lateinamerika ist endlich auch die Stunde gekommen, die gegenseitigen Dienste zwischen den Teilkirchen zu verstärken und jenseits der eigenen

Grenzen zu wirken, »ad gentes«. Es ist richtig, dass es uns selbst an Missionaren mangelt. Aber wir müssen auch in unserer Armut geben.

Diese Feststellung, die gleichzeitig auch eine Ermahnung ist, hat noch nicht die gewünschte Wirkung gehabt, einen qualitativen Sprung zu bewirken, so dass wir uns im gemeinschaftlichen Austausch organisieren und mobilisieren für das, was Puebla als unsere Pflicht hervorgehoben hat. Im Schlussdokument der 4. Generalversammlung des Lateinamerikanischen Episkopats von Santo Domingo (1992) lesen wir:

Mit Zufriedenheit können wir sagen, dass die Herausforderung der Mission ad gentes, die Puebla vorgeschlagen hatte, auf der Basis unserer Armut angenommen wurde, und dass wir den Glaubensreichtum teilen, mit dem der Herr uns gesegnet hat. Wir erkennen jedoch an, dass das missionarische Bewusstsein ad gentes noch unzureichend oder schwach ist. (Nr. 125)

Heute, einige Jahre nach der Bischofskonferenz von Santo Domingo, fragen wir uns, ob die »Herausforderung der Mission *ad gentes*« wirklich angenommen wurde. Ist sie tatsächlich unsere Wirklichkeit, oder ist sie immer noch eher ein Wunsch denn eine konkrete Realität?

Das Dekret *Ad Gentes* betont: »Die ganze Kirche ist missionarisch, und das Werk der Evangelisation ist eine Grundpflicht des Gottesvolkes.« (Nr. 35) Und es geht noch darüber hinaus: »Jedem Jünger Christi obliegt die Pflicht, nach seinem Teil den Glauben auszusäen.« (Nr. 23) Die missionarische Arbeit der Kirche ist nicht irgendein »Anhang« zur Gesamtpastoral einer Ortskirche. Es geht nicht darum, diese Aufgabe an ein paar »Spezialisten« zu »delegieren«. In seinem Apostolischen Schreiben *Evangelii Nuntiandi* sagt Papst Paul VI.: »Evangelisieren ist niemals das individuelle und isolierte Tun eines Einzelnen, es ist vielmehr ein zutiefst kirchliches Tun.« (Nr. 60) Die Ortskirche evangelisiert sich selbst, wenn sie den Auftrag des Herrn erfüllt. Oft hört man das Argument: »Wie sollen wir denn Missionarinnen und Missionare aus unserer Diözese aussenden, wenn wir selber nicht genug Personal haben?!« Darauf hat die Brasilianische Bischofskonferenz eine kategorische Antwort gegeben:

Jede Teilkirche oder Ortskirche ist mitverantwortlich für die Gesamtkirche und für ihre Mission der Evangelisierung der Völker. Um innerhalb der kirchlichen Gemeinschaft zu bleiben und sie effektiv zu verwirklichen, muss die Ortskirche ihre geistlichen und materiellen Mittel im Dienst der Ausbreitung des Evangeliums zur Verfügung stellen. Aufgrund der Dynamik der kirchlichen Gemeinschaft ist ganz konkret jede Diözese – und mit ihr jede Pfarrei oder Gemeinde, jeder Christ – gerufen, sich an der Mission zu beteiligen. Die Missionseinsätze ad gentes sind für die Ortskirchen also nicht optional, sondern sind grundlegender Bestandteil ihrer Verantwortung. Sie sind nicht nur die Aufgabe von Missionsinstituten oder Päpstlichen Werken, sondern brauchen und verlangen das Wachsen im missionarischen Geist der Ortskirchen. Die Reife einer Ortskirche wächst in dem Maße, in dem sie sich für andere kirchliche, soziale und kulturelle Horizonte und Kontexte öffnet: Sie geht dann dazu über, mitverantwortlich den Auftrag des Herrn zu übernehmen, alle Völker zu evangelisieren. Deshalb kann eine Ortskirche nicht warten, bis sie die volle kirchliche Reife erlangt hat, und erst dann beginnen, sich um die Mission außerhalb ihres Gebietes zu sorgen. Die kirchliche Reife ist eine Konsequenz und nicht nur eine Bedingung für die missionarische Offenheit. Eine Kirche, die ihren missionarischen Geist mit der Entschuldigung verkümmern ließe, dass noch nicht alle ihre örtlichen Bedürfnisse erfüllt seien, würde sich zur Unfruchtbarkeit verurteilen.[14]

Dom Paulo Moretto, der Bischof von Caxias do Sul, Brasilien, warnte uns bei der Generalversammlung von 1998 folgendermaßen:

Wenn der missionarische Einsatz nicht durch eine geschwisterliche, gegenseitige und unentgeltliche Beziehung gepflegt wird, macht die Solidarität dem Vergessen und der Erschöpfung Platz. Es bleibt noch eine Spur von Leben übrig, aber keine Lebendigkeit. Wenn der missionarische Einsatz verschoben wird bis zu dem Tag, an dem alle örtlichen Gemeinden so versorgt sind, wie sie es verdienen, wird mit Sicherheit niemals der Zeitpunkt einer reellen und großzügigen Zusammenarbeit kommen.[15]

In seinem Synodalrundschreiben *Ecclesia in America* (Nr. 74) spricht Papst Johannes Paul II. von der Verpflichtung der Kirche Amerikas, »für die Mission *ad gentes* zur Verfügung zu stehen«:

> *Das Programm der Neuevangelisierung, das auch das Ziel vieler Pastoralprojekte ist, darf sich nicht darauf beschränken, lediglich den Glauben derer wieder zu beleben, die aus Routine glauben, sondern es muss darin auch der Versuch enthalten sein, Christus dort zu verkünden, wo er noch unbekannt ist. Außerdem sind die amerikanischen Teilkirchen auch dazu berufen, ihren Impuls der Evangelisierung über die Grenzen des Kontinents hinaus auszuweiten. Sie dürfen den immensen Reichtum ihres christlichen Kulturerbes nicht für sich allein behalten, sondern sie müssen es in die ganze Welt hinaustragen und es denen mitteilen, die es noch nicht kennen. Es handelt sich hier um die vielen Millionen von Männern und Frauen, die ohne Glauben sind und daher die schlimmste Form von Armut erleiden. Angesichts dieser Armut wäre es falsch, eine Evangelisierung über die Grenzen des Kontinents hinaus nicht zu fördern mit dem Vorwand, dass es in Amerika selbst noch viel zu tun gibt, oder in der Hoffnung, vorher noch eine Situation zu schaffen, die im Grunde genommen utopisch ist, nämlich die volle Verwirklichung der Kirche in Amerika.*

Als die Bischofskonferenz von Puebla den Ausdruck prägte: »Wir müssen auch in unserer Armut geben«, fügte sie hinzu:

> *Andererseits können unsere Kirchen etwas Ursprüngliches und Wichtiges anbieten, nämlich ihr Verständnis vom Heil und von der Befreiung, den Reichtum ihrer Volksreligiosität, die Erfahrung der kirchlichen Basisgemeinden, das Aufblühen ihrer kirchlichen Ämter, ihre Hoffnung und ihre Glaubensfreude.* (Nr. 368)

Wenn wir die Armuts- und Elendssituation betrachten, in der die Mehrheit des Volkes lebt, das unsere Kirchen füllt und wirklich als Gemeinde lebt, ist es natürlich wahr, dass wir eine Kirche der Armen sind. Auch im Hinblick auf die materiellen und finanziellen Mittel sind wir eine arme Kirche, wenn wir uns mit Kirchen in Europa oder Nordamerika vergleichen. Aber wir sind absolut nicht »arm« im Bezug auf Menschen, die die Leidenschaft für das Reich Gottes leben. Wir sind nicht »arm« an Begeisterung, an »glühendem Geist« (vgl. Apg 18,25), an Glauben an Gott und sein Projekt, an Hoffnung auf »einen neuen Himmel und eine neue Erde« (vgl. Jes 65,17; Offb 21,1), an Liebe »bis zur Vollendung« (vgl. Joh 13,1), bis zu den äußersten Konsequenzen.

Das von Papst Johannes XXIII. ersehnte und geförderte *aggiornamento* und das Zweite Vatikanische Konzil führten zur Lateinamerikanischen Bischofskonferenz von Medellín. Das herrliche Apostolische Schreiben *Evangelii Nuntiandi* von Papst Paul VI. »lateinamerikanisierte« sich in Puebla, und der missionarische Eifer von Papst Johannes Paul II. ist der Hintergrund von Santo Domingo. Die Amerika-Synode vereinte den Norden und den Süden des Kontinents, um mit dem Nachfolger Petri über die »Problematik der Neuevangelisierung in zwei nach Ursprung und Geschichte voneinander so verschiedenen Teilen ein und desselben Kontinents« zu diskutieren (Ecclesia in America, Nr. 2).

In den letzten Jahrzehnten hat sich die lateinamerikanische »Art, Kirche zu sein«, herauskristallisiert: in Einfachheit und Teilen, in der samaritanischen und prophetischen Dimension der Basisgemeinden, in der Option für die Armen und der Solidarität mit den Ausgeschlossen, in den lebendigen Gottesdiensten, die wirklich auch alle Teilnehmer einbinden und die Glauben und Leben verbinden, im großherzigen Einsatz von Frauen und Männern, Jugendlichen und Kindern in den verschiedensten Pastoralbereichen. Das ist das Werk des Heiligen Geistes, nicht nur für Lateinamerika, sondern es ist eine Gabe, die mit anderen Kirchen geteilt werden soll, sogar mit Kirchen in anderen Kontinenten. Es sind Talente, die den Reichtum unserer Kirche verkörpern. Wir wollen sie nicht in unserer lateinamerikanischen Erde vergraben (vgl. Mt 25,14–30), sondern sie fruchtbar machen, und wir wollen auch jenseits unserer Grenzen Frucht bringen. Wir wollen der Kirche, die sich über die ganze Welt ausgebreitet hat, neuen Mut und neuen Schwung geben.[16]

Wir gehen im Horizont der Hoffnung

Die Globalisierung hat uns auf einzigartige Weise den Enden der Erde näher gebracht. Diese »Enden« gehen quer durch unseren lateinamerikanischen Kontinent und unser Land, und sie verlaufen vor unserer eigenen Haustür. Einerseits leben wir in einer viel größeren gegenseitigen Nähe, gleichzeitig leben wir aber auch viel weiter weg von jenen »Nächsten«, die vom gesellschaftlichen Zusammenleben ausgeschlossen wurden, weil sie ihre Arbeit, ihr Obdach oder ihr Land verloren haben.

In Brasilien hegen wir eine ganz besondere Zuneigung zu diesen »Verlierern der Globalisierung« – zu den Landlosen und den indigenen Völkern, die um Land kämpfen; zu den Obdachlosen und Migranten, die ihr Heim verloren haben; zu den Arbeitslosen und den durch Hungerlöhne Ausgebeuteten. Die globalisierte Welt hat neue Mauern errichtet zwischen Gewinnern und Verlierern, zwischen Reichen und Armen, und lässt einen ständig wachsenden Teil der Menschheit mit immer weniger Hoffnung zurück. Brasilien ist ein reiches Land mit einer Heerschar von Armen – als Folge von schlecht verteiltem Reichtum und wachsender Verzweiflung. Aus einer tiefen prophetischen Empörung heraus suchen wir neue Hoffnung und eine erneuerte missionarische Leidenschaft, die uns zum Überschreiten aller Grenzen treibt.

Auf den ersten Blick scheint die Globalisierung die weltweite Mission des Gottesvolkes zu fördern. Zu Hause erreichen uns täglich Nachrichten aus aller Welt. Reisen in andere Länder und Kontinente sind heute häufig und bequem im Vergleich zu den Reisen der Missionare, die kamen, um diesen Kontinent zu evangelisieren. Solidaritätsbotschaften können mit großer Schnelligkeit übermittelt werden. Wir sind in der Lage, uns zu vernetzen und uns gegenseitig zu stärken, auch wenn wir weit voneinander entfernt leben. Die Globalisierung hat die Menschheit in ein System von Inseln, entfernten Kulturen und getrennten Völkern innerhalb eines verbindenden Netzes verwandelt. Aber nicht alle haben Zugang zu dieser Verbindung. Die überwiegende Mehrheit der Menschen lebt abgeschnitten vom Fortschritt, von der Fülle und vom Wohlstand, und kämpft täglich um ein Stückchen Brot. Die globalisierte Welt schafft Opfer und Ausschluss, Gewalt und Verzweiflung; sie verachtet das Leben der Unschuldigen und der Friedfertigen.

Die Globalisierung ist eine Herausforderung für unsere Mission. In der Vergangenheit hat man uns beschuldigt, unter dem Mantel der weltweiten Dimension der Mission die Vorherrschaft und die Hegemonie zu verbergen. Heute sind wir überzeugt, dass die Universalität, die Weltdimension unserer Mission, die einzige Alternative zu einer Globalisierung ist, die den Ausschluss produziert. Unsere Mission ist weltweit und allgemein, ist universell, weil sie niemanden ausschließt. Wenn unsere Mission geografische, kulturelle, ethnische oder soziale Grenzen hätte, wenn sie sich nur an ein kleines Publikum von »Auserwählten« wenden würde, würde auch sie, genau wie die neoliberale Globalisierung, Ausschluss produzieren. Unsere universelle Mission unterscheidet sich radikal von der Globalisierung, die uns umgibt. Wir werden uns niemals den Ausschlussmechanismen anpassen. Wir geben die ethischen Grundsätze und die Vision des Gottesreiches niemals auf, die unserem Weg die Richtung weisen.

Die Welt kann anders sein! Mission ist Vision! Gottes Gerechtigkeit ist nicht die Gerechtigkeit jener *Justitia*-Statue mit verbundenen Augen. Unser Gott hört den Schrei der Armen, sieht das Leid der Migranten und ruft mit seinem Wort alle, die durch die babylonische Verwirrung der Makrodiskurse vom gesellschaftlichen Leben ausgeschlossen sind. Die Räume von Unentgeltlichkeit und Zweckfreiheit, welche die Kunst und die Religion anbieten, können Widerstandsräume sein gegen das heutige Axiom »Ich mache Gewinn, also bin ich«, gegen die Fragwürdigkeiten des »kulturell Korrekten«, das von der neoliberalen Globalisierung bestimmt wird. Wer einmal *Mission* gelebt hat, kehrt nicht unverändert in seine Heimat zurück. Wenn wir unseren eigenen Standort verlassen, ändern wir den Blickwinkel unseres Lebens. Die Mission besitzt eine Transformationskraft gegenüber den Mechanismen, die Ausschluss verursachen.

In einer sich ständig wandelnden Welt, in einer Welt der Zerstreuung der menschlichen Gruppen, der Migrationen und der komplexen Flexibilität, gibt es keine Identität mehr, vor allem keine solche, die wie früher stark an ein Territorium (Staat, Pfarrei), an einen Gegenstand (Tempel, Haus, Kleidung), an ein Gebiet (Stadt oder Land) oder an einen heiligen Ort und eine stabile soziale Gruppe (Jerusalem, Mekka, Rom, Genf) gebunden war. Heute muss eine solche Identität neu gedacht werden. Wir Christen aber beziehen sie daraus, dass wir Ihm gehören und Ihm folgen, der »keinen Ort hatte, wohin er sein Haupt legen konnte« (vgl. Mt 8,20).

Unterwegssein mit dem Jesus-Emmanuel, dem Gott-mit-uns, ist ein Weg im Geist, der die Hauptfigur der Mission ist und uns aus der Diktatur der vorherbestimmten Ziele und Zwecke befreit. Es geht nicht darum, um jeden Preis ans Ende der Erde oder ans Ende der Zeit zu gelangen. Es geht darum, auf dem Weg zu sein.

Jesus hat gesagt: »Ich bin der Weg« (Joh 14,5) und nicht »Ich bin das Ziel«! Jesus kehrt die Perspektive des Thomas um, der den Weg aus der Sicht des Ziels wissen wollte: »Herr, wir wissen nicht, wohin du gehst. Wie sollen wir dann den Weg kennen?« (Joh 14,6) Jesus offenbart sich in seinem Unterwegssein, und damit offenbart er auch allmählich die Ziele des Weges. Er offenbart den Weg nicht, ohne sich selbst auf dem Weg und im Unterwegssein zu offenbaren. Er ist der Weg. – Diese Identifikation Jesu mit dem Weg war für die ersten Christen etwas sehr Prägendes. Sie nannten sich selbst »die Anhänger des Weges« (Apg 9,2). Als der heilige Paulus sich daran erinnert, wie er die Christen verfolgt hat, schreibt er: »Ich habe den Weg bis auf den Tod verfolgt.« (Apg 22,4) Das Spezifische des Christentums sind der Weg und das Vorhandensein der Ziele auf Schritt und Tritt. So wie die Iris eines Menschen eine vollständige Landkarte seines Gesundheitszustandes ist, so ist auch das Ziel des gesamten Weges in jeden Schritt des missionarischen Weges eingeschrieben. Und wenn das Ziel nicht in jedem Schritt präsent ist, dann wird es auch nicht auf der Zielgerade erscheinen. Das Reich Gottes ist nicht der Zielpunkt. Es ist mitten unter uns (vgl. Lk 17,21).

Das missionarische Unterwegssein entdeckt Gott ständig aufs Neue. Seine Absicht ist niemals, die anderen zu »erobern«. Deshalb braucht es keine »Waffen«. Im Geist unterwegs sein ist immer ein unbewaffneter Weg in Einfachheit und Armut. Missionarisch einem Menschen näherkommen geschieht niemals zu dem Zweck, neugierig auf jemand zu starren, der »unter die Räuber gefallen ist« (Lk 10,30). Sein Sinn ist, sich seine Sache zu eigen zu machen, und das bedeutet: »sich annähern«, »einander begegnen« und gemeinsam »unterwegs sein«.

Der Weg des Gottesvolkes, der immer die Nachfolge Jesu ist, ist eine immer größere Nähe zum Unbekannten, zum anderen, zum Armen. Die Nähe zum Armen und zum anderen bewirkt in der Kirche einen »Gnadenzustand«. Die Missionarin, der Missionar »findet Gnade« (Lk 1,30) beim anderen, denn sie oder er findet im anderen Menschen Gott und auch sich selbst. Die Gotteserfahrung ist immer auch eine Entdeckung des Nächsten auf dem Weg.

Eine pilgernde Kirche ist eine arme Kirche. Eine etablierte Kirche wird sich immer im Netz komplizierter Strukturen und Lehren verfangen, die den Geist einkerkern. Eine Kirche, die unterwegs ist, ist eine einfache und transparente Kirche. Unterwegssein zur Begegnung mit dem Auferstandenen heißt, eiligst die Stadt zu verlassen, in der er gekreuzigt wurde und noch heute gekreuzigt wird. Wer sich »eilig auf den Weg macht«, nimmt nicht viel mit. Er oder sie braucht weder »Börse« (weder für Geld noch für Aktien!) noch »Tasche« (vgl. Lk 10,4). Wir gehen nicht in irgendein Missionsgebiet, um uns dort »niederzulassen«, sondern um dort unterwegs zu sein und Wege zu bahnen. Wer weit geht und dem Herrn der Geschichte vertraut, braucht wenig materielle Dinge. In einer Kirche, die nicht nur eine Option für die Armen trifft, sondern selbst arm wird und sich von Äckern und Häusern befreit (vgl. Mt 19,29), erfahren die Christen das Leben in Fülle. Die Gaben Gottes vervielfachen sich in dem Maße, in dem sie »verbraucht« werden. Das Unterwegssein in Einfachheit und Offenheit für den Geist ist eine andauernde spirituelle Übung, die diesem Glauben entspringt.

Dieser Weg entfremdet die Kirche nicht von ihrer Herkunft, von ihren Wurzeln, ganz im Gegenteil. Er führt zur Begegnung mit ihren Wurzeln in Jesus und mit ihrer Entstehung am Pfingstfest. Ein Baum, der in die Höhe wächst, wächst auch in die Tiefe der Erde hinein. Die Wurzeln sind notwendig, damit ein Baum sich in die Höhe öffnen kann. Eine verschlossene Kirche ist eine Kirche ohne Wurzeln. Die Unterscheidung der Geister, die Option und das Unterwegssein sind nur möglich, wenn wir die tiefen Wurzeln einer geschichtlichen Identität haben. Die »Unterscheidung der Geister« über den Beginn unseres Weges hilft uns, die Treue zum Herrn nicht zu verwechseln mit der Fixierung auf geschichtlich überholte Modelle. Eine erstarrte Tradition ist kein Schutz für die Kirche, sondern zerstört die Wurzel im Geist und die Identität der Pilgerschaft. Nur eine Kirche, die von Natur aus eine pilgernde Kirche ist, kann zu den Armen und zu den anderen, zu Menschen mit anderer Kultur, authentisch von der Wahrheit und vom Leben sprechen.

Mission bedeutet den Bruch mit dem Herkömmlichen. »Ein neuer Flicken auf einem alten Kleid« (Mk 2,21) ändert nicht den Lauf der Geschichte. Mit dem Herkömmlichen zu brechen heißt, eigene Programme zu löschen, um die Welt anders zu programmieren. Es ist eine dringende Anfrage und Aufgabe, die uns hier zusammenführt: Wie können wir Brüche verursachen, wie können wir die Risse und Brüche im System nutzen, um unsere Träume einzupflanzen, unsere und die der Armen und Ausgeschlossenen? Die globalisierte Welt, die virtuell in Kommunikationsnetzen verbunden ist, lässt uns über die Bedeutung des Gleichnisses nachdenken, in dem es mit dem Himmelreich ist »wie mit einem Netz, das man ins Meer wirft« (Mt 13,47), ins Meer der Zeit und der Welt.

Die Mission verändert die Welt, die vom Ausschluss geprägt ist. Die Mission verändert auch die Kirche.

Die Bischofskonferenz von Medellín hat empfohlen, »dass sich in Lateinamerika immer leuchtender das Gesicht einer wirklich armen, missionarischen und österlichen Kirche zeige, losgelöst von aller zeitlichen Macht und mutig engagiert in der Befreiung des ganzen Menschen und aller Menschen« (5,15a). Die missionarische Kirche ist tief verankert und hat hochfliegende Träume. Sie ist eine Kirche mit tiefen Wurzeln, breiten Flügeln und einem Adlerblick, der weit reicht und weit sieht. Und sie ist eine Kirche, die in den Sandalen des Fischers wandert.

Ich möchte mit Worten von Papst Johannes Paul II. schließen. In seiner Botschaft zum Weltmissionstag, den wir jedes Jahr im Oktober begehen, sagt er:

Der Heilsauftrag ist universal; für jeden Menschen und für den ganzen Menschen. Er ist Aufgabe des ganzen Gottesvolkes und aller Gläubigen. Der missionarische Einsatz muss deshalb Leidenschaft jedes Christen sein; eine Leidenschaft für das Heil der Welt und ein brennender Eifer für den Aufbau des Reiches Gottes.

Und indem er die Missionare mit »Wachen auf den Mauern der Stadt Gottes« vergleicht, ruft er aus (Redemptoris Missio, Nr. 86):

Ihr großherziges Zeugnis verkündet in allen Teilen der Erde, dass »Gott unmittelbar vor Anbruch des dritten Jahrtausends dabei ist, einen großen christlichen Frühling zu bereiten, dessen Morgenröte man schon ahnend erkennen kann«.

Maria, der »Morgenstern«, helfe uns, mit immer neuem Eifer das »Fiat« zum Heilsplan auszusprechen, damit die Völker aller Sprachen seine Herrlichkeit sehen können (vgl. Jes 66,18).[17]

Teil II

Indigene Völker

Das Kämpfen hat sich gelohnt
Der Stellenwert der indigenen Völker in der Verfassung

Die beiden ersten brasilianische Verfassungen verlieren kein einziges Wort über die Existenz von indigenen Völkern – weder die *Politische Verfassung des Kaiserreichs Brasilien* (wirklich noch mit »z«!) vom 25. März 1824, also anderthalb Jahre nach Brasiliens Unabhängigkeit von Portugal, noch die *Verfassung der Vereinigten Staaten von Brasilien* vom 24. Februar 1891, gut ein Jahr nach Ausrufung der Republik.[18] Man behandelte sie als nicht vorhanden oder zumindest als ohne jegliche politische Bedeutung.

Vom Vergessen zur »Eingliederung der Bewohner des Urwaldes«

Die erste brasilianische Verfassung, die den Indios ein paar kurze Zeilen widmet, ist die *Verfassung der Vereinigten Staaten von Brasilien* von 1934. Die entsprechende Verfassunggebende Nationalversammlung wurde am 15. November 1933 eingesetzt, und die neue Verfassung trat am 16. Juli 1934 in Kraft. Einen Tag nach ihrer Verkündigung wählte der Nationalkongress Getúlio Dornelas Vargas zum Präsidenten der Republik. Getúlio

71

war mit der Verfassung absolut nicht zufrieden: »Mit der kann man unmöglich regieren!« Für ihn war sie viel zu liberal und gab nicht genügend Rückhalt für die von ihm gewünschte intensive Bekämpfung subversiver Kräfte. Der Präsident korrigierte diesen »Fehler« sehr bald, indem er am 4. April 1935 das berüchtigte *Gesetz der Nationalen Sicherheit* erließ, das Vergehen gegen die politische und gesellschaftliche Ordnung festschrieb und eine größere Strenge bei der Bekämpfung dessen erlaubte, was man als »Subversion« (Untergrabung, Zersetzung des Staates) betrachtete: Wer die Regeln der Regierung nicht herunterbeten kann und sich nicht strikt an sie hält, ist ein Aufwiegler, ein Rebell, ein Zerstörer der etablierten Ordnung. Wie viele Brasilianer sollten in den nächsten Jahrzehnten schaudern, nur wenn sie den Namen dieses Gesetzes hörten! Wie viele Frauen und Männer sollten gefoltert, vergewaltigt, verbannt, entführt und ermordet werden im Namen dieses Gesetzes, das immer mehr »vervollkommnet« wurde, bis es während der Militärdiktatur von 1964 bis 1985 zu seinem Höhepunkt gelangte!

Selbst unter solchen Voraussetzungen brachte die Verfassung von 1934 einige relativ gute Neuerungen. Eine davon ist die Erwähnung der indigenen Völker, wenn auch aus einer Perspektive, die ganz im Gegensatz zu der steht, mit der wir heute die indigenen Völker verteidigen. Nach Artikel 5 § XIXm »ist die Gesetzgebung zur Eingliederung der Bewohner des Urwaldes in die nationale Gemeinschaft ausschließliche Aufgabe des Staates«. Etwas weiter unten, in Artikel 129, bestimmt die Verfassung vom 1934: »Der Besitz von Landgebieten der Bewohner des Urwaldes, welche ihren ständigen Aufenthaltsort in denselben haben, wird anerkannt, deren Veräußerung ist ihnen jedoch untersagt.« Hier hat jedes einzelne Wort ein Tonnengewicht! Die vorgesehene »Eingliederung« ist und bleibt ein gewalttätiger und willkürlicher Akt, bar jeglicher Achtung. Hier definiert jemand oder ein Gesetz die Zukunft von anderen Menschen, ohne sie nach ihrer Meinung zu fragen. Die Überheblichkeit diktiert die Regeln. Und der Ausdruck *silvícola (Bewohner des Urwaldes)* ist diskriminierend und abfällig! Der brasilianische »Duden«, das Wörterbuch »*Aurélio*«, definiert »*silvícola*« als »jemand, der in der Wildnis, im Urwald, geboren wird und lebt«, und fügt noch ein Synonym hinzu: »Wilder«. Diese Sicht hat eine heftige brasilianische *Apartheids*-Geschichte hervorgebracht. Die Indios sind die Wilden, die hinterwäldlerischen Eingeborenen, die Trottel aus dem Busch. Die Weißen dagegen sind die Zivilisierten, die Gebildeten, die Vornehmen. Die »nationale Gemeinschaft« ist die »Gemeinschaft« der Weißen, der Nicht-Indios, die von anderen Kontinenten kamen und sich hier etablierten, die brasilianische Nation bildeten und definitiv die Ureinwohner ausschlossen, die seit Jahrtausenden in diesem Land leben. Die Indigenen haben zu dieser nationalen Gemeinschaft nur Zugang, wenn sie auf ihre Identität verzichten und die Kultur der Weißen übernehmen, wenn sie bereit sind, sich »zivilisieren« zu lassen, um »normale« Brasilianer zu werden. Das einzig Positive an der Verfassung von 1934 ist die Erwähnung der »Landgebiete der Bewohner des Urwaldes«, deren Besitz zu achten ist.

Was waren die 30er-Jahre turbulent! Für Januar 1938 werden Präsidentschaftswahlen angesetzt. Getúlio hat die Anti-Subversions-Gesetze schon verschärft und neue Vergehen gegen die öffentliche Ordnung definiert. Er hat den »Ausnahmezustand«, den »Kriegszustand« ausgerufen und einen »Gerichtshof der Nationalen Sicherheit« geschaffen, um die Revolutionäre der »Kommunistischen Revolte« zu verurteilen.

Plötzlich wird ein kommunistischer Plan zur Machtübernahme enthüllt. Getúlio reagiert am 10. November 1937 mit einem Staatsstreich und setzt mit Hilfe des Militärs den *Estado Novo*, den »Neuen Staat« in Kraft. Er schließt den Nationalkongress und verabschiedet eine neue Verfassung. Er schafft die politischen Parteien ab und lässt die Fahnen der Bundesstaaten verbrennen.

Die Verfassung der Vereinigten Staaten von Brasilien vom 10. November 1937 streicht den Artikel über die »Eingliederung« der Indigenen, aber sie spricht von ihren Landgebieten und ändert die Formulierung der vorhergehenden Verfassung nur wenig:

Artikel 154 – Den Bewohnern des Urwaldes wird der Besitz der Landgebiete anerkannt, welche ihre ständige Aufenthaltsorte sind; die Veräußerung derselben ist ihnen jedoch untersagt.

Am Ende des Zweiten Weltkrieges sind auch die Tage des »Neuen Staates« gezählt. Für den 28. Mai 1945 hat man Präsidentschaftswahlen und Wahlen zu einer Verfassunggebenden Nationalversammlung vorgesehen. Doch plötzlich taucht eine Bewegung auf, die »queremismo« (Bewegung des Wollens) genannt wird: »Queremos Getúlio – Wir wollen Getúlio«. Sie verlangt, dass zunächst nur eine Verfassung erarbeitet wird und dass erst danach Präsidentenwahlen veranstaltet werden. Die Militärs, die bei der Schaffung des »Neuen Staates« Verbündete Getúlios waren, entscheiden sich jetzt, ihn zu stürzen. Am 29. Oktober 1945 wird Getúlio abgesetzt. Unter den Generälen, die Getúlio zum Rücktritt zwingen, ist auch Ernesto Geisel, der zukünftige Präsident Brasiliens in den Jahren der Militärdiktatur.

Im Dezember 1945 wird der General Eurico Gaspar Dutra zum Präsidenten der Republik gewählt, mit den Stimmen der PSD (Sozialdemokratische Partei) und der PTB (Brasilianische Arbeiterpartei), Parteien, die sich an Getúlio Vargas orientieren. Auch wählt man eine Verfassunggebende Nationalversammlung, welche die vierte Verfassung Brasiliens, die Verfassung der Vereinigten Staaten von Brasilien vom 18. September 1946 erarbeitet, die liberalere Züge trägt. In Bezug auf die Indigenen spricht die Verfassung von 1946 nicht mehr von »Landgebieten der Bewohner des Urwaldes«, aber sie wiederholt die Verlautbarung der Verfassung von 1934 über die Eingliederung:

Artikel 5 – Es ist Aufgabe des Staates [...]
XV – Gesetze zu erlassen über [...]
r) die Eingliederung der Bewohner des Urwaldes in die nationale
Gemeinschaft.

Nichts Neues unter der Sonne (vgl. Koh 1,9)! Man gebraucht weiterhin die drei Begriffe »Eingliederung«, »Bewohner des Urwaldes« und »nationale Gemeinschaft« mit all dem, was diese für die indigenen Völker bedeuten – sie werden gezwungen, auf ihre Freiheit zu verzichten und als Völker mit eigenen Sprachen und Kulturen auszusterben.

Als Folge des Militärputsches vom 31. März 1964 wird der Nationalkongress ein weiteres Mal zur Verfassunggebenden Nationalversammlung, die diesmal unter dem Druck der Militärs arbeitet. Das Militärregime muss gesetzlich legitimiert werden. Am 15. März 1967 tritt die Verfassung der

Militärdiktatur in Kraft. Zu den indigenen Völkern sagt der neue Verfassungstext:

Artikel 4 – Zu den Gütern des Staates zählen [...]
IV – die Landgebiete, auf denen sich die Bewohner des Urwaldes
befinden

und:

Artikel 8 – Es ist Aufgabe des Staates [...]
XVII – Gesetze zu erlassen über [...]
o) Nationalität, Staatsbürgerschaft und Einbürgerung; Eingliederung der
Bewohner des Urwaldes in die nationale Gemeinschaft.

Erneut: »Eingliederung« – »Bewohner des Urwaldes« – »nationale Gemeinschaft«!

Endlich: Die kopernikanische Wende im Bewusstsein

Der simple Überblick über das, was die sechs vorhergehenden Verfassungen über die Rechte der Indigenen sagen oder absichtlich nicht sagen, lässt uns den enormen qualitativen Sprung erkennen, den Brasilien mit seiner Verfassung der Bundesrepublik Brasilien von 1988 getan hat. Es ist eine wahrhaft kopernikanische Wende! Nach einem Jahrhundert der Republik-Geschichte, in dem die Indigenen übersehen oder in ihren Rechten und ihrer Menschenwürde beschnitten wurden, ist die »finstere Nacht« endlich vorbei. Die dunklen Wolken, die drohend über den Dörfern der autochthonen Völker dieses Landes hingen, haben sich verzogen.

Jetzt werden die Indigenen als Menschen anerkannt, Menschen wie alle anderen auch, und sind nicht mehr Mündel des Staates, als ob sie minderjährig und rechtsunmündig wären. Die Indigenen werden jetzt in einem eigenen Kapitel behandelt, zu dem zwei Verfassungsartikel und ein Artikel im Akt der Übergangsbestimmungen zur Verfassung gehören.

Kapitel VIII – Über die Indios

Artikel 231 – Rechte der Indios. Anerkannt werden die soziale Organisation der Indios, ihre Gebräuche, Sprachen, Glauben, Traditionen und die originalen Rechte auf das Land, das sie traditionell in Besitz haben. Dem Staat fällt die Aufgabe zu, die Grenzen des Landbesitzes festzulegen, alle Güter der Indios zu schützen und ihnen Achtung zu verschaffen.

§ 1. – Land in traditionellem Besitz der Indios ist solches, das sie permanent bewohnt haben, das sie zu produktiver Tätigkeit genutzt haben, das notwendig zur Erhaltung der für ihr Wohlergehen unerlässlichen natürlichen Ressourcen ist, sowie solches, das nach Maßgabe ihrer Sitten und Gebräuche für ihre physische und kulturelle Reproduktion notwendig ist.

§ 2. – Das im traditionellen Besitz der Indios befindliche Land ist zu ihrem dauernden Besitz bestimmt, ihnen ist die ausschließliche Nutznießung der vorhandenen Ressourcen des Bodens, der Flüsse und Seen vorbehalten.

§ 3. – Die Nutzung der Wasserressourcen einschließlich der Energiepotenziale, die Erschließung und Ausbeutung der Bodenschätze, soweit sie sich auf Indio-Gebiet befinden, dürfen nur mit Genehmigung des Nationalkongresses und nach Anhörung der betroffenen Stämme erfolgen, denen nach Maßgabe des Gesetzes eine Beteiligung an der Schürfausbeute zugesichert wird.

§ 4. – Das Land im Sinne dieses Artikels ist unveräußerlich und unverfügbar, und die Rechte an ihm sind unabdingbar.

§ 5. – Die Entfernung indigener Gruppen aus ihren Gebieten ist verboten, es sei denn nach Beschlussfassung des Nationalkongresses im Fall von Katastrophen oder Epidemien, die eine Gefährdung der Bevölkerung darstellen, oder im Hoheitsinteresse des Landes, nach Beratung im Nationalkongress und unter Zusicherung der Garantie der Rückkehr in die Gebiete, sobald die Gefahrenlage nicht mehr besteht.

§ 6. – Nichtig, erloschen und rechtlich wirkungslos sind alle Akte, die Okkupation, Eigentums- und Besitznahme von Land im Sinne dieses Artikels zum Ziel haben oder die Ausbeutung der vorhandenen natürlichen Ressourcen des Bodens, der Flüsse und Seen, vorbehaltlich eines relevanten öffentlichen Interesses des Staates entsprechend den Regelungen eines verfas-

sungsergänzenden Gesetzes, wobei die Nichtigkeit und das Erlöschen kein Entschädigungs- oder Klagerecht gegen den Staat schafft, ausgenommen im Rahmen des Gesetzes für auf gutgläubigem Besitz beruhenden Wertsteigerungen.

§ 7. – Artikel 174 §§ 3 und 4 finden im Indioland keine Anwendung.

Artikel 232 – Klagerechte. Die Indios, ihre Gemeinschaften und Organisationen bilden Einheiten mit Klagerechten zur Verfolgung ihrer Rechte und Interessen bei umfassender Prozessbeteiligung der Staatsanwaltschaft. [...]

Titel X – Akt zu den Übergangsbestimmungen zur Verfassung
Artikel 67 – Der Staat schließt die Demarkierung (Vermessung und offizielle Anerkennung) der indigenen Landgebiete innerhalb von fünf Jahren nach Bekanntmachung der Verfassung ab. [...]

Zweifellos war das Erkämpfen dieser neuen Verfassungsbestimmungen ein großer Sieg für die indigenen Völker Brasiliens und ihre Verbündeten. Die Achtung der Rechte und der Menschenwürde der Indigenen existiert nun in positiver Formulierung, eingeschrieben in das brasilianische Grundgesetz. Aber diese Eroberung war alles andere als einfach und ist das Ergebnis des furchtlosen Kämpfens der Vertreter der indigenen Völker selbst und auch unzähliger Verteidiger und Verteidigerinnen der indigenen Sache in unserem Land. Niemand kann bestreiten, dass in diesen Kämpfen dem CIMI eine ganz besondere Rolle und Mission zugefallen ist.

Während des gesamten Prozesses der Verfassunggebenden Nationalversammlung hatte der CIMI sich rückhaltlos eingesetzt, aber stets darauf geachtet, die Indios bei den Verhandlungen mit den Kongressabgeordneten nicht zu verdrängen. Wir sind nie an ihre Stelle getreten, haben ihr Anliegen nie ohne sie verfochten. Wir verstehen uns als Unterstützer und Förderer einer Infrastruktur, welche die indigenen Repräsentanten braucht, damit diese selbst ihre Geschichte schreiben können. Wir haben geholfen, wir haben sie begleitet und beraten. So war unser Sieg der Sieg der indigenen Völker, und der Sieg der indigenen Völker war unser Sieg.

»Mach mit, auch du bist verfassunggebend!«

Die Jahre, die der Verabschiedung der neuen brasilianischen Verfassung vorausgingen, sind unvergesslich, sowohl für den Nationalkongress als auch für das brasilianische Volk als Ganzes. Ich erinnere mich an den Aufruf des Bundessenats an alle Bürger und Bürgerinnen, um sie zur Beteiligung zu motivieren. »Mach auch du die neue Verfassung!« war das Thema einer der Kampagnen, die durch die Post verbreitet wurden, und ihr Motto lautete: »Mach mit, auch du bist verfassunggebend!« Bis heute bewahre ich mit einem gewissen Stolz meinem Beitrag auf, den ich am 18. Februar 1986 abschickte und der im Sondersekretariat des Senats unter der Nummer 0203 registriert wurde.

Ende 2006 besuchte der Fernsehkanal *TV Senado* verschiedene Leute, die damals an der Kampagne teilgenommen hatten, um sie zu interviewen. Zu meiner Überraschung tauchte das Reporterteam auch in Altamira auf und brachte meinen Originalbeitrag von vor 20 Jahren mit. Das Interview, das ich Renata Teles de Paula gab, zog sich über den ganzen 29. November 2006 hin. Am Samstag, dem 29. Oktober 2007, um 16.30 Uhr nachmittags und 21.30 Uhr abends, sowie am Sonntag, dem 30. Oktober 2007, um 22.00 Uhr sendete TV Senado schließlich den Dokumentarfilm *Cartas ao país dos sonhos* (Briefe an das Land der Träume). Mein Beitrag spiegelt die Haltung des CIMI aus der Zeit vor der Verfassunggebenden Versammlung wider, denn ich war seit 1983 Präsident des CIMI. Unsere wichtigsten Kämpfe trugen wir in den 80er-Jahren in der Bundeshauptstadt Brasília aus, um den indigenen Völkern die Chance zu sichern, ihre Rechte in der neuen Verfassung zu verankern. Mein Vorschlag für die Verfassunggebende Nationalversammlung war folgender:

Die Verfassunggebende Nationalversammlung verpflichtet die Zivilgesellschaft und den brasilianischen Staat, ihre kolonial, positivistisch und pragmatisch geprägten Haltungen gegenüber den indigenen Völkern zu revidieren. Wir müssen unter anderem Lösungen zu folgenden Fragen finden:
1. Schutz und Garantie des Territoriums der indigenen Völker. Dieser Schutz gilt auch für die Ressourcen, die unter der Erde zu finden sind.

2. Das Konzept der »Eingliederung«, das den Indios eine »relative Unmündigkeit bei der Ausübung gewisser Akte des Zivillebens« auferlegt, wird ersetzt durch die Anerkennung der Andersartigkeit der indigenen Völker. Dies garantiert die territoriale Einheit des brasilianischen Staates und sichert den indigenen Völkern die Unterschiedlichkeit in der sozialen, wirtschaftlichen, politischen und religiösen Organisation.

3. Spezielle Rechte sind zu sichern, welche den besonderen Schutz der Indios erlauben und sie als aktive Subjekte ihrer Geschichte anerkennen. Nie wieder darf in Brasilien die Unterstützung der Schwächeren und der Andersartigen mit irgendeiner Form von Bevormundung Minderjähriger verwechselt werden!

Der Indianermissionsrat und die Brasilianische Bischofskonferenz während der Verfassunggebenden Nationalversammlung

Innerhalb der Brasilianischen Bischofskonferenz (CNBB) habe ich immer wieder die Generalversammlung als Gelegenheit genutzt, die Bischöfe auf den einzigartigen geschichtlichen Augenblick aufmerksam zu machen, den die Verfassunggebende Nationalversammlung für die indigenen Völker bedeutete. In dem Statement, das ich als CIMI-Präsident am 15. April 1986 vor der 24. Generalversammlung der CNBB unter dem Titel »Die indigene Sache am Vorabend der Verfassunggebenden Nationalversammlung« abgab, appellierte ich folgendermaßen an die Bischöfe:

Die Sache der indigenen Völker verlangt in diesem Moment, und wohl auch noch auf lange Zeit, die Solidarität der ganzen Kirche und aller Bereiche der Zivilgesellschaft:

• Solidarität in der Diskussion über die neue verfassungsmäßige Ordnung dieses Landes, einer Ordnung, in der die ethnische Vielfalt als ein Reichtum anerkannt wird und die indigenen Völker nicht als rückständig abgestempelt werden;

• Solidarität in der Verteidigung des Landes und der Bodenschätze der indigenen Dörfer;

• *Solidarität in der Verteidigung einer neuen Lebensqualität für alle.*[19]

Im Jahr darauf stand mein Statement vor der 25. Generalversammlung der CNBB unter dem Titel »Die indigene Frage im Jahr der Verfassunggebenden Versammlung«. Wiederum appellierte ich an die Aufmerksamkeit der Bischöfe:

Wir wissen ganz genau, dass das indigene Anliegen keine wahlpolitischen Interessen begünstigt. Im Gegenteil, denjenigen Parlamentariern, die sich den indigenen Völkern entgegengestellt haben, winkt mit Sicherheit sofortiger Lohn, denn die Interessen, um die es hier geht, sind groß und mächtig. Der Schutz der Rechte der indigenen Völker ist eine eminent ethische Frage. Deshalb müssen wir als Kirche alle unsere Bemühungen daransetzen, dass die zukünftige Verfassung nicht nur die schon anerkannten Rechte übernimmt, sondern ausdrücklich das Überleben der indigenen Gemeinschaften in ihrer ethnischen Vielfalt garantiert. Dazu gehören das Recht auf Land, auf Selbstbestimmung, die Achtung ihrer geschichtlich gewachsenen Projekte und Kultur und das Recht zur Beteiligung an der Diskussion, zu Angelegenheiten, die sie betreffen.[20]

Mein Statement vor der 26. Generalversammlung der CNBB, »Die indigenen Völker und die missionarische Kirche in dieser entscheidenden geschichtlichen Stunde«, hatte als Hintergrund die Ereignisse der zweiten Hälfte des Jahres 1987: Die verleumderische Hetzkampagne gegen den CIMI in der Tageszeitung *O Estado de São Paulo* und kurz danach mein »Autounfall« auf der Transamazônica, der mich für sechs Wochen an ein Krankenhausbett fesselte und unseren Pater Salvatore Deiana S.X. das Leben kostete. Bis heute ist der Zusammenstoß nicht aufgeklärt, und er wird es auch nie werden. Tatsache ist, dass er im Kontext jener virulenten Kampagne gegen den CIMI geschah. Die Sache und die Rechte der indigenen Völker, die wir in der neuen Verfassung verankert sehen wollten, missfielen mächtigen Gruppen von Unternehmen. Diesen bereitete in dieser Zeit die offizielle Anerkennung der indigenen Gebiete Sorge, die ihnen verfassungsgemäß den Zugriff auf die Holzvorkommen und Bodenschätze der indige-

nen Gebiete versperren würde. Die Reaktion war fulminant! Ich litt noch
an den Folgen des Unfalls, als ich mich erneut an die versammelten Bischöfe wandte:

Die Konfrontationen zwischen den anti-indigenen Kräften und allen, die
sich dem Schutz der Rechte der Indios verpflichtet haben, spielt sich im Ver-
fassunggebenden Nationalkongress ab. Wenn Wirtschaftsgruppen und deren
Verbündete durch eine Strategie vollendeter Tatsachen versuchen, der Ver-
fassungsausarbeitung vorzugreifen, dann geschieht der Zusammenprall, der
für die Zukunft der indigenen Völker entscheidend ist, bei der Erarbeitung
der Verfassung.[21]

In Bezug auf die Schmerzen und Leiden, die Verfolgung und Gewalt, die
wir alle im CIMI durchmachten, erklärte ich:

Vor allem in diesem Jahr der Verfassungserarbeitung können wir mit dem
heiligen Paulus sagen: »Von allen Seiten werden wir in die Enge getrieben
und finden doch noch Raum; wir wissen weder aus noch ein und verzwei-
feln dennoch nicht; wir werden gehetzt und sind doch nicht verlassen; wir
werden niedergestreckt und doch nicht vernichtet.«(2 Kor 4,8f)
Die unlösbaren Situationen haben uns nicht besiegt, noch haben die Ver-
leumdungen uns vernichtet. Und dies nicht wegen der Qualität unserer Ar-
beit, die wenig Einfluss hat im Vergleich zu den Interessen derer, die die
Kommunikationsmittel auf ihrer Seite haben, sondern dank der Solida-
rität der Kirche, ganz besonders der Bischofkonferenz, und aller, die mit
uns solidarisch und verbündet sind: im Kampf um eine evangeliumsgemäße
Veränderung der in Brasilien herrschenden ungerechten Gesellschaftsstruk-
tur.[22]

Im folgenden Jahr behandelte die 27. Nationalversammlung der Brasilianischen Bischofskonferenz das Thema »Die Verpflichtung der Kirche gegenüber den indigenen Völkern nach der Erarbeitung der Verfassung«. In
diesem Moment konnten wir unsere immense Zufriedenheit und Freude
ausdrücken:

Zum ersten Mal in seiner Geschichte hat Brasilien nun eine Verfassung, die den Indios das Recht auf ihre ethnokulturelle Identität sichert. Der Verfassungstext hat das Ziel der »Eingliederung der Bewohner des Urwaldes in die nationale Gemeinschaft« gestrichen, das in vorhergehenden Verfassungen enthalten war. Er hat den Indios Bürgerrechte, Recht auf eigene gesellschaftliche Organisation, auf eigene Sitten, Sprachen, Glaubensvorstellungen und Traditionen zuerkannt. Er hat eine Fünfjahresfrist für den Abschluss der offiziellen Anerkennung der Landgebiete festgesetzt, in denen die Indios traditionell leben. Der verabschiedete Text ist das Ergebnis langer Verhandlungen unter Politikern der Parteispitzen. Dank der Unterstützung des CIMI waren zu allen wichtigen Momenten indigene Führungspersonen in Brasília, die persönlich verfassunggebende Senatoren und Abgeordnete aufsuchten, um sie auf ihre Sache zu verpflichten. Die Präsenz von fast zweihundert Indios im Kongress, als das Plenarium am 1. Juni 1988 dem Textentwurf des speziellen Kapitels über ihre Rechte zustimmte, wird für immer unvergesslich bleiben.[23]

Die Kontakte, welche die juristischen und politischen Berater des CIMI, sein Sekretariat und seine Präsidentschaft mit Senatoren und Abgeordneten aufnahmen, lassen sich nicht mehr nachhalten. Sie sind unzählbar! Wie viele Stunden Dialog! Wie viele Reisen und Gänge zum Kongress!

Die Hand des Herrn

Unter all diesen Begegnungen zeichnen sich einige wegen der unmittelbaren Früchte aus, die sie getragen haben. Ich erinnere mich besonders an eine, die ganz eigenartig war. Ich kann ihre Einzelheiten nicht mit dem nüchternen Verstand erklären, und ich habe auch noch nie an einfache »Zufälle« geglaubt. Ich denke da eher an das Wort des Propheten Ezechiel:»Die Hand des Herrn legte sich auf mich und führte mich ...« (Ez 37,1)

Im Mittelpunkt dieser Geschichte steht Jarbas Gonçalves-Passarinho, der frühere Gouverneur des Bundesstaates Pará, der auch ein Ex-Senator und ein Ex-Minister ist. Jarbas war ein Freund meines Onkels. Dom Eurico lobte stets die Unerschrockenheit dieses Politikers. Er hat nie die Partei gewechselt und auch niemals seine Ämter oder Stellungen zur persönlichen Bereicherung oder für die eigenen Interessen und die seiner Familie ausgenutzt. Das ist alles wahr, und in dieser Hinsicht ist Jarbas Passarinho zweifellos eine Seltenheit, eine Ausnahme, und ich möchte sogar sagen: ein Beispiel.

Dennoch habe ich mich nie als politischen Freund dieses Staatsmannes betrachtet. Er gehörte zur Leitungsspitze der Militärregierung und war nach 1964 für den Beschluss verantwortlich, nach und nach die bürgerlichen Freiheitsrechte abzuschaffen. Dieser Beschluss gipfelte im Institutionellen Akt 5 (AI-5), der von der Exekutive im Dezember 1968 erlassen wurde und das politische Regime in Brasilien in eine Diktatur verwandelte. Bis 1974 waren Gewalt, Repression, Folter, Verschwinden von Menschen und alle Arten von Willkür an der Tagesordnung. Ich will nicht sagen, dass all diese unfasslichen Verletzungen der Menschenwürde und der Menschenrechte auf das Konto von Jarbas gehen. So wie ich ihn kenne, kann ich mir nicht vorstellen, dass er an einer existenziellen Schizophrenie leidet, in der er leidenschaftlich für ein menschliches, gerechtes und solidarisches Brasilien kämpft und sich gleichzeitig am Schreien und Stöhnen der Gefolterten ergötzt, die alle Teil dieses Brasiliens waren.

In einer Art Rückblick hat Jarbas Passarinho viele Jahre später die marxistisch-leninistische Linke[24] beschuldigt, Anlass für den Erlass des AI-5 gegeben zu haben. Er behauptete, dass »die marxistisch-leninistische Linke nicht vorhatte, auf demokratischer Ebene Opposition auszuüben, sondern eine von der Sowjetunion inspirierte Revolution plante«. Er nennt den AI-5 einen »Imperativ« und sagt: »Wir haben auch die defensive Gewalt akzeptiert [...] und den bewaffneten Kampf der Kommunisten besiegt.« Und er erkennt schließlich an: »Wir hätten nur den AI-5 nicht zehn Jahre lang aufrechterhalten sollen [...]. Der Präsident Costa e Silva hätte ihn im September 1969 zurückgenommen, wenn er nicht an einem tödlichen Leiden erkrankt wäre.« Natürlich kann das Argument der tödlichen Krankheit von Costa e Silva niemand überzeugen, denn die Militärjunta, die ihm 1969 folgte, oder der Präsident General Médici hätten den AI-5 ohne Weiteres zurücknehmen können. Die Schuld an der Fortdauer des AI-5 ist nicht dem Tod von Costa e Silva zuzuschreiben. Die Wahrheit ist, dass weder die Militärjunta noch General Médici ihn zurücknehmen wollten. Außerdem war die Regierung Médici die gewalttätigste der ganzen Diktaturjahre. Man spricht von den »Blei-Jahren«. Mit der Repression ging eine strenge Zensurpolitik einher. Die meisten Fälle von Folter, die das von Kardinal Paulo Evaristo Arns[25] herausgegebene Buch *Brasil: nunca mais* (Brasilien: Nie wieder) dokumentiert, geschahen während der Präsidentschaft von Emílio Garrastazu Médici (1969–1974). Der AI-5 wurde erst 1978 abgeschafft, und die Diktatur ging noch bis 1985 weiter.

Ich habe nie aufgehört, mich zu fragen: Warum hat Jarbas Passarinho nicht seinen Einfluss, sein Charisma, seine glänzende Rednergabe, seine außerordentliche Fähigkeit zur Überzeugung eines Publikums genutzt, um ein für alle Mal die Folter zu beenden? Was genau versteht er unter »defensiver Gewalt«? Warum hat er, der so human eingestellt ist und besorgt um die Menschenwürde, nicht vom Arbeitsministerium, dem er während der Regierung Costa e Silva vorstand, oder vom Bildungsministerium, das er unter der Regierung Médici innehatte, einen lauten Schrei ertönen lassen: »Basta!« – »Es reicht!« – »Nie wieder!« – »Ich bin dagegen!« – »Das ist ein Verbrechen!« – »Das ist pervers!«?

Also – genau dieser Jarbas Passarinho tauchte plötzlich in meiner Geschichte als Präsident des CIMI auf. Frau Ruth de Castro Gonçalves Passarinho, seine »liebe und geliebte Gattin«, die »ihn nur ein einziges Mal betrübt hat, nämlich als sie starb«, war in Pará bekannt als eine Dame, die sich besonders für benachteiligte Kinder einsetzte. Bis heute bezeugen in Pará die Namen von Kinderkrippen und Kindergärten die außerordentliche Liebe dieser Frau zu den Kindern. Sie wurde Opfer einer galoppierenden Krebserkrankung. Ich erfuhr von ihrem Tod noch am selben Tag und sofort erschien auch der damalige Bürgermeister von Altamira, Anfrísio da Costa Nunes, und bat mich, eine Messe »für die Seelenruhe von Frau Ruth« zu feiern. Es war an einem Dienstagabend, in der Xingu-Kathedrale. Durch einen jener »Zufälle«, die ich »Hand Gottes« nenne, war das Tagesevangelium Lukas 18,15–17: »Lasst die Kinder zu mir kommen; hindert sie nicht daran! Denn Menschen wie ihnen gehört das Reich Gottes.« In der kurzen Ansprache gedachte ich der Verstorbenen und ihres Einsatzes für die Kinder, ganz im Sinne des Evangeliums. Sie hat auf ihre Weise Jesus ihre Arme geliehen, um diese Kinder zu umarmen.

Wenige Tage später reiste ich nach Belém und von dort nach Brasília, zu einer der vielen CIMI-Sitzungen. Als ich das Flugzeug der Fluggesellschaft Vasp betrat, saß dort in einer der ersten Reihen Senator Jarbas Gonçalves Passarinho, schon mit geschlossenem Sicherheitsgurt. Ich ging vorbei, setzte mich weiter hinten hin und begann, mein Brevier zu beten. Aber plötzlich wurde mir bewusst, und ich schämte mich, dass ich an ihm vorbeigegangen war, ohne ihn zu grüßen und ihm mein Beileid auszudrücken. Ich öffnete meinen Sicherheitsgurt und ging nach vorn:»Herr Senator!« –»Oh, Dom Erwin!« –»Ich möchte Ihnen mein tief empfundenes Beileid zum Tod Ihrer Gattin aussprechen!« Der Senator erhebt sich. Es ist eine etwas merkwürdige Szene im Gang eines Flugzeugs. Ich umarme Jarbas Passarinho, und er schluchzt:»Sie können sich nicht vorstellen, welche Leere Ruth in meinem Leben zurückgelassen hat!« Ich sage etwas wie:»Sie ist jetzt bei Gott« und »Gott wird Ihnen Kraft geben«, und nochmals:»Mein Beileid!« Da antwortet er:»Dom Erwin, ich bin Ihnen sehr dankbar. Ich war sehr ergriffen, als ich hörte, wie Sie meiner verstorbenen Frau in der Messe gedacht haben, in der Kathedrale von Altamira. Es hat mir so gutgetan zu hören, wie liebevoll Sie von der großen Liebe gesprochen haben, die Ruth immer den Kindern unseres Pará entgegengebracht hat.« Ein bisschen hilflos erwiderte ich so etwas wie:»Das ist die reine Wahrheit und musste gesagt werden, schon um der Gerechtigkeit willen.« Ich verabschiedete mich und ging zu meinem Sitz hinten im Flugzeug zurück. In der Flughafenhalle von Brasília sah ich ihn nur von weitem, umgeben von Verwandten und Freunden.

In Brasília empfingen mich die Rechtsberater des CIMI, die ich gern »unsere Nothelfer« nenne. Paulo Machado Guimarães und Júlio Gaiger waren da, um mich abzuholen.»Willkommen! Wie war der Flug?« Wir stiegen ins Auto, und einer von ihnen kam gleich zur Sache.»Kennen Sie Jarbas Passarinho?« –»Ja, sicher, aber nicht näher. Der Ärmste hat gerade seine Frau verloren!« –»Aber Sie kennen ihn?« –»Sicher, wir waren gerade im selben Flugzeug. Ich habe mit ihm gesprochen, während wir den brasilianischen Himmel kreuzten, und ihm mein Beileid ausgedrückt.« –»Würde es Ihnen etwas ausmachen, jetzt sofort mit ihm einen Termin zu vereinbaren?« –»Also … der Mann ist in Trauer, und er ist bestimmt direkt in seine Wohnung gefahren. Ich würde ihn jetzt nicht gern stören. Das wäre wahrscheinlich ziemlich ungehörig!« – »Und wenn es eine Frage von Leben und Tod wäre?« – »Aber wieso denn – was gibt es denn plötzlich so Wichtiges?« Bis dahin hatte der CIMI seine ganzen Bemühungen darauf konzentriert, Bewusstseinsbildung zu machen und die Aufmerksamkeit der eher linksgerichteten Mitglieder der Verfassunggebenden Versammlung für die indigene Sache zu erreichen. Unser Diskurs war voll von Argumenten, welche die Linke gut verstand. Wir wollten alle davon überzeugen, dass die Sache der Indigenen das Zünglein an der Waage war, das zeigen würde, ob die künftige Verfassung eine staatsbürgerliche Verfassung wäre, die wirklich die Menschenrechte achtete. In vielen Fällen hatten wir offene Türen eingerannt und Energie an Leute verschwendet, die schon längst auf der Seite der indigenen Sache standen. Die Argumentation der Nothelfer und des damaligen Sekretärs des CIMI, Antônio Brand, ging nun dahin, dass wir den Kreis der Verbündeten unserer Bewusstseinsbildung ausweiten müssten. Die Stimmen der brasilianischen Linken allein würden nicht genügen, um die Verankerung der Rechte der indigenen Völker in der Verfassung zu garantieren, ohne dass der ganze ranzige Bodensatz der kolonialistischen Haltung mit hineinkäme, die »Bewohner des Urwaldes in die nationale Gemeinschaft einzugliedern«, wie es die früheren Verfassungen wollten.

Wir standen an einem historischen Scheideweg. Wenn wir diese Chance verpassten, würde die Zukunft der indigenen Völker in Brasilien noch düsterer werden. Dann würden sie wirklich »eingegliedert«. Und in kürzester Zeit hätten sie ihre kulturelle Identität verloren. Ihre Landgebiete wären offen für die ungezügelte Habgier der nationalen und multinationalen Unternehmer, ihr Boden würde verwüstet, der Untergrund skrupellos ausgebeutet. Es würde nicht lange dauern, bis die Indios ein winzig kleines Kapitel der Geschichte Brasiliens wären. Ihre Tänze und Rhythmen, falls sie noch eine gewisse Zeit überleben würden, wären Teil der vaterländischen Folklore.

Ja, wirklich, eine Frage von Leben und Tod! Eine Frage des physischen Überlebens – und des kulturellen! Daran gibt es keinen Zweifel. »Die ›Schlüsselfigur‹, um die Liste unserer Unterstützer in der Verfassunggebenden Nationalversammlung auszuweiten, ist der Senator des Bundesstaates Pará, Jarbas Passarinho. Wenn wir Jarbas für die Sache gewinnen, die wir verteidigen, ist uns der Sieg sicher«, argumentieren die Nothelfer des CI-MI. »Aber ich habe nicht einmal die Telefonnummer des Senators«, wage ich einzuwenden. »Keine Sorge! Wir haben die Nummer seines Büros und auch die seiner Wohnung.«

Wir kommen im Nationalsekretariat des CIMI an. Und ich rufe an! »Senator, hier ist Dom Erwin.« – »Welche Freude! War eine gute Reise, nicht wahr?« – »Ja, Gott sei Dank! Herr Senator, bitte entschuldigen Sie, aber wenn es nicht ganz ungelegen käme, wäre es wohl möglich, dass wir uns heute noch sehen? Oder zumindest morgen früh? Ich würde gern mit Ihnen über die Rechte der Indigenen in der neuen Verfassung sprechen.« – »Ganz wie Sie wünschen! Wenn Sie direkt kommen wollen – ich bin in meinem Büro und empfange Sie gern.« Paulinho und Júlio neben mir bleibt der Mund offen stehen, die Stille ist abgrundtief. »Also dann, Senator, ich bin schon auf dem Weg. Kann ich zwei Rechtsberater des CIMI mitbringen?« – »Aber natürlich, bringen Sie die beiden ruhig mit.«

Beglichene Schuld?

In Brasília war es schon dunkel, als wir im Büro des Senators Jarbas Passarinho ankamen. Eine Sekretärin brachte uns Kaffee, und der Senator, trotz seiner Trauer, war sichtbar entspannt, gesprächig, höflich. Die Höflichkeit und eine umfassende Bildung waren stets sein Markenzeichen. Und jetzt musste ich reden! Ich betete um die Erleuchtung des Heiligen Geistes, holte tief Luft und begann:

»Herr Senator, der Geburt nach kommen Sie aus dem Bundesstaat Acre, dem Herz nach aus dem Staat Pará. Acre und Pará sind die beiden äußersten Bundesstaaten, die Amazonien umfangen. Als Senator und Mitglied der Verfassunggebenden Versammlung sind Sie nicht nur der Vertreter von Pará, sondern eine Referenz für ganz Amazonien. Und in Amazonien lebt der größte Teil der indigenen Völker Brasiliens. Sie haben im Kongress keinen eigenen Vertreter. Ich möchte Sie bitten, dass Sie diese Funktion übernehmen, dass Sie sie verteidigen – ihre Interessen, ihre Würde, ihre Rechte, die in der neuen Verfassung verankert werden müssen. Marechal Rondon, der von den Terena-Indios abstammte, ein Schützer der indigenen Völker

Brasiliens, hat das Wort geprägt: ›Sterben, wenn nötig, aber töten – niemals!‹ Aber es gibt noch ein anderes Wort von ihm, das nicht weniger zutreffend ist: ›Brasilien hat eine historische Schuld gegenüber den indigenen Völkern.‹ Vielleicht können Sie, Herr Senator, diese Schuld begleichen, indem Sie sich in der Verfassunggebenden Nationalversammlung der Sache dieser Völker, der ersten Bewohner Brasiliens, annehmen!«

Der Senator hatte aufmerksam zugehört. Ich spürte, dass ihm meine Darlegung sympathisch war.

»Für die Einzelheiten, Herr Senator, wie diese Sache zu behandeln ist, kennen meine Rechtsberater alle nötigen Details der juristischen Sicht!«

Ich schwieg und spürte Erleichterung. Ich erinnere mich nicht mehr, wie lange das Gespräch zwischen dem Senator und den beiden Rechtsberatern dauerte, die ohne jeden Zweifel in dem gesamten Prozess von äußerster Wichtigkeit waren. Ein paar Tage später hielt Senator Jarbas Gonçalves Passarinho eine flammende Rede zugunsten der indigenen Völker.

Am 1. Juni 1988 stimmte die Plenarsitzung der Verfassunggebenden Nationalversammlung dem Textentwurf des speziellen Kapitels über die Rechte der indigenen Völker zu. Auf den Galerien des Abgeordnetenhauses waren 200 Indios anwesend, aus den verschiedenen Nationen und in ihren traditionellen Bemalungen, und gaben dem Kongress eine ergreifende Färbung.

Im zweiten und letzten Plenarwahlgang, in der Sitzung vom 30. August 1988, erhielt das Kapitel über die Indios von insgesamt 453 Stimmen: 437 Jastimmen, acht Enthaltungen und acht Neinstimmen. – Die historische Schuld war beglichen! Schwarz auf weiß, auf dem Papier!

Was noch fehlt, ist der qualitative Sprung vom Buchstaben der Verfassung zur Realität des konkreten Landes, auf dem die indigenen Völker Brasiliens leben, in Amazonien und anderswo, im Zentrum Brasiliens und an seinen Grenzen.

Land für das Leben[26]
Zum Schutz der indigenen Territorien

Brasília, 25. August 2008

Eine der Bemerkungen, die mich in meinem ganzen Leben am meisten schockiert und sich deshalb unauslöschlich in mein Gedächtnis eingeprägt hat, betrifft die indigenen Völker des Xingu. Ich war gerade erst in Belém angekommen, voller Enthusiasmus und Hoffnung für meine Zukunft. Ich zweifelte nicht im Geringsten daran, dass ich, selbst mit nur 26 Jahren, einen entscheidenden Schritt für mein Leben getan hatte. Ich hatte die Priesterweihe empfangen und wollte ein »Missionar« sein, mit allen Untertönen, die 1965 bei diesem Wort noch mitklangen.

Erinnerungen

Ich hatte das brasilianische Portugiesisch mit großem Eifer und Hingabe gelernt, und sobald ich einen Wortschatz beisammenhatte, der für eine Unterhaltung ausreichend war, wandte ich mich damit an die liebevollen und aufmerksamen Menschen, die mich in den ersten Wochen in Belém, Pará, umgaben. Ich stellte Fragen über die Indios.

Zwei Onkel, Brüder meiner Mutter, waren 1934 an diese Gestade gelangt. Onkel Erich schrieb viel über das Schicksal der Indianer am Xingu, und all seine Bemühungen galten ihnen. Als er nach 14 Jahren am Amazonas zum ersten Mal auf Heimatbesuch kam, wurden seine mit Dias aus den Indiodörfern angereicherten Vorträge unvergesslich. Er hatte ein Buch geschrieben mit dem Titel *Im Dschungel des Xingu begraben*, das die Geschichte des Mädchens Carminha erzählt, das von den Kayapó geraubt und später von Patoit, einem anderen Indio, befreit wurde. In den 50er-Jahren war das Buch ein Bestseller. So war es durchaus verständlich, dass ich Fragen stellte.

Nun gut, ich wusste, dass es unmöglich war, mich sofort der indigenen Sache zu widmen. Ich musste mich zunächst in meiner neuen Heimat inkulturieren, Portugiesisch lernen, die Sitten und Gebräuche Amazoniens annehmen, den liebgewonnenen Traditionen, Riten und der Frömmigkeit des Volkes folgen, das mich aufnahm und von nun an mein Volk sein würde. Aber am Horizont meines »Lebensprojektes« erschienen schon die Indios, für deren Anliegen ich mich engagieren wollte. Das war keine Romantik eines gerade angekommenen Missionars, der noch unerfahren war und viele Träume hatte. Es war etwas, das seit meiner Kindheit zu meiner Vorstellungswelt gehörte, seit dem Tag, an dem ich zum ersten Mal meinen Onkel die rituellen Tänze der Kayapó und ihre die rhythmischen Bewegungen begleitenden Laute nachahmen hörte.

Patoit, Aibi, Kanhok, das sind Namen von Häuptlingen, die schon zur Welt meiner Kindheit gehörten. Bis heute gibt es im Haus meiner Familie ein Bild von Patoit und seiner Frau. Man sprach von diesem Ehepaar, als ob sie Verwandte wären, die nur ein bisschen weiter entfernt wohnten, eben »im Dschungel des Xingu«.

Und jetzt wollte ich von meinen Freunden in Belém wissen, ob sie die Kayapó kannten. Zu meiner großen Überraschung hatten sie von diesem Volk nur gehört, und zwar durch die Geschichten, die Pater Eurico, mein Onkel, erzählte. Der Xingu war für sie nur ein Fluss unter vielen anderen, weit weg von Belém, eine Gegend, wo »wilde und gefährliche Indios« lebten.

Sie rieten mir, keine Zeit mit Gedanken an die Indios zu verschwenden, denn Brasilien sei kein indigenes Land, und außerdem seien die noch existierenden Indios im Aussterben begriffen. Für einen jungen Missionar sei es besser – so rieten sie mir –, seine Kraft in die Katechese und die Unterstützung der Menschen in den Städten, Dörfern und Ansiedlungen im Landesinnern zu investieren, die armen Familien entlang der Flüsse zu besuchen, die den Pater brauchten, damit er ihre Kinder taufte und mit ihnen betete und natürlich Spenden für sie sammelte. Man brauchte Geld für Moskitonetze, um sich vor gefährlichen Insekten wie den Carapanás zu schützen, welche die Malariaepidemien verursachten, von denen die Region heimgesucht wurde. Dieses arme Volk lebte vom Kautschukzapfen und der Nussernte, vom Fischfang und von einer rudimentären Landwirtschaft. Doch was sie mit dem Schweiß ihrer harten Arbeit erwirtschafteten, reichte nicht aus, um davon zu leben. Schon damals fragte ich mich, warum diese Menschen im Elend lebten, wenn sie so viel arbeiteten.

Aber schließlich kam die Bemerkung über die Indios, die mich so nieder-schmetterte: »Das sind verräterische Hinterwäldler, die Christen rauben und töten. So Gott will, gibt es von denen in 20 Jahren keinen einzigen mehr!« – Was für eine eiskalte Dusche mitten im tropischen Sommer! Nur gut, dass ich nicht an die schicksalsschwere Prophezeiung von nur 20 Jahren für das Überleben der indigenen Völker geglaubt habe!

Aber ich fragte mich: Warum sprechen sie von den Indios auf diese Wei-se? Fließt in den Adern meiner Freunde nicht das Blut ihrer indigenen Ah-nen, auch wenn sie sich weigern, es zuzugeben? Warum wollen sie jetzt den Tod dieser Völker beschleunigen? Warum wollen sie sie ausrotten und vom Antlitz der Erde vertilgen? Die Erfahrung von damals war nur ein Vorbo-te von künftigen Kontroversen mit Politikern und von Konflikten mit Un-ternehmern und Geschäftsleuten wegen der Indios, von Kämpfen und Ver-teidigungen wegen der indigenen Sache, der wir uns verpflichteten und die uns nicht nur Siege, sondern auch Feindseligkeiten und Aggressionen ein-getragen hat.[27]

Die entscheidende Frage, die sich seit langem zur indigenen Sache stellt, verlangt nach einer Antwort: Warum diese anti-indigenen Positionen, diese Wellen der Feindseligkeit gegenüber den Nachfahren der ersten Einwohner Brasiliens, die immer wieder hochkommen und dabei auch das Bild Brasi-liens auf internationalem Parkett beschmutzen? Was ist der tiefere Grund, der die offenen und verdeckten Aggressionen gegen diese Völker motiviert? Die Antwort ist kurz und einfach! Das Problem ist nicht, dass sie eine ande-re Muttersprache haben. Was stört, sind nicht ihre kulturellen Traditionen, ihre Riten und Mythen, ihre Tänze und Feste.

Als meine Freunde in Belém in jenem Jahr 1965 den Tod der Indios des Xingu vorhersagten, ging es ihnen nicht um die Kayapó als ein Volk, das sich von der Gesellschaft unterscheidet, die es umgibt, sondern als ein Volk, das seinen Lebensraum verteidigt, das sich gegen Eindringlinge wehrt und gegen diejenigen kämpft, die in seine Dörfer eindringen. Die Indios müssen ausgerottet werden, damit man an ihr Land kommt und an die Schätze, die auf und unter ihm existieren. Das ist der Punkt!

Amazonien ist heute ein Gebiet, in dem Menschen »aus allen Stämmen und Sprachen, aus allen Nationen und Völkern« (Offb 5,9) leben. Ich glaube, dass es in der ganzen Welt nichts Ähnliches gibt, was die Begegnung von Rassen und Kulturen angeht. Aber was meistens vergessen wird, ist, dass es in Amazonien auch viele verschiedene Sprachen gibt. Allein am Xingu existieren alle Sprachfamilien Amerikas. Es sind keine Dialekte, wie oft behauptet wird, in dem Versuch, eine Sprache zu entwerten, indem man sie auf einen Slang oder eine regionale Ausdrucksweise reduziert. Es sind Sprachen mit allem, was dazugehört – eine ausgefeilte Grammatik, ein ausdrucksstarker Wortschatz, auch wenn er nicht so umfangreich ist wie jener der »letzten Blüte des Latio«.[28]

Beim historischen »Marsch der Indigenen Völker« von Porto Seguro (Bundesstaat Bahia) im Jahr 2000, im Zusammenhang mit der »Fünfhundertjahrfeier Brasiliens«, trugen die Indios Amazoniens Spruchbänder mit, auf denen stand: »Reduziert, ja – besiegt, niemals!« Tatsächlich ist seit Jahrtausenden Amazonien ihre Heimat, ihr Vaterland, der Boden ihrer Mythen und Riten, die adäquate Umwelt ihrer Tänze und Glaubensüberzeugungen, die Erde, in der ihre Vorfahren begraben liegen. Das wissenschaftlich nachgewiesene Alter der Felszeichnungen in der Höhle *Caverna da Pedra Pintada* in Monte Alegre, Bundesstaat Pará, die Frauen und Kinder bei der Paranussernte und Männer bei der Tapirjagd im Regenwald zeigen, bringt definitiv die Hypothese einer Besiedlung des Kontinents vor erst 12.000 Jahren zu Fall.

Diese »Steinzeitindios« lebten schon lange vorher in Amazonien. Über die Jahrtausende hin haben sie sich an die Tropenwälder angepasst und eine Kultur geschaffen, die höher entwickelt war als andere prähistorische Kulturen ihrer Zeit.[29]

Die heutigen Indios sind die Nachkommen und Überlebenden der Indios von einst, von lebensstarken Völkern, die über Jahrhunderte hinweg dezimiert wurden, in unerbittlichen Verfolgungen, durch Ausrottungskriege oder kriminell verbreitete Krankheiten. Sie wurden versklavt und deportiert, oder man unterwarf sie Programmen der zwangsweisen »Eingliederung« in eine Gesellschaft, die sich stolz als »national« bezeichnete.

Geschichte

Die Ankunft der Schiffe von Pedro Álvares Cabral änderte die Geschichte Brasiliens, das die Ausmaße eines Kontinents hat, und auch die Geschichte Amazoniens. In Wahrheit hat der *Monte Pascal*, der Osterberg, nicht das Geringste von Ostern, von Auferstehung, für die Völker, die bis dahin diese Welt der Urwälder und Wasserläufe, der goldenen Strände und exotischen Landschaften bewohnt hatten, noch so, wie Gott sie geschaffen hatte.

Eine alles niederwalzende Invasion, die später in allen Geschichtsbüchern, schon in denen der Erstklässler, als »Entdeckung« bezeichnet und gepriesen wurde, war der Beginn des Kreuzweges der autochthonen Völker, ihres Karfreitags und ihres Todes, die bis heute andauern. Diesen Völkern ist noch nicht der Ostertag angebrochen, an dem das Leben den Tod besiegt und der Frieden, als »Frucht der Gerechtigkeit« (Jes 32,17), über den Vernichtungskrieg und die zwangsweise Enteignung triumphiert. Vom »alten« Kontinent kamen die Kolonisatoren. Für sie war dieser Kontinent wahrhaftig eine Entdeckung! Wozu kamen sie? Was wollten sie? In ihrer Gier nach Land und den Reichtümern auf und unter der Erde eroberten sie die Region mit Feuer und Schwert. »Adlige« in offiziellen Missionen und gleichzeitig auf der Suche nach märchenhaften Reichtümern kamen an der Seite von Sträflingen und Gesetzesbrechern, die aus Portugal ausgewiesen worden waren, und sogar an der Seite von desertierten Seeleuten.

Andere europäische Länder, vor allem die Niederlande, waren ebenfalls an Amazonien interessiert. Die portugiesische Besetzung konsolidierte sich endgültig im Jahr 1616 mit der Gründung des »Krippenforts« in der Bucht von Guajará, aus dem die Stadt *Santa Maria de Belém do Grão-Pará*, Heilige Maria von Betlehem in Groß-Pará, wurde. Und die Folgen des europäischen Ansturms in Amazonien hinterließen tiefe Spuren. Pater Antônio Vieira klagt 1662 in seiner berühmten Predigt zum Epiphanie-Fest vor dem Königshof Portugals:

Sie wollen, dass wir die Heiden zum Glauben bringen und sie der Habgier ausliefern; sie wollen, dass wir die Schäflein zur Herde bringen und sie Herodes ausliefern. [...] Dieses ganze Land ist heute nach so wenigen Jah-

ren verwüstet und verlassen, und von so vielen und so verschiedenen Bevöl-
kerungsgruppen, von denen nur noch die Namen geblieben sind, sieht man
heute nur noch Ruinen und Friedhöfe.[30]

Die Indigenen waren nicht an Zwangsarbeit gewöhnt und starben an Erschöpfung. Um diese verlorenen Arbeitskräfte zu ersetzen, wurde ein anderer Kontinent überfallen. Tausende und Abertausende von Männern und Frauen aus Afrika wurden als Sklaven nach Brasilien geschafft. Viele von ihnen erreichten nicht einmal lebend die andere Seite des Atlantiks. Diejenigen, die man bis nach Amazonien verschleppte, wurden zum größten Teil Sklaven in Zuckerrohrplantagen. Viele starben an Heimweh.[31]

Alle weinten untröstlich ihrer verlorenen Heimat nach. Noch heute singen und tanzen sie gerührt die Lieder und Rhythmen, die Mutter Afrika ihnen vererbt hat. Die Heiligenfeste in Amazonien sind geprägt von einer Mischung aus afrikanischen und indigenen Traditionen. Die gesungenen und getrommelten Novenen und Litaneien, die Nächte mit Tänzen zu Trommel und Tamburin, Curimbó und Maracá, Reco-reco und Xeque-xeque, gießen die afrikanische Seele über Amazonien aus.[32]

Im 19. Jahrhundert erlangte der Kautschukgewinn aus den Gummibäumen der Amazonas-Urwälder große wirtschaftliche Bedeutung, zog Zehntausende von Migranten aus dem Nordosten Brasiliens an und erregte das Interesse der großen Rohstoffindustrien in Europa und den USA. Im Jahr 1823 stieg der Kautschuk in die Kategorie der industriellen Rohstoffe auf, denn Macintosh hatte gerade die Imprägnierung erfunden, und Goodyear entdeckte 1839 die Grundlage für die Herstellung von Hartgummi.

Bis 1850 beschränkte sich die Kautschukausbeutung auf die Gegend von Belém und die Inseln. Die ersten Flüsse, die für den Transport genutzt wurden, waren der Xingu und der Tapajós, dann kam der Amazonas, und später erreichte der Kautschukboom die Flüsse Solimões, Purus, Alto Madeira und Juruá. Zur gleichen Zeit begann auch die Migration von Türken, Syrern, Libanesen und Juden, die Tauschhandel mit anderen Waren trieben. Das brasilianische Produktionsmonopol und die hohen Gummipreise auf dem Weltmarkt machten für einige Zeit die Besitzer der Gummibaumplantagen reich und aus Manaus und Belém »Hauptstädte von Prunk und

Verschwendung«. In den ersten Jahrzehnten des 20. Jahrhunderts kam die Konkurrenz des asiatischen Gummis auf, der Amazonasgummi verlor an Markt, und die regionale Wirtschaft erlebte einen rapiden Niedergang, der Tausende von Kautschukzapferfamilien ins Elend stürzte.

Ab 1929 siedelten sich Japaner in verschiedenen Amazonasgebieten an. Tomé-Açu im Bundesstaat Pará entwickelte sich zum wichtigsten Ort und wurde berühmt für seine Pfefferproduktion. Während des Zweiten Weltkrieges, als die Japaner die Gummilieferungen an die Vereinigten Staaten von Amerika einstellten, wurden Tausende von Brasilianern in die Gummibaumplantagen Amazoniens gesandt, und im Namen des Kampfes gegen den Nationalsozialismus begann die »Gummischlacht«. Die zur Arbeit in der Kautschukgewinnung angeworbenen Leute aus dem Nordosten wurden »Gummisoldaten« genannt, empfingen aber weder Sold noch Medaillen. Die Bilanz war entsetzlich: Von den fast 60.000 Gummisoldaten war fast die Hälfte im Amazonasdschungel verschwunden. Oft gerieten die Kautschukzapfer auch mit den Indios in Konflikt, die sich gegen ihr Eindringen wehrten. Die indigene Reaktion führte zur Rache der Gummibarone, die Massaker unter den Indios organisierten. Ganze Indiodörfer wurden niedergemetzelt, und die Flüsse färbten sich blutrot.

In den 70er-Jahren wurde Amazonien noch einmal Schauplatz großer Migrationen. Der Bau von endlos langen Straßen, welche die bis dahin unberührten Urwälder durchschnitten, löste einen Zustrom von Tausenden von Familien aus dem Nordosten aus, die in Amazonien ihr Auskommen suchten. Präsident General Médici soll bei einem Flug über den Nordosten nach Norden geblickt und ausgerufen haben:»Land ohne Menschen!«, um dann im Blick auf die von der Dürre heimgesuchten Bewohner Nordostbrasiliens hinzuzufügen:»Für Menschen ohne Land!« Die Reportage der großen Tageszeitung *Folha de São Paulo* vom 10. Oktober 1970 mit der Überschrift»Médici setzt im Dschungel den ersten Meilenstein der Transamazônica« ist symptomatisch für jene Zeit, wenn sie schreibt:

General Médici stand gestern in der Stadt Altamira im Bundesstaat Pará, mitten im Dschungel, den Feierlichkeiten der Grundsteinlegung zum Bau der großen Überlandstraße Transamazônica *vor, die das gesamte Ama-*

zonasgebiet auf einer Länge von dreitausend Kilometern von Osten nach Westen durchschneiden und so diese Region mit dem Nordosten verbinden wird. Tief gerührt wohnte der Präsident dem Fällen eines fünfzig Meter hohen Baumes auf der Trasse der zukünftigen Überlandstraße bei und enthüllte die Gedenktafel [...], die im Stumpf eines großen Paranussbaumes mit einem Durchmesser von etwa zwei Metern eingelassen ist und auf der geschrieben steht: »An diesen Ufern des Xingu, inmitten des Amazonasdschungels, beginnt der Präsident der Republik mit dem Bau der Transamazônica, *in einem historischen Aufbruch zur Eroberung dieser gigantischen grünen Welt.«*

Die Zerstörung des jahrtausendealten Dschungels war vorprogrammiert! Es scheint unglaublich, aber Wälder niederzumachen und niederzubrennen wurde zum Synonym für Entwicklung und Fortschritt. Und so zogen die Bewohner Nordostbrasiliens nach Norden, auf der Flucht vor der Dürre und im Glauben an die Regierungsversprechen. Aber nur wenige blieben, etwa 15 Prozent. Die anderen gaben entmutigt auf und fuhren auf den Ladeflächen von Lastwagen zurück in die Steppen, zu den immer wiederkehrenden Dürrezeiten des Nordostens, oder suchten Zuflucht in den Städten, die von heute auf morgen aus allen Nähten platzten und die Zahl ihrer Einwohner verdoppelten oder verdreifachten. Die sogenannte Zweite Kolonisierung, die ebenfalls von der Regierung gefördert wurde, brachte Familien aus dem Südosten, aus Mittel- und aus Südbrasilien an diese neue Grenze. Sie kamen auf der Suche nach Land für die Landwirtschaft oder die Viehzucht.

Angesichts der vielen verschiedenen Krankheiten, der Malaria, der körperlichen Erschöpfung, des Fehlens von ärztlicher Betreuung, von Straßen zur Vermarktung ihrer Produkte, von Schulen für ihre Kinder verloren viele der Pioniere den Mut und verkauften ihr Land zu Schleuderpreisen an Großbauern. So trugen sie dazu bei, dass schon registrierter Landbesitz sich in den Händen von einigen wenigen konzentrierte, die alle Grundstücke kauften, die zum Verkauf angeboten wurden. Die Großbauern degradierten die Kleinbauern zu Knechten oder Tagelöhnern oder ließen sie unter der Bedingung, dass sie die Hälfte ihrer Produktion ablieferten, auf dem Land arbeiten, auf dem sie noch vor kurzem Eigentümer mit Besitzertitel gewesen waren. Nach und nach verschwand das Land der Kleinbauernfamilien, das auf hundert Hektar begrenzt war, und machte riesigen Großländereien mit Tausenden von Hektar Platz. Das für den Verkauf erhaltene Geld reichte nicht lange zum Unterhalt der Familien, und Knall auf Fall versuchten viele ihr Glück beim Goldsuchen. Meist bekamen sie dabei kein Gold, aber in jedem Fall Malaria. Viele starben eines »natürlich gestorbenen Todes« und viele andere eines »getöteten Todes« durch die Gewalt, die im Umfeld der Schürfgebiete herrschte. Statistiken gibt es nicht.

Gegenwart

Seit jener Zeit sind Jahrzehnte vergangen. Ein gewisser Teil der Menschen, die an der Transamazônica geblieben waren und sich zu Besitzern von größeren Ländereien entwickelt hatten, erzielte sogar gute Erfolge. Zum ersten Mal gab es im Gebiet des heutigen Medicilândia, Pará, statt Regenwald riesige Zuckerrohrplantagen auf großen Flächen roter Erde. Dennoch ist die Episode von Pacal in die Geschichte eingegangen, bei der es 1983 einen großen Aufstand der Zuckerrohrpflanzer gegen die schlechte Behandlung, die Nichtbezahlung der abgelieferten Ernte und den Bankrott der Zuckerfabrik Abraham Lincoln gab. Die Zuckerrohrplantagen sind verschwunden. Die Siedler, kleine und mittlere Pflanzer, begannen in die Viehzucht zu investieren oder in den Kakao, was bessere Resultate brachte. Es entstand eine ländliche Mittelklasse, aber sie war immer von den Preisschwankungen auf dem internationalen Markt abhängig.

In den letzten Jahrzehnten ist eine neue Kategorie von Amazonieneroberern entstanden. Es sind die berüchtigten *Grileiros*, die sich staatliches Land erschwindeln, indem sie in undurchsichtigen Machenschaften falsche, künstlich gealterte Besitzdokumente erstellen. Wie in den alten Zeiten die Räuberbanden des Sertão verfügen sie über Privatmilizen, um ihre Interessen durchzusetzen. Sie benutzen ihren politischen und finanziellen Einfluss, um riesige Gebiete in ihrem Besitz zu behalten, und versuchen, sich auch des Landes zu bemächtigen, das kleinen Bauernfamilien gehört und für Projekte der nachhaltigen Entwicklung bestimmt ist. Sie achten nichts und niemanden und dringen skrupellos immer weiter vor.

Die Familien der Kleinbauern waren diesen Pseudobesitzern schon immer ein Dorn im Auge. In den vergangenen Jahrzehnten haben Hunderte von Männern und Frauen ihr Leben gewaltsam verloren, ohne dass es zu irgendwelchen Nachforschungen und Verfolgungen dieser Verbrechen gekommen wäre. Solche Männer und Frauen wurden als Mittellose begraben. Wenn die Justiz nicht mitbeteiligt ist, dann bleibt sie unbeteiligt! Heute jährt sich zum siebten Mal der Tod von Ademir Alfeu Federicci, genannt Dema. Als Gemeindeleiter, Gewerkschafter und Ratsherr hatte er stets die Rechte der Kleinbauern verteidigt und für bessere Zeiten für die Männer und Frauen auf dem Land gekämpft. Er hatte die illegalen Abholzungen im Indioland von Arara angezeigt, in der Nähe des Kilometers 75 der Transamazônica. Am 23. August 2001 schrieb Dema einen Brief, der polizeiliche Untersuchungen für Landerschwindler einforderte, die in der Entwicklungsbehörde für Amazonien saßen. Zwei Tage später, am 25. August 2001, wurde er in seinem Haus in Altamira brutal hingerichtet. Er fiel vor seiner Frau, Maria da Penha, zu Boden und konnte gerade noch stammeln:»Maria, sorg für unsere Kinder!«

In Wahrheit wurde die Agrarreform nie vorangetrieben, und die Konzentration des Großgrundbesitzes nimmt zu. Die Wirtschaftspläne für die brasilianischen Landgebiete sind nicht dazu entworfen, den Erwartungen eines neuen Landwirtschaftsmodells zu genügen. Die Produktion in Familien und Genossenschaften erhält nur lächerlich geringe Unterstützungen, während die Produktion der großen ausländischen und inländischen Firmen, die dem Finanzkapital verbunden sind, allein im letzten Jahr von der *Banco do Brasil* (Gegenstück zur »Deutschen Bank«) sieben Milliarden Reais — etwa 3,2 Milliarden Euro[33] — erhalten hat. Die derzeitige Regierung bevorzugt das Modell des Agrarexports und diskriminiert die bäuerliche Landwirtschaft, die für die Lebensmittelproduktion in unserem Land verantwortlich ist. Die unproduktiven Ländereien, die für die Bodenreform verwendet werden müssten, gehen an ausländische Firmen, und statt zum Anbau von Lebensmitteln werden sie zur Produktion von Eukalyptus, Soja, Agrosprit und zur Viehzucht genutzt. Ein typisches Beispiel für die brasilianische Situation ist der Fall Raposa Serra do Sol. Hier stehen sich lupenrein die beiden Projekte Brasiliens gegenüber.

Nächsten Mittwoch, am 27. August 2008, wird der Bundesgerichtshof endlich über den Fall des Indiolandes Raposa Serra do Sol entscheiden, ein Gebiet, das seit Jahrtausenden von den indigenen Völkern Macuxi, Wapichana, Taurepang, Ingaricó und Paramona bewohnt wird. Wir alle wissen, was es während der vergangenen 34 Jahre an Mobilisierung, Arbeit, Kampf und sogar an Leben von indigenen Führungspersonen gekostet hat, um 2002 unter der Regierung Fernando Henrique Cardoso die offizielle Anerkennung dieses Gebietes zu erreichen und 2005 seine Ratifizierung durch die Regierung Lula. Starke wirtschaftliche Interessen setzen sich für die Aufhebung der Ratifizierung ein. Auf der einen Seite stehen die indigenen Völker von Raposa Serra do Sol und ihre Verbündeten: die Sozialbewegungen auf dem Land und in den Städten, zum Beispiel die Via Campesina und der Grito dos Excluídos; die katholische Kirche und ihre Sozialpastoral, das Bistum von Roraima, der CIMI und die Ordensgemeinschaften, die im Amazonasgebiet tätig sind; die Organisationen zum Schutz der Menschenrechte – sie alle verteidigen die indigenen Rechte, wie sie in der Verfassung von 1988 anerkannt wurden.

Auf der anderen Seite kämpfen gegen die in der Bundesverfassung verankerten Rechte der indigenen Völker Invasoren, Reisproduzenten der Agroindustrie, große Berg- und Abbauunternehmen sowie Politiker und Militärs in deren Diensten. Um ihre Absichten durchzusetzen, agieren sie nicht nur im Kongress, sondern auch innerhalb unserer Gesellschaft und versuchen, die Rechte der indigenen Völker abzuschaffen, genauso wie die Rechte der Nachfahren der schwarzen Sklaven, Flussanwohner und anderer traditioneller Gemeinschaften in Amazonien und im ganzen Land.

Ich sagte, dass Raposa Serra do Sol ein typischer Fall ist. Hier geht es um die Tatsache, dass die brasilianische Verfassung die Existenz von Landgebieten außerhalb des kapitalistischen Marktes garantiert. Und genau gegen diese Tatsache erheben sich die Agroindustrie und ihre Verbündeten. Ihr Schlachtruf lautet:»Kein Land außerhalb des Marktes!« Unser Motto behauptet das Gegenteil:»Alles Land für das Leben und den Frieden der indigenen Völker und aller Völker des Landes!« Es stehen sich zwei Projekte gegenüber: das eine für Land zum Leben und das andere für Land zum Geschäftemachen.[34] – Möge das Leben siegen!

Fortschritt ohne Projekt

Die indigenen Völker des Xingu und das Wasserkraftwerk Belo Monte

Altamira, 22. Juni 2008

Der Xingu ist ein ganz besonderer und einzigartiger Fluss. Man kann ihn mit keinem anderen Fluss des Amazonasgebietes vergleichen. Nur er verbindet sich mit dem Amazonas durch ein breites Delta. In seinem Mündungsgebiet vermischen sich seine smaragdgrünen Wasser mit den schlammhaltigen Wassern des Amazonas, der wie ein Meer ist, und verlieren sich schließlich in ihm oberhalb des Forts Santo Antônio de Gurupá. Seit seiner Quelle in Bundesstaat Mato Grosso, auf einer Höhe von 600 Metern über dem Meeresspiegel, wo sich die *Serra do Roncador* und die *Serra Formosa* treffen, hat er 2.045 Kilometer zurückgelegt.

Eine lange Geschichte der Gewalt

Der Xingu ist ein Geheimnis. Bis heute kennen wir keine etymologische Erklärung seines Namens. Einige Fachleute wollen ihn als »Haus der Gottheiten« oder besser »Haus Gottes« übersetzen, aber niemand ist sich sicher, welches die tatsächliche Wurzel ist, die dem Wort zugrunde liegt. Einmal sind seine Wasser ruhig und friedlich und bilden breite Seen, ein andermal sind sie wild und unbändig, nämlich dann, wenn sie sich zu gefährlichen Stromschnellen verengen, die schon vielen unvorbereiteten oder waghalsigen Reisenden das Leben gekostet haben.

Der Xingu ist vielleicht nicht das Haus Gottes, aber wer wagt zu bestreiten, dass er für die Völker, die seit Jahrtausenden an seinen Ufern wohnen, ein heiliger Fluss ist? Der Xingu erzählt die Geschichte des Paradieses von einst und wiederholt die Worte: »Und Gott sah alles, was er gemacht hatte: Es war sehr gut.« (Gen 1,31) Aber er erzählt auch die Geschichte der Rebellion gegen Gott, die Geschichte der Überheblichkeit und Arroganz der Menschen, die wie Gott sein wollten (vgl. Gen 3,5).

Und er erzählt die Geschichte der mörderischen Gewalt, die das Leben des Bruders dahingerafft hat, und schreit durch die Jahrhunderte hinweg das Wort Gottes: »Was hast du getan? Das Blut deines Bruders schreit zu mir vom Ackerboden!« (Gen 4,10) Eigentlich müssten die Wasser des Xingu die Farbe des Blutes haben, wegen der unzähligen Massaker der vergangenen Jahrhunderte. Das Wüten gegen die Indigenen mordete mit Feuerwaffen Indios, die nur mit Pfeil und Bogen oder Borduna-Keulen bewaffnet waren. Auf den Plätzen der Indiodörfer tränkten die Invasoren die rote Erde mit dem Blut von schutzlosen Müttern und schwangeren Frauen, von Kindern und Jugendlichen. Tausende sind gefallen! Und eine Welt, die sich selbst »zivilisiert« nennt, verschloss die Augen und blieb gleichgültig gegenüber dem indigenen Blut, das nach Gerechtigkeit und dem Recht auf Leben schrie, das das Land forderte, welches Gott für diese Völker geschaffen hatte, das das Land ihrer Mythen und Riten schützen wollte und um das Land trauerte, auf dem ihre Ahnen begraben sind. Bis heute wird der Indio abfällig »Urwaldmensch« genannt, ein Ausdruck, der uns weismachen will, dass es sich lediglich um einen weiteren Zweifüßler im Busch handelt, ohne Intelligenz und freien Willen.

Es ist noch nicht lange her, dass die Regierungsstelle, welche die indigenen Völker zu schützen hätte, der »Indioschutzdienst«, selbst an Massakern beteiligt war. Er wurde wegen des Widerhalls, den die skandalösen Massaker im Ausland fanden, aufgelöst und durch die Funai (staatliche Indianerbehörde) ersetzt. Im Jahr 1967 kam das sogenannte »Massaker vom Breitengrad 11« von 1965 ans Licht. Ein Kautschukproduzent im Bundesstaat Mato Grosso gab den Befehl, ein Indiodorf auszulöschen. Zuerst flog ein kleines Flugzeug darüber hinweg und warf Bomben ab, und danach drang man in das Dorf ein und brachte alle um. Ich selbst habe das Foto einer India gesehen, die mit dem Kopf nach unten an den Füßen aufgehängt und von zwei Weißen mit Macheten flankiert wurde, die sie dann vierteilten. Allein bei der Erinnerung an das Bild überkommt mich das Schaudern. Und das ist nicht vor ein paar hundert Jahren in der Zeit der Bandeirantes[35] passiert, sondern vor gerade einmal 40 Jahren.

In den 60er-Jahren geschah am Xingu noch eine weitere wohlgeplante Gewalttat, ein Verbrechen, das nie untersucht wurde. Die Verbrecher wurden nicht identifiziert und für ihren Massenmord belangt. Ein paar Politiker wollten Altamira mit aller Gewalt aus der Isolation herausholen. Die Stadt sollte durch eine Straße mit Santarém verbunden werden, für sie das Tor zur Welt. Das Hindernis zur Verwirklichung dieser Absicht waren die Arara-Indios, die in dem Gebiet lebten, in dem heute die Gemeinden Medicilândia und Uruará liegen. »Diese Wilden müssen beseitigt werden, damit sie den Fortschritt nicht bremsen« war die Parole. Der Befehl an die Expedition lautete, jeden Indio umzubringen, der in Sicht kam. Sofort! Niemand weiß, wie viele Arara-Indios damals ermordet worden sind. Man weiß nur, dass es viele waren. Sie starben sogar durch Stromschläge, wenn sie sich der Baracke der »Expeditionskräfte« näherten, die von einem durch einen Generator gespeisten Elektrozaun umgeben war. Die Indios wollten die Weißen sehen, berührten den Draht und starben durch Stromschläge von 220 Volt. Die Geschichte dieses Volkes, das friedlich mitten im Dschungel zwischen Altamira und Santarém lebte, erlebte einen weiteren tragischen Höhepunkt beim Bau der Transamazônica. Die neue Überlandstraße lief in einer Entfernung von drei Kilometern am Araradorf vorbei, das am Flüsschen Penetecaua lag. Die Indios wurden damals sogar mit Hunden gejagt.

Der erzwungene Kontakt mit der Welt der Weißen brachte Krankheiten wie Grippe, Tuberkulose und Malaria. Daran starben dann unzählige weitere Indios. Die Welt draußen, in Brasilien und im Ausland, hatte keine Ahnung von dem Unheil, das da über ein Volk hereinbrach. Sie bejubelte »die Eroberung dieser gigantischen grünen Welt«, wie die Gedenktafel im Stumpf eines großen Paranussbaumes es benennt, der gefällt wurde, als der Präsident der Republik feierlich die Arbeiten zum Bau der Transamazônica eröffnete. Zu welchem Preis! Ich werde nie den Tag vergessen, an dem die Nachricht kursierte, dass die »schrecklichen Arara-Indios« endlich bezwungen seien. Als Beweis, dass der »Kontakt« ein voller Erfolg war, zeigte man Angehörige dieses Volkes vor, das bis dahin in Freiheit im Xingu-Dschungel gelebt hatte. Nackt und zitternd vor Angst wurden sie auf einen Wagen verladen und der neugierigen Menge vorgeführt, als ob es sich um eine seltene zoologische Spezies handelte.

Wir leben in anderen Zeiten. Zumindest meinen wir das. Wir feiern 60 Jahre der Verkündung der Menschenrechtscharta. Jegliche Rassendiskriminierung wird verurteilt. Man verkündet die Gleichheit der Völker und Rassen. In Brasilien haben wir seit 1988 eine Verfassung, in der die Rechte der indigenen Völker im Artikel 231 verankert sind. Die Bevormundung durch ein staatliches Organ ist abgeschafft. Die Indigenen, die vorher auf der gleichen Stufe wie Minderjährige und geistig behinderte Menschen standen, haben ihre vollen Bürgerrechte erlangt und brauchen nicht mehr bevormundet zu werden. Wie alle Brasilianer haben sie das volle Recht zur Bewegungsfreiheit. Aber dennoch – obwohl wir schon die 20 Jahre der neuen »staatsbürgerlichen« Verfassung feiern – hat ein Teil der Presse diese Verfassungsneuerung noch nicht mitbekommen, und es gibt Zeitungen, die davon überzeugt sind, dass »die Bundespolizei eine Erklärung von der FUNAI verlangen muss [...], da dieses Organ der gesetzliche Vormund der brasilianischen Indios ist«.[36]

Der qualitative Sprung vom Verfassungsbuchstaben auf den Boden der konkreten Wirklichkeit, in der die indigenen Völker leben, ist nicht geschehen. Wenn die offizielle Anerkennung eines indigenen Gebietes mit der Ratifizierung durch den Präsidenten abgeschlossen wird, geht ein ohrenbetäubender Aufschrei durch Brasilien, der sich gegen »viel Land für wenig Indios« empört. Eine der schlimmsten Versionen geschah vor wenigen Wochen in Altamira. Ein lokaler Radiosender überschlug sich in seinem Gebrüll verbaler Angriffe gegen die Indios in rassistischen Beleidigungen. Wir glaubten, dass solche Exzesse einer fernen Vergangenheit angehörten und schon seit langem aus dem journalistischen Wortschatz gestrichen worden wären. Leider ein Irrtum! Die anti-indigene Welle nimmt alarmierende Ausmaße an!

Die Täuschungen gehen weiter:
Von Kararaô zu Belo Monte

Viele erinnern sich nicht mehr an die Militärdiktatur, und weil die Erinnerung auch in dem Ruf steht, schwach zu sein, denken nur noch wenige an die vielen willkürlichen »Diktate« jener Zeit. Einer von denen, die nach Belieben »diktierten«, war General Emílio Garrastazu Médici. Er wurde durch sein Nationales Integrationsprojekt berühmt und durch den Bau der Transamazônica, die im September 1972 eröffnet wurde. Es war das Jahrzehnt von »integrieren, um nicht zu verlieren« und eines anderen Slogans, der eine in Brasilien noch nie gesehene Migration auslöste. »Land ohne Menschen für Menschen ohne Land!«, rief der General-Präsident Médici euphorisch aus, was eine Beleidigung für die indigenen Völker war, die seit Jahrtausenden im Amazonasgebiet leben.

Tausende von Familien zogen aus dem Nordosten, dem Zentrum, dem Südosten und dem Süden Brasiliens nach Amazonien. Im Nationalen Integrationsprojekt war aber auch der Bau von Staudämmen vorgesehen. Die Überlandstraße überquerte die großen Flüsse in der Nähe ihrer wichtigsten Fälle und Stromschnellen. Im Jahr 1975 beauftragte der Energiekonzern Eletronorte die Firma CNEC (*Consórcio Nacional de Engenheiros Consultores*), den genauen Standort eines künftigen Staudamms zu ermitteln und festzulegen. 1979 schloss das CNEC die Studien ab und erklärte, dass es technisch möglich sei, fünf Staudämme am Xingu und einen am Iriri zu bauen, dem wichtigsten Nebenfluss des Xingu. Dem Volk des Xingu wurde jegliche genauere Information verweigert. Man wusste lediglich, dass die Regierung so schnell wie möglich mit dem Bau beginnen wollte.

Die indigenen Völker reagierten zum ersten Mal im Jahr 1989. 600 Indios kamen nach Altamira und wurden im Bildungshaus »Betanien« der Prälatur Xingu untergebracht. Sie kamen, um gegen die Entscheidung der Regierung zu protestieren, den Xingu zu opfern. Das Treffen, das die Indios »Erstes Treffen der Indigenen Nationen des Xingu« nannten, fand vom 20. bis 25. Februar 1989 statt und erhielt ein enormes nationales und internationales Echo. Das Foto der Kayapó-India Tuyra, die mit ihrer Machete die Wangen von José Antônio Lopes berührt, damals Präsident der Eletronorte und heute Präsident der Eletrobrás, ging um die Welt und wurde zum Markenzeichen der indigenen Opposition gegen das Projekt des Wasserkraftwerks »Kararaô«. Tuyra wurde die berühmteste Frau der Kayapó-Welt – eine Mutter, die äußerst liebevoll mit ihren Kindern umgeht und gleichzeitig eine kompromisslose Kämpferin ist, wenn es sich um die Verteidigung ihres Landes und ihres Flusses handelt. Kurz nach diesem denkwürdigen Treffen verweigerte die Weltbank ihre finanzielle Unterstützung, und das Projekt kam in die Schublade. Aber aufgegeben wurde es nie. In den 90er-Jahren wurde es wieder aus der Schublade geholt und kam mit verstärkter Kraft zurück! Anfang Juni 2007 trafen sich im Bildungshaus »Betanien« der Prälatur Xingu erneut Vertreter verschiedener indigener Völker des Xingu und bestanden darauf, dass wir mit ihnen zusammen ein Treffen der Indigenen Völker organisierten, ähnlich wie das von 1989. Die Indios wollten die Aufmerksamkeit Brasiliens und der Welt für die Verurteilung dieses pharaonischen Projektes erlangen, das bereit ist, dem Götzen Fortschritt den Xingu zu opfern, der für sie heilig ist, ein Symbol des Lebens, eine Gabe Gottes.

Am 3. Juni 2007 versammelten sich die Teilnehmer des Treffens am Flussufer in Altamira zu einer Demonstration gegen das alte Wasserkraftwerk-Projekt, das jetzt unter dem neuen Namen »Belo Monte« lief (statt »Kararaô«, einer der Kriegsrufe der Kayapó). Es hatte sich lediglich der Name geändert! Für die derzeitige Regierung stellt es eine Priorität dar innerhalb ihres Programmes zur Wachstumsbeschleunigung. Vor seiner Wahl hatte Präsident Lula sich gegen »Belo Monte« ausgesprochen. Das Gleiche gilt für verschiedene Kongressmitglieder, unter ihnen der Abgeordnete Zé Geraldo, der von den Gemeinden des Xingu gewählt wurde. Während des Wahlkampfes erklärten sie vehement, gegen das Bauvorhaben zu sein, und nach ihrer Wahl änderten sie ihre Haltung. Ganz plötzlich, von heute auf morgen, verteidigten sie mit Zähnen und Klauen, was sie zuvor mit Vehemenz verurteilt hatten. Was steckt wohl hinter dieser chamäleonartigen Metamorphose?

Von da an teilte man dem Volk des Xingu mit, dass es sich nur um eine »Wasserkraft-Einheit« und nicht mehr um einen »Wasserkraft-Komplex« handele. Das ist nichts anderes als eine schamlos verbreitete Unwahrheit, ein absichtlich benutzter Trick, um das Volk hereinzulegen. Jedes Kind weiß, dass es eine unkalkulierbare Verschwendung wäre, Milliarden in ein Kraftwerk zu stecken, das während des Tropensommers, wenn der Xingu Niedrigwasser hat, nicht voll funktionieren könnte. Es ist die Jahreszeit, in der endlose Strände mit weißem und goldfarbenem Sand aus den kristallklaren Wassern auftauchen und die Region in eine Traumlandschaft verwandeln. Aber die »Staudammler« lassen sich nicht von den exotischen Schönheiten des Xingu beeindrucken. Beschlossen ist beschlossen, Ende der Diskussion! Der Fluss muss geopfert werden! Weitere Staudämme sind notwendig und schon geplant! Um den Arbeiten schon den Boden zu bereiten, verfügt der Energiekonzern Eletrobrás bereits über eine komplette »Inventarliste« des Xingu mit einer entsprechenden Karte, welche die Stau- und Überflutungsgebiete bis hinauf zur Stadt São Félix do Xingu vorsieht. Es scheint sich um geheime Studien zu handeln, denn sie sind nicht zugänglich und werden der Öffentlichkeit nicht vorgestellt. Es müssen wohl Akten mit dem Stempel »Streng geheim« oder »Staatsgeheimnis« sein. Warum diese ganze Heimlichtuerei?

Am selben Tag, dem 3. Juni 2007, stieg ein Häuptling der Kayapó auf die Ladefläche eines Lastwagens (die übliche Rednertribüne bei solchen Kundgebungen), der an der Uferstraße des Xingu geparkt war, nahm das Mikrofon und fragte: »Was soll aus unseren Kindern werden?« Und er fügte hinzu: »Wir werden es nicht zulassen, dass die Gräber unserer Ahnen überflutet werden!«

Während die Unternehmer und Geschäftsleute Belo Monte verteidigen, weil sie die Hoffnung hegen, dass ein »Geldregen« über Altamira hereinbrechen wird, und sich nicht eine Sekunde lang Gedanken über die verheerenden Folgen machen, die es für das Leben von Tausenden von Menschen haben wird, vor allem für die Bewohner der Niederungen, deren Häuser und Land überflutet werden wird; während die Mitglieder dieses Business-Konsortiums ganz offen demonstrieren, dass es sie absolut nicht stört, wenn offiziell anerkannte und ratifizierte indigene Gebiete untergehen und die Flussanwohner den Schaden haben.

Während diese Leute, die zum großen Teil aus anderen Bundesstaaten gekommen sind, nicht das geringste Bewusstsein für die vorprogrammierte und irreversible ökologische Katastrophe haben, geht ein Indio hin – ein Indio, der bis heute diskriminiert und als ein überflüssiges Steinzeitrelikt betrachtet wird – und erteilt einer ganzen Nation eine Lektion. Dieses »kommerzielle, industrielle und agrarwirtschaftliche« Konsortium hat keinerlei Bande zur Vergangenheit und knüpft auch keine mit den kommenden Generationen, es hat weder Beziehung zu denen, die früher hier lebten, noch zu denen, die später hier leben werden. »Nach uns die Sintflut!« Es ist eine Unternehmensgruppe, die nur auf schwindelnde Gewinne setzt und allen den Krieg erklärt, die es wagen, sich ihren Ambitionen und ihrer Habgier entgegenzustellen. Und plötzlich lenkt ein Indio unsere Aufmerksamkeit auf das Recht der kommenden Generationen, die auch leben wollen, und schlägt zudem noch eine Brücke zu den Vorfahren, von denen wir diese von Gott geschaffene Welt geerbt haben. Der Indio hatte den Mut, vor den tödlichen Folgen eines größenwahnsinnigen Projekts zu warnen. Am Ufer des Xingu reichten sich Indigene und Nicht-Indigene die Hände, um einen Bund zu besiegeln, um gegen die Zerstörung des Flusses und des Lebens zu kämpfen: *Xingu vivo para sempre!* (Xingu – lebendig für immer!)

Warum haben Vertreter der Energiekonzerne Eletrobrás oder Eletronorte nie auch nur ein einziges Dorf besucht, um die Indios zu Belo Monte zu hören? Warum haben sie nicht diejenigen um Hilfe gebeten, welche die Welt der Kayapó und anderer indigener Gruppen wirklich verstehen, um Kontakt aufzunehmen mit diesen Völkern, die als Erste in diesem Land gelebt haben? Warum diese Diskriminierung, Ausgrenzung, Marginalisierung der autochthonen Völker? Warum?

In den sogenannten »öffentlichen« Anhörungen wird weder die Wahrheit gesagt, noch hat das Volk die Möglichkeit, seine Zweifel auszudrücken, Dinge zu hinterfragen und Kritik vorzubringen. Diese Anhörungen sind lediglich Teil eines Rituals, bei dem die Abgesandten der Eletrobrás oder der Regierung eine Litanei von Vorteilen und Nutzen herunterbeten. Nur Vorteile! Nur Nutzen! Es scheint strengstens verboten zu sein, auch nur den leisesten Verdacht zu hegen, dass es zu irgendwelchen negativen Folgen oder irreparablen Schäden kommen könnte. Wenn jemand es wagt, auf einer Frage zu bestehen und sich dem offiziellen Diskurs entgegenzustellen, wird immer wieder die gleiche Antwort wiederholt: »Das ist der Preis des Fortschritts!« – »Das ist ein Erfordernis der Entwicklung!« Und wenn man fragt, was sie unter Entwicklung und Fortschritt verstehen, verweigern sie die Antwort und sagen, dass sie nicht gekommen seien, um »ideologische« Fragen zu diskutieren. Die Eletronorte weiß, was gut ist für die Gesellschaft, nicht das »dumme« Volk.

Die Wahrheit wird mit Slogans und vorgefertigten Allgemeinplätzen bekämpft. Die Absicht ist nicht, aufzuklären, sondern einzulullen, wie im Fall der India Xipaia. Die Leute vom Konsortium applaudieren ihr und filmen sie, weil sie für Belo Monte ist und sagt, dass »der Indio im Dunkeln sitzt«.

Ich kenne sie: Sie wohnt seit Jahrzehnten in der Stadt, und ihr Haus hat elektrisches Licht, seitdem es in Altamira Strom gibt. »CIMI gibt kein Geld! Dom Erwin gibt kein Geld! Eletronorte gibt Geld, zahlt unsere Rechnungen! Deshalb sind wir für Belo Monte!« Solche Aussprüche waren im Dorf einer Gruppe zu hören, die sich von den anderen indigenen Völkern des Xingu distanziert und an keinem Treffen mehr teilgenommen hat. Was für eine absurde Weise, Belo Monte zu verteidigen, indem man Indios einkauft und ihnen finanzielle Vorteile in Aussicht stellt!

Besessen von der Beschleunigung des Wirtschaftswachstums, bezeichnete selbst Präsident Lula die Indios, Nachkommen der schwarzen Sklaven, Umweltschützer und sogar die Staatsanwaltschaft als »Hindernisse« für diese Maßnahme. Die Artikel des Umweltrechts nannte er »Klötze am Bein«, weil diese Bestimmungen die Entwicklung des Landes hemmen würden. Deshalb gilt der Befehl, die sozialen und ökologischen Auswirkungen zu übersehen oder ihnen zumindest keine größere Bedeutung beizumessen, weil das Land sonst zur Stagnation verurteilt wäre. Aber da nun einmal im Fall eines Wasserkraftwerkes vorhergehende Studien verlangt werden, beauftragt die Regierung die Hauptinteressenten des Projektes, die großen Unternehmer, mit den Studien zur Durchführbarkeit oder den ökologischen und sozialen Auswirkungen. Sie verfügen über Wissenschaftler, die ihr volles Vertrauen besitzen und im blinden Gehorsam gegen die Vorgaben von oben die These bestätigen werden, die schon vor Beginn der Studien feststand: die ökologischen und sozialen Auswirkungen sind minimal oder gleich null. Man behauptet: »Brasilien kann nicht warten!«

Die Schlüsselfrage ist: Wer genau hat Interesse an Belo Monte? Etwa Brasilien? Wird das Kraftwerk die Lebensqualität der Menschen im Bundesstaat Pará, am Xingu, in Altamira, Vitória do Xingu, Souzel, Anapu, an der Transamazônica, am Unterlauf des Xingu verbessern? Für wen ist die produzierte Energie bestimmt?

Wir alle wissen, dass die Nutznießer wieder einmal die multinationalen Unternehmen sein werden, die mit all ihren Steuer- und Energievergünstigungen auf Kosten Brasiliens leben. Die Energiepreise für die brasilianischen Familien sind exorbitant, aber die transnationalen Konzerne können auf das großmütige Wohlwollen der einander ablösenden Regierungen zählen. Die brasilianischen Bundesstaaten Pará und Amazonien werden als reine »Provinzen« zur Lieferung von Strom, Bodenschätzen und Holz betrachtet, als die äußerste Landwirtschaftsgrenze. Sie sind nie über diesen »Provinzstatus« hinausgekommen! Die Metropole, das Zentrum der Entscheidungen und Beschlüsse, liegt immer anderswo! Und statt dieses ungeheuerliche System zu hinterfragen, die Strukturen zu kritisieren, die die Völker Amazoniens schädigen, statt Rechte einzufordern, applaudieren unsere Politiker in stehenden Ovationen und zögern nicht, sogar theologische Ausdrücke heranzuziehen, indem sie von »Heil« und »Erlösung« für die Region, Pará und Amazonien sprechen. Im Kontext Amazoniens wird es nie Erlösung geben, wenn die Schöpfung mit Füßen getreten, zerstört, ausgelöscht wird! Was bleibt, ist nur Elend, Chaos, Apokalypse!

»Xingu – vivo para sempre!«[37]

Am 19. Mai 2008[38] hatte ich die große Freude und Ehre, in der Sporthalle von Altamira das Treffen *Xingu – vivo para sempre* (Xingu – lebendig für immer) zu eröffnen. Mehr als 600 Indios – Männer, Frauen und Kinder – zogen feierlich in die Halle ein, singend und tanzend, mit erhobenen Lanzen, Keulen und Macheten. Alle waren tief ergriffen, als die Kayapó die brasilianische Nationalhymne in ihrer Muttersprache sangen! Wer auf den Rängen saß, spendete ihnen frenetischen Applaus.

Ich stellte die Häuptlinge der 24 anwesenden Ethnien vor, und wir begrüßten die anderen Teilnehmer der Veranstaltung, indem wir die Gemeinden aufriefen, aus denen sie kamen. Es war ein festliches Klima, begeistert, etwas ganz Besonderes, denn schließlich sieht man nicht jeden Tag so viele Indios mit ihren traditionellen Bemalungen, die nach ihren jahrtausendealten Riten tanzen und zu ihren ganz eigenen Rhythmen in einer uralten Sprache singen. Ab und zu erhebt sich eine oder ein Kayapó, um allein zu tanzen, mit erhobener Machete, Keule oder Lanze – die Männer mit ihrem kräftigen und vollen Bariton, die Frauen mit hoher, manchmal sogar schriller Stimme. Die Schönheit der kulturellen Ausdrucksformen ist beeindruckend. Die Jugendlichen auf den Rängen gehen begeistert mit und klatschen immer wieder langen Applaus.

Am nächsten Tag geht die Vorstellung weiter. Es gehört zum indigenen Ritual, dass jeder Häuptling spricht, auch wenn er nur Argumente oder Meinungen wiederholt, die vor ihm schon ein anderer »Verwandter« ausgedrückt hat. Übrigens verstehen sich alle als Verwandte, alle reden sich als »õbikwa« an, als Angehörige derselben Familie! Wenn einer leidet oder angegriffen wird, fühlen sich alle betroffen. Wenn sie sich vorstellen, sprechen sie zuerst in ihrer Muttersprache und übersetzen dann selbst ins Portugiesische. Einigen fällt es leichter, sich auf Portugiesisch auszudrücken, andere schaffen es nicht fehlerlos. Man spürt ihre Freude, aber oft auch die Sorge und Empörung wegen des Vordringens der Großgrundbesitzer, Berg- und Abbaufirmen, Holzfirmen, Gold- und Edelsteinsucher in die Gebiete, die sie seit Menschengedenken bewohnen. Sie sind sehr sensibel für jede Art von Rücksichtslosigkeit vonseiten der sie umgebenden Gesellschaft. Und sie verbergen nicht ihre Enttäuschung. Einer der Häuptlinge klagt:

Wir sind es müde, ständig hören zu müssen, aber nie gehört zu werden. Wir sind es müde, mit dem Bau des Staudamms an der großen Schleife des Xingu bedroht zu werden. Wir verteidigen nicht nur den Xingu, sondern die Flüsse Amazoniens, der Heimat der indigenen Völker.

Nach der Vorstellung wurden die Redner an den Konferenztisch gerufen: Professor Oswaldo Sevá Filho von der Universität Campinas (Unicamp), der Ingenieur Paulo Fernando Viana Rezende von der Eletrobrás, Roquivan Alves da Silva von der Bürgerbewegung der vom Staudamm Betroffenen, Jean Pierre Leroy vom Verband der Sozialarbeits- und Erziehungsorgane und Glenn Switkes, der Direktor des Lateinamerika-Programms von International Rivers Network (IRD).

Oswaldo Sevá ist ein guter Bekannter von uns und von den Indigenen. Er kam, um zum wiederholten Male auf die Folgen der Wasserkraftwerk-Projekte am Xingu aufmerksam zu machen. Er ist der Herausgeber des am 11. August 2005 erschienen Buches *Tenotã-Mõ*, einer Artikelsammlung, durch die Fachleute der verschiedensten Bereiche eine umfassende Debatte über die Wasserkraftwerke im Amazonasgebiet anstoßen wollten. Die Eletrobrás hat nie auf die Anfragen und Kritiken seitens der Wissenschaftler geantwortet. Auch die Arroganz einiger Regierungsorgane ist völlig klar. Wir appellieren an Argumente, sie an die »Macht«, die ostentativ und zynisch demonstriert wird.

Als ich in die Sporthalle kam, war Oswaldo Sevá schon am Ende seines Vortrags angelangt, und der Vertreter der Eletrobrás war an der Reihe, der Ingenieur Paulo Rezende. Mein Eindruck war, dass er keine Zeit gefunden hatte, um sich vorzubereiten. So hatte er sich für eine Powerpoint-Präsentation entschieden, wie die Eletrobrás sie zu benutzen pflegt, wenn Bürgermeister, Stadtratsmitglieder, Geschäftsleute und Unternehmer darum bitten. Auf der Leinwand erschienen Zahlen und Statistiken, die wegen der Helligkeit der Halle fast nicht zu entziffern waren. Die Anwesenden begannen, unruhig zu werden, und sie reagierten, als er Professor Oswaldo Sevá disqualifizierte und behauptete, dieser sei »nicht auf dem Laufenden«. Die Buhrufe wurden immer lauter. Aber sie schienen ihn anzufeuern, und er verlieh seiner Stimme einen provozierenden Ton.

Der Ingenieur erfüllte seine Rolle innerhalb des Unternehmerrituals. Nur ja nicht zugeben, dass das Projekt auch schädliche und nicht wiedergutzumachende Folgen haben könnte. Warum hat er seinen Vortrag nicht in zwei Teile gegliedert? Wenn er gewollt hätte, hätte er zunächst von den Vorteilen und Nutzen sprechen können, die Belo Monte bringen kann. Und dann hätte er mit Ehrlichkeit und Schlichtheit die Nachteile, die Schäden vorstellen können, welche das Wasserkraftwerk zweifellos verursachen wird. Aber nichts davon geschah. Es gab keine Offenheit und Unparteilichkeit. Der Ingenieur vermittelte den Teilnehmern einfach seine Überzeugung: Opposition hin oder her, Belo Monte wird gebaut!

Nach dem Vortrag des Ingenieurs sprach der Vertreter der Bewegung der vom Staudamm Betroffenen. Er begann seine Rede mit der Versicherung, dass die Indios den Xingu verteidigen und schützen würden, und plötzlich erhob sich in der Sporthalle ein fürchterlicher Kriegsschrei. Die Indios standen auf, erhoben Keulen und Macheten und begannen einen Tanz, der sich auf den Ingenieur zubewegte. Sie gestikulierten mit den Macheten und Keulen, um einen Angriff zu simulieren. Von meinem Platz aus konnte ich nicht sehen, dass eine der Macheten den Arm des Ingenieurs traf und ihn verletzte. Als ich näher herankam, sah ich den Schnitt in seinem rechten Arm. Ich bemerkte auch, dass er sich eine ganze Flasche Mineralwasser darübergoss, zweifellos in der Absicht, die Wunde auszuwaschen. Aber das Ergebnis war eine riesige, mit Blut vermischte Wasserlache, welche den theatralischen Eindruck erweckte, dass hier gerade jemand geviertelt worden sei. Das Bild ist unzählige Male in Fernsehreportagen gezeigt worden. Der Ingenieur wurde ins Krankenhaus gebracht, die Wunde mit ein paar Stichen genäht, und er wurde entlassen. Pater Renato Trevisan, der lange Erfahrung mit dem Volk der Kayapó hat und ihre Sprache sehr gut spricht, bat einen der Häuptlinge, die erregten Gemüter auf Kayapó zu beruhigen. Der Häuptling nahm sofort das Mikrofon und sprach zu seinem Volk.

Wir von der Koordination der Veranstaltung, ihre Verantwortlichen, waren zutiefst erschrocken und besorgt und stellten uns vor, welches Echo dieser Unfall in den Medien haben würde. Es war alles so gut gelaufen, ohne Zwischenfälle. Und jetzt?

Ich versichere hier mit aller Überzeugung und allem Nachdruck, dass die Verletzung durch die Machete, die der Ingenieur davontrug, ungewollt und ein Unfall war! Zweifellos beklagenswert, aber absolut kein versuchter Mord – wenn die Indios den Ingenieur hätten umbringen wollen, hätten sie ihn nicht nur am Arm getroffen. Übrigens hat er persönlich in einem Interview des Sonntagabend-Fersehprogramms *Fantástico* bestätigt, dass es ein Unfall war. Er wies die Behauptung eines vorsätzlichen Angriffs entschieden zurück. Es sind die Kräfte, die sich gegen die indigenen Völker zusammengeschlossen haben, denen es ein makabres Vergnügen bereitet, diese absurde Behauptung zu verbreiten.

Die Koordination der Veranstaltung wandte sich sofort an die Öffentlichkeit und kommentierte den bedauerlichen Vorfall. Wir gaben eine Erklärung ab, in der wir ihn bedauerten, und ich wurde von verschiedenen Journalisten aufgesucht und gab mehrere Interviews für mehrere Fernsehsender. Trotzdem entschied sich ein Teil der Journalisten, den Vorfall in den Medien hochzuspielen. Sie machten die Prälatur Xingu, ihren Bischof und die anderen beteiligten Organisationen verantwortlich.

Einen Moment lang dachten wir sogar daran, das Treffen abzubrechen, weil wir meinten, es sei kein Klima zum Weitermachen vorhanden. Aber schließlich entschieden wir uns, nur den Umzug durch die Straßen von Altamira abzusagen und durch eine Kundgebung am Ufer des Xingu zu ersetzen.

Am 23. Mai 2008 gaben sich am Ufer des Xingu erneut die betroffenen Menschen die Hände: Vertreter der indigenen Völker, Leute, die am Xingu und seinen Nebenflüssen leben, Menschen aus der Stadt und vom Land, Vertreter von Bürgerbewegungen. Wieder hielten die Indios Reden und tanzten. Die Frauen gingen zusammen mit ihren Kindern ins Wasser, um zu zeigen, wie sehr sie den Fluss liebten und wie sehr sie von ihm abhingen. Damit endete das Treffen *Xingu – vivo para sempre*, aber nicht der Kampf zum Schutz dieses wunderbaren Flusses und der Völker des Xingu. Das Schlussdokument wurde verlesen, und in ihm betonen die Indios, dass sie »brasilianische Bürger und Bürgerinnen« sind:

Wir wenden uns an die Öffentlichkeit [...], um ihr unseren Entschluss mitzuteilen: den Entschluss, unser Recht und das Recht unserer Kinder und Enkel geltend zu machen, in Würde zu leben, unsere Dörfer und unser Land, unsere Kulturen und Lebensweisen zu bewahren, und damit auch unsere Vorfahren zu ehren, die uns eine intakte Umwelt übergeben haben. Wir werden weder große noch kleine Staudämme am Xingu und seinen Nebenflüssen zulassen, und wir werden weiterhin gegen die Einführung eines Entwicklungsmodells kämpfen, das sozial ungerecht und ökologisch verheerend ist und das sich heute in der zunehmenden rechtswidrigen Aneignung von staatlichem Land zeigt, in der Niederlassung illegaler Holzfirmen, im illegalen Abbau von Bodenschätzen, der unsere Flüsse tötet, in der Ausbreitung der Monokulturen und der Viehzucht im großen Stil, die unsere Wälder abholzen. [...] Wir wollen den Xingu für immer lebendig!

Teil III

Mystik

Der Glaube kommt vom Hören[39]
Den Schrei des Schweigens hören

Vom Feuer des Geistes wieder anstecken lassen

Die Konzilskonstitution *Sacrosanctum Concilium*, das erste Dokument des Zweiten Vatikanischen Konzils, sagt:

> *Das geistliche Leben deckt sich aber nicht schlechthin mit der Teilnahme an der heiligen Liturgie. Der Christ ist zwar berufen, in Gemeinschaft zu beten, doch muss er auch in sein Kämmerlein gehen und den Vater im Verborgenen anbeten (vgl. Mt 6,6), ja ohne Unterlass beten, wie der Apostel mahnt (vgl. 1 Thess 5,17). (Nr. 12)*

Das Apostolische Schreiben *Evangelii Nuntiandi. Über die Evangelisierung in der Welt von heute* von Papst Paul VI. ist immer noch aktuell. Das zeigt das Schlussdokument von Aparecida, welches in seinen abschließenden Betrachtungen den vollständigen Text zitiert, in dem Paul VI. vom »Geist der Evangelisierung« spricht. Diese Worte können die Exerzitien eröffnen, die wir jetzt beginnen:

Lassen wir uns also vom Feuer des Geistes wieder anstecken. Hegen wir die innige und tröstliche Freude der Verkündigung des Evangeliums, selbst wenn wir unter Tränen säen sollten. Es sei für uns – wie für Johannes den Täufer, für Petrus und Paulus, für die anderen Apostel und die vielen, die sich in bewundernswerter Weise im Lauf der Kirchengeschichte für die Evangelisierung eingesetzt haben – ein innerer Antrieb, den niemand und nichts ersticken kann. Es sei die große Freude unseres als Opfer dargebrachten Lebens. Die Welt von heute, die sowohl in Angst wie in Hoffnung auf der Suche ist, möge die Frohbotschaft nicht aus dem Munde trauriger und mutlos gemachter Verkünder hören, die keine Geduld haben und ängstlich sind, sondern von Dienern des Evangeliums, deren Leben voller Glut erstrahlt, die als Erste die Freude Christi in sich aufgenommen haben und die entschlossen sind, ihr Leben einzusetzen, damit das Reich Gottes verkündet und die Kirche in das Herz der Welt eingepflanzt werde. (Schlussdokument von Aparecida, Nr. 552; Evangelii Nuntiandi, Nr. 80)

Die jährlichen Exerzitien sind das Herzstück allen evangelisierenden Handelns und der Pastoralarbeit unserer Ortskirche. In diesen Tagen debattieren wir nicht über Themen und Gegenstände, arbeiten wir nicht in Gruppen, hören wir keine Statements oder Mitteilungen. Diese Tage sind der Zurückgezogenheit gewidmet, dem Gebet, der Kontemplation, der intimen Begegnung mit Gott, dem Schweigen vor Gott.

Fides ex auditu (Röm 10,17)

»Der Glaube kommt vom Hören« – fides ex auditu (Röm 10,17) – »πίστις ἐξ ἀκοῆς«, schreibt der heilige Paulus den Römern. Ich habe keine Ahnung, wie es zu der Übersetzung kommen kann, welche sowohl die brasilianische Ausgabe der Jerusalemer Bibel als auch die von der Brasilianischen Bischofskonferenz herausgegebene Bibel bieten: »Der Glaube kommt von der Predigt.« Nur zwei brasilianische Bibelausgaben, die *Bíblia do Peregrino* und die des Verlages *Vozes*, übersetzen richtig: »Der Glaube geht in das Ohr ein, beim Hören der Botschaft des Messias.« Und: »Der Glaube kommt vom Hören.«

Wir haben uns in die Stille zurückgezogen, um zu hören, was Gott uns sagt, ganz nach der Tradition des Volkes Gottes. Das große Dogma des »Volkes des ersten Bundes« beginnt mit den Worten: »Sch^ema Jisrael, Adonai elohenu Adonai echad!« – »Höre, Israel! Der HERR, unser Gott, ist der einzige HERR.« (Dtn 6,4)[40] Dieses *Sch^ema* ist das erste Gebet, das ein jüdisches Kind lernt, und es ist seit Jahrtausenden Bestandteil des Gottesdienstes der gläubigen Juden. Wie oft waren diese Worte die letzten, welche die Märtyrer des Volkes Israel aussprachen! Es ist nicht ein Gebet im strengen Sinn, sondern das Glaubensbekenntnis, der Ausdruck einer tiefen, unerschütterlichen Überzeugung. Jesus, Maria, Josef, die Apostel, die Jünger – wie oft in ihrem Leben haben sie diese Worte wiederholt: »Sch^ema Jisrael ...!«

Wenn Paulus ganz unmissverständlich schreibt: »πίστις ἐξ ἀκοῆς«, so denkt ein Mann wie er, ein Jude, »zu Füßen Gamaliels genau nach dem Gesetz der Väter ausgebildet« (Apg 22,3), ein »Pharisäer und ein Sohn von Pharisäern« (Apg 23,6), ohne jeden Zweifel an dieses prägnante *Sch^ema Jisrael*, das er seit seiner Kindheit wieder und wieder gesprochen hat.

»Hören« oder »nicht hören« durchziehen das ganze Gesetz und die Propheten. »Hören« oder »nicht hören« durchziehen den Weg des Gottesvolkes im Alten Testament. Die Propheten beharren immer wieder darauf, dass das Volk die Stimme Gottes hören soll, und beklagen im Namen Gottes, dass dieses Volk nicht hört.

»Ach, würdet ihr doch heute auf seine Stimme hören! ›Verhärtet euer Herz nicht ...‹« (Ps 95,8) – das ist der Psalm, den wir jeden Tag als Invitatorium des Stundengebetes beten. Wer sein Herz verschließt, hört auf zu hören. Zum Abschluss des deuteronomischen Gesetzes spricht Mose zum Volk:

Heute, an diesem Tag, verpflichtet dich der Herr, dein Gott, diese Gesetze und die Rechtsvorschriften zu halten. Du sollst auf sie achten und sie halten mit ganzem Herzen und mit ganzer Seele. Heute hast du der Erklärung des Herrn zugestimmt. Er hat dir erklärt: Er will dein Gott werden, und du sollst auf seinen Wegen gehen, auf seine Gesetze, Gebote und Rechtsvorschriften achten und auf seine Stimme hören. (Dtn 26,16–17)

Der Bund Gottes mit seinem Volk erfordert es, dass das Volk ständig die Stimme des Herrn hört.

Eli, der Priester des Herrn in Schilo, rät dem jungen Samuel, was er tun soll, wenn er nachts eine Stimme hört, die ihn beim Namen ruft:»Wenn jemand dich ruft, so antworte: ›Rede, Herr; denn dein Diener hört!‹.« (1 Sam 3,9)»Rede, Herr«: Samuel gibt Gott die Ehre. Gott ist es, der sprechen soll! »Dein Diener hört«: hören, zuhören, lauschen! Dieses Verb kennt Samuel schon gut. Schon als ganz kleiner Junge hat er sich das»Sch^ema Jisrael« (Dtn 6,4) zu eigen gemacht.

Auch Salomo antwortet auf die Einladung Gottes, als der Herr ihm in Gibeon im Traum erscheint und sagt:»Sprich eine Bitte aus, die ich dir gewähren soll« (1 Kön 3,5):»Verleih daher deinem Knecht ein hörendes Herz, damit er dein Volk zu regieren und das Gute vom Bösen zu unterscheiden versteht.« (1 Kön 3,9)

»Hören« bedeutet in der Bibel viel mehr als das Phänomen, dass Schallwellen unser Trommelfell erreichen.»Hören« geht in der Bibel weit über die reine Sinneswahrnehmung hinaus. In der Bibel bedeutet»hören« außer »folgen« und»verstehen« auch»gehorchen«. Vor allem im Imperativ, als Befehl (sch^ema), bedeutet es, das Wort Gottes, sein Gesetz, seine Forderungen »hörend anzunehmen«.

In seiner unsterblichen Fabel *Der Kleine Prinz* lässt Antoine de Saint-Exupéry den Fuchs den Knaben mit den goldblonden Haaren das Geheimnis der Liebe lehren:»Man sieht nur mit dem Herzen gut. Das Wesentliche ist für die Augen unsichtbar.« Mit gleichem Recht können wir sagen:»Man hört nur mit dem Herzen gut«, um zu übersetzen, was in der Bibel»hören« bedeutet. Das Wort Gottes muss ins Herz, nach biblischer Vorstellung sogar bis in die»Eingeweide« hinabfallen, um uns zu verwandeln. Nur so werden wir fähig,»es zu tun« (Mt 7,24; Lk 8,21), wie Jesus es fordert.

Eine interessante, der biblischen Vorstellung nicht so ferne Parallele findet sich bei den Kayapó. Für sie hat»hören« mit der Leber zu tun. Die Mitte des Hörens ist die Leber. Nur ein Wort, das bis zur Leber vorgedrungen ist, ist ein gut gehörtes Wort.»Taub« ist ein Mensch, dessen Kanal (*kre*) zur Leber (*ma*) versperrt und verstopft ist. Die Ohren der Neugeborenen, sowohl der Jungen als auch der Mädchen, werden durchstochen, damit sie noch besser hören können. Die Kayapó würden also sagen:»Man hört nur mit der Leber gut!«[41]

Wir wissen, dass die Leber wie eine Art Filter im menschlichen Körper wirkt. Die fremden Substanzen, die in den Blutkreislauf geraten, laufen durch sie hindurch und werden in ihr gereinigt. Die Weltsicht der Kayapó ist nicht so weit entfernt von Ignatius von Loyola, der in seinen *Geistlichen Übungen* die Unterscheidung der Geister empfiehlt, eine Art Reinigung, eine Trennung der guten und bösen Geister.[42]

Hören ist der Weg, der zum Glauben und zum Heil führt. Das Reich Gottes kommt zu uns durch das Ohr, das Gehör, das Gehörte. So ist die Predigt das»Wort des Gehörten«. Nur das, was man zunächst gehört hat, kann zu einem Wort werden. Nach dem Wahlspruch des Predigerordens (der Dominikaner), der vom heiligen Thomas inspiriert ist[43], soll man in der Predigt»contemplata aliis tradere« – »das in der Kontemplation Erfahrene weitergeben«. In diesem Sinne könnten wir auch sagen, dass eine Predigt nur dann einen Wert hat, wenn sie sich bemüht, audita aliis tradere (das Gehörte weiterzugeben). Zuerst muss man die Ohren spitzen, sich auf Gott einstimmen, Gott erfahren durch das Hören und die Kontemplation. Ohne diese persönliche Erfahrung, ohne diese Gottesbegegnung, welche die Wurzel aller Spiritualität ist, ist unsere Predigt nicht mehr als eine rhetorische Übung, die belletristisch sein mag, aber steril bleibt.

Darum danken wir Gott unablässig dafür, dass ihr das Wort Gottes, das ihr durch unsere Verkündigung empfangen habt, nicht als Menschenwort, sondern – was es in Wahrheit ist – als Gottes Wort angenommen habt; und jetzt ist es in euch, den Gläubigen, wirksam. (1 Thess 2,13)

Die Stille hören

Die unverzichtbare Bedingung, um die Stimme Gottes zu hören, um sein Wort zu hören, ist die Stille, das Schweigen. Wir leben in einer so lärmenden Welt! So viele Geräusche, so viele Klangreize, so viele verschiedene Lärmformen strömen ununterbrochen auf uns ein, Tag und Nacht! Unser Leben versinkt in Lärm und Geschrei, in schrillen und Stress produzierenden Geräuschen, die Neurosen und Psychosen auslösen, Schlaflosigkeit, Zittern, Mutlosigkeit und Depressionen verursachen. Grelle, hämmernde Töne, mit Schlägen vermischt, in schnellem Rhythmus, elektronisch produziert, wahrhafte Keulenschläge für die Seele eines jeden Menschen, die sogar die Hunde verjagen oder verzweifelt jaulen lassen, weil die Dezibels weit über dem liegen, war ihr Ohr aushält.

Ab und zu dieser verrückten Welt zu entfliehen ist eine Frage des Lebens, des körperlichen Überlebens und vor allem des geistlichen Überlebens. Vielleicht ist das eines der Privilegien, die wir in Amazonien noch genießen, zumindest bei unseren Pastoralreisen ins Landesinnere. Es ist eine ganz besondere Gnade, eine Nacht in einem Boot zu schlafen, das an einem Baum am Ufer irgendeines Sees, Sumpfes, Baches oder Flusses des Amazonasgebiets vertäut ist (aber nur, wenn keine Stechmücken kommen!), weit weg von jeder menschlichen Behausung, ohne elektrisches Licht, ohne die schrillen Töne von Lautsprechern, und nur das Konzert der Kröten und Frösche zu hören und die Schreie der Nachtvögel, die niemals die Stille verletzten. Die Sterne über uns sind zum Greifen nah, oder sie glitzern im Wasser wie stille, hüpfende Funken. Welch tiefe, herrliche, göttliche Stille!

Wer schon einmal immer tiefer in den Urwald eingedrungen ist, immer weiter weg von den Geräuschen einer Ansiedlung, der weiß, dass man plötzlich nur noch die Vögel hört, ein Orchester aus Tausenden von Flöten, und das Zirpen der Grillen! Der Wind wiegt sanft die vollen Wipfel der jahrhundertealten Bäume. Alles liegt im Halbschatten. Wenn man aufblickt, sieht man die Sonne nicht, aber ihre Strahlen spielen mit den Blättern der höheren Äste. Mittags, wenn sie im Zenit steht, dringen ein paar mutigere Strahlen bis zum feuchten Dschungelboden vor. Er verströmt den starken Duft der abgefallenen Blätter, die schon ihr Grün verloren haben. Niemand spricht! Man hört nur das Atmen des Urwaldes und den Gesang oder Schrei der kleinen und großen Vögel.

Aber die Stille ist nicht nur in Amazonien zu finden. Wer schon einmal an einem Wochentag ohne Touristen, Pilger und Wallfahrer die *Serra da Piedade* hinaufgestiegen ist, zum Heiligtum Unserer Lieben Frau des Erbarmens, der Schutzpatronin des Bundesstaates Minas Gerais, wird mir zustimmen. Wen verzaubert nicht die Stille, die auf dem Gipfel dieses Berges herrscht? Man hört keine menschliche Stimme. Man hört die Stille! Wie herrlich! Jeder künstliche Laut wäre ein Affront gegen die Schöpfung Gottes, wäre eine Entweihung! Die Statue Unserer Lieben Frau des Erbarmens, in die ihr Schöpfer Aleijadinho seine Seele eingeschnitzt hat, lädt zum Gebet ein. Die Mutter, eingehüllt in die Stille, mit dem toten Sohn im Schoß. Vor dem extremen Leid verstummt die Welt! Nur in der Stille können wir in die Intimität mit Gott eintreten. Die Stille ist das Tor zum Himmel. Jesus pflegte im Schweigen der Nacht auf einen Berg zu steigen, um zu beten. In der Stille hörte er seinen Vater und sprach zu ihm. Die Evangelisten, vor allem Lukas, erzählen von dieser Gewohnheit Jesu, die Einsamkeit zu suchen, um zu beten.»In aller Frühe, als es noch dunkel war, stand er auf und ging an einen einsamen Ort, um zu beten.« (Mk 1,35)

Nach der ersten Brotvermehrung verabschiedete Jesus die Volksmenge und »stieg auf einen Berg, um in der Einsamkeit zu beten« (Mt 14,23).

Vor der Wahl der Zwölf »ging er auf einen Berg, um zu beten. Und er verbrachte die ganze Nacht im Gebet zu Gott. Als es Tag wurde, rief er seine Jünger zu sich und wählte aus ihnen zwölf aus; sie nannte er auch Apostel.« (Lk 6,12–13)

Die Wurzel aller Spiritualität ist die Erfahrung Gottes in der Stille, die persönliche Begegnung mit dem Herrn, die unser Leben verändert. Paulus kommt immer auf diesen entscheidenden Moment zurück. Ihm ist es wichtig klarzumachen:»Das Evangelium, das ich verkündigt habe, stammt nicht von Menschen; ich habe es ja nicht von einem Menschen übernommen oder gelernt, sondern durch die Offenbarung Jesu Christi empfangen.« (Gal 1,11–12)

Die Mystik, die ihre Wurzeln in der Erfahrung der Propheten des Alten Testaments hat, lebt in dieser Dimension, Gott zu »hören«. Auf dem Berg Horeb hört Elija die Stimme Gottes:»Was willst du hier, Elija?« Er antwortet:»Mit leidenschaftlichem Eifer bin ich für den Herrn, den Gott der Heere, eingetreten ...« Da zog Jahwe vorüber. Doch er war nicht im Sturm, nicht im Erdbeben und nicht im Feuer.»Nach dem Feuer kam ein sanftes, leises Säuseln. Als Elija es hörte, hüllte er sein Gesicht in den Mantel, trat hinaus und stellte sich an den Eingang der Höhle.« (vgl. 1 Kön 19,9–14)

Erst nach dem Säuseln tritt Elija vor die Höhle und verhüllt sein Angesicht: Man kann Gott in den Naturphänomenen erahnen, aber wie Mose kann Elija Gott nur von hinten sehen: eine Gotteserfahrung, aber kein Gotteserfassen! Die Andersartigkeit Gottes wird gewahrt – wie bei Mose auch. Dennoch ist gerade die Stille eine Voraussetzung der Gotteserfahrung und zur Grundlage aller christlichen Mystiker und Mystikerinnen über die Jahrhunderte hinweg bis in unsere Zeit geworden. Sie sind immer große »Hörer« und »Hörerinnen« Gottes, leben in seiner Nähe und aus einem innigen Verhältnis zu ihm, haben eine lebendige Gotteserfahrung, sind ständig auf Gott ausgerichtet und tauchen in das Absolute ein, in die unendliche und verzehrende Liebe Gottes. Sie wiederholen in ihrem Leben das Wort des jungen Samuel (vgl.1 Sam 3,9): Rede, Herr; dein Diener, deine Dienerin hört.

Unser Ohr ist offen für die Stimme Gottes. Er spricht zu unserem Herzen, und durch seinen Geist lehrt er uns die ganze Wahrheit. Aber das christliche Leben würde verkümmern, wenn es sich nur in die Verborgenheit des Kämmerchens zurückziehen würde und auf die Intimität des Gebetes zum Vater, »der im Verborgenen ist« (vgl. Mt 6,6), wenn es immer auf dem Gipfel des Berges bleiben wollte. Nach der Erfahrung auf dem Berg Tabor (Mt 17,1–8) kommt der Abstieg in die Niederung und die Leidensansage (Mt 17,12.22–23). Paulus wurde »ins Paradies entrückt und hörte unsagbare Worte, die ein Mensch nicht aussprechen kann« (2 Kor 12,4), aber die Ehre und Herrlichkeit beruhen nicht auf diesem Privileg. Er rühmt sich seiner Schwächen (2 Kor 12,5) und vertraut auf den Herrn, der ihm versichert: »Meine Gnade genügt dir; denn sie erweist ihre Kraft in der Schwachheit.« (2 Kor 12,9)

Gott spricht zu uns auf dem Berg und in der Ebene, im Leid und in der Traurigkeit, in der Verfolgung und den offenen und verhüllten Drohungen, in der »dunklen Nacht der Seele« (Johannes vom Kreuz), die schreit: »Mein Gott, mein Gott, warum hast du mich verlassen?« (Ps 22,2; Mt 27,46; Mk 15,34), in der entsetzlichen Einsamkeit eines Wirbelsturms, der sich über uns schließt, vor einer Mauer, die unseren Weg versperrt und unüberwindlich erscheint. Plötzlich ist alles Finsternis, ohne Horizont. Und dann noch das lähmende Gefühl, für den »Abschaum der Welt, den Auswurf des Universums« (1 Kor 4,13) gehalten zu werden! Ein teuflischer Hass, wie von dem »Tier, das aus dem Abgrund heraufsteigt« (Offb 11,7), wütet gegen uns. Ein Nervenkrieg trifft uns mit voller Wucht und verursacht uns Albträume. Die Ungerechtigkeit scheint zu triumphieren! »Mein Gott, wo bist du?« So viele Fragen ohne Antwort!

Und dennoch besteht Paulus darauf, dass unsere Antwort inmitten der Verfolgungen, Leiden und Verleumdungen sich immer an der »Liebe« orientieren muss: »Wir werden beschimpft und segnen; wir werden verfolgt und halten stand; wir werden geschmäht und trösten.« (1 Kor 4,12–13) In den Stunden der Finsternis ist es nur das Gebet, das uns stützt und durchhalten lässt. Zum Beispiel der Psalm 31, den Jesus am Kreuz gebetet hat (vgl. Lk 23,46):

Herr, ich suche Zuflucht bei dir. Lass mich doch niemals scheitern; rette mich in deiner Gerechtigkeit! Wende dein Ohr mir zu, erlöse mich bald! Sei mir ein schützender Fels, eine feste Burg, die mich rettet. Denn du bist mein Fels und meine Burg; um deines Namens willen wirst du mich führen und leiten. Du wirst mich befreien aus dem Netz, das sie mir heimlich legten; denn du bist meine Zuflucht. In deine Hände lege ich voll Vertrauen meinen Geist; du hast mich erlöst, Herr, du treuer Gott. [...] Ich aber, Herr, ich vertraue dir, ich sage: ›Du bist mein Gott‹. In deiner Hand liegt mein Geschick; entreiß mich der Hand meiner Feinde und Verfolger!
(Ps 31,2-6; 15–17)

Der Schrei des Schweigens

Es gibt aber noch eine andere Dimension des »Hörens«, in der Gott uns nicht weniger intensiv ruft. Sie kann sogar zu einem herausfordernden, stürmischen, verpflichtenden Schrei werden.

Gott erscheint Mose im brennenden Dornbusch und ruft ihn: »Mose, Mose!« Dieser antwortet: »Hier bin ich!« Gott befiehlt ihm, die Sandalen abzulegen, weil der Ort »heiliger Boden« ist, und dann offenbart er sich: »Ich bin der Gott deiner Väter ...« Und Mose verhüllt sein Gesicht (vgl. Ex 3,1–6). Mose »hört« die Stimme Gottes, der ihn beim Namen ruft. Aber dieser Gott, den Mose hört, offenbart sich auch als ein Gott, der selber sieht und hört. »Ich habe das Elend meines Volkes in Ägypten gesehen! Ich habe ihren Schrei wegen ihrer Unterdrücker gehört. Ich kenne ihr Leid!« (Ex 3,7) Bevor er im Steinhagel stirbt, erinnert der Erzmärtyrer Stephanus genau an diese Worte (vgl. Apg 7,34). Und wen überkommt nicht ein Schaudern bei den Worten, die Gott an Kain richtet, der gerade seinen eigenen Bruder getötet hat: »Ich höre das Blut deines Bruders vom Ackerboden zu mir schreien!« (Gen 4,10)

Das Blut schreit immer noch zu Gott, aus Amazonien und aus allen Ecken und Enden Brasiliens. Gewalt erzeugt Gewalt, ein Tod wird durch einen anderen Tod gerächt, vergossenes Blut erzeugt Ströme von vergossenem Blut. Über die Fälle von »getöteten Toden« (»mortes matadas« – brasilianischer Ausdruck für Mordopfer) gibt es keine verlässlichen Statistiken. Ermittlungen werden nur dann aufgenommen, wenn es sich um bekanntere Menschen handelt und wenn eine formelle Anzeige erstattet wird.

Aber Hunderte von Männern und Frauen haben ihr Leben auf gewaltsame Weise verloren, ohne dass es zu einer Ermittlung, zu einer Verfolgung des Verbrechens gekommen wäre. Diese Männer und Frauen werden als »Mittellose« begraben. In Amazonien gibt es viele Friedhöfe mit zahllosen Kreuzen ohne Namen, und es gibt heimliche Friedhöfe ohne Kreuze, wo der Urwald über die Gräber wächst und das vergossene Blut verbirgt.

Der Gott der Bibel ist anders. Er hört den Schrei und reagiert. Er steigt herab, um das Volk aus der Hand der Ägypter zu befreien (vgl. Ex 3,8). Aber Kain wird »verbannt vom Ackerboden, der seinen Mund aufgesperrt hat, um das Blut des Bruders zu verschlucken« (vgl. Gen 4,11). So ist für alle Christen und Christinnen der Imperativ sozusagen die Kehrseite aller christlichen Mystik, den Nächsten zu »hören«, aufzuhorchen, das Ohr dem Schrei des Volkes zuzuwenden, sich vor dem Schmerzensschrei der Menschheit nicht die Ohren zu verstopfen.

Auch das Hören in dieser Perspektive ist kein passives Zuhören, sondern ein Hören im biblischen Sinn: den Schrei »hörend annehmen« als eine Herausforderung, als Aufruf und Berufung, als Forderung, sich einer Sache anzunehmen, zu einem Volk zu gehen, das klagt, das im extremen Elend lebt, unterdrückt wird und von seinem Land vertrieben wurde, ein Volk, das ausgebeutet wird, in seiner Würde angegriffen und in seinen elementarsten Lebensrechten missachtet.

So wie Gott »herabsteigt«, um das Volk Israel aus dem Sklavenhaus zu befreien, muss die Kirche, der Bischof, jeder Christ und jede Christin »herabsteigen« und sich solidarisieren.

Wir hören Gottes Stimme in unserem Herzen, und von diesem inneren Hören her wenden wir unser Herz dem Nächsten zu: dem Armen, dem Hungernden, dem Obdachlosen, dem Landlosen, dem hilflosen Kind und dem Kind, das sich schon sofort nach der Geburt vom Tod bedroht sieht, dem Jugendlichen, der ohne Zukunftsperspektive im Sumpf der Drogen und der Kriminalität landet, den Familien in der Krise, ohne Unterstützung, den verlassenen und sich selbst überlassenen Alten, den Menschen, die aus Gender- und aus Rassengründen diskriminiert werden. Wir hören den Schrei der indigenen Völker dieses Landes, die immer wieder in ihrem Überleben bedroht sind, krank, verachtet und misshandelt. Sie werden in kleinen Landparzellen zusammengepfercht, was sie aus Verzweiflung in den Selbstmord treibt. Wir hören den Schrei all dieser Gedemütigten, zu denen Gott uns unaufhörlich sendet, damit wir sie zärtlich umarmen, in einer uneingeschränkten, tiefen und liebevollen Solidarität. Wir hören den stummen Schrei der Schöpfung unseres Gottes, des Hauses, das er uns, aber auch den kommenden Generationen anvertraut hat. »Er hat sie uns anvertraut, damit wir sie bewahren und sie zur Quelle würdigen Lebens für alle machen. [...] ›Unsere Schwester, Mutter Erde‹ ist unser gemeinsames Haus und der Ort, an dem Gott seinen Bund mit den Menschen und mit der ganzen Schöpfung geschlossen hat [...]« (Aparecida, Nr. 125)

»Die Solidarität hilft uns, den ›anderen‹ – Person, Volk oder Nation – [...] als ein uns ›gleiches‹ Wesen zu sehen, [...] als einen ›Mitmenschen‹ also [...], der genauso wie wir am Festmahl des Lebens teilnehmen soll, zu dem alle Menschen von Gott in gleicher Weise eingeladen sind«, sagt Johannes Paul II. in seiner Enzyklika *Sollicitudo Rei Socialis* (Nr. 39). Und Papst Benedikt XVI. betont in seiner ersten Enzyklika *Deus Caritas Est* (Nr. 29): »Von der Übung der Liebestätigkeit als gemeinschaftlich geordnetem Handeln der Gläubigen kann die Kirche nie dispensiert werden«, sie ist »eine ihr ureigenste Aufgabe [...], die ihrem Wesen entspricht«. Niemals dürfen wir uns die Ohren vor dem Schrei des Nächsten verstopfen. Gott selbst spricht zu uns im Schrei der Unterdrückten.

Wir hören die Stimme Gottes, der uns ruft und uns sendet »wie Schafe mitten unter die Wölfe« (Mt 10,16; Lk 10,3), wie Boten einer anderen Welt, die auf dem Evangelium aufgebaut ist, wie Verkündiger des Reiches Gottes, dem »Reich der Wahrheit und des Lebens, Reich der Heiligkeit und der Gnade, Reich der Gerechtigkeit, der Liebe und des Friedens« (Präfation des Christkönigfestes).

Wer aus Gott ist, hört die Worte Gottes.
(Joh 8,47)

Wer aus der Wahrheit ist, hört auf meine Stimme.
(Joh 18,37)

Wer Ohren hat, der höre, was der Geist den Gemeinden sagt.
(Offb 2,7.11.17.29; 3.6.13.22)

Diener Christi Jesu[44]
Berufen zum Apostel des Evangeliums Gottes

2008/2009 feierten wir ein Paulusjahr. Es gibt wohl keinen Vers, der den Heidenapostel besser charakterisiert als Röm 1,1: »Paulus, Diener Christi Jesu, berufen zum Apostel, ausgesondert, das Evangelium Gottes zu verkündigen.«

Der Apostel beginnt seinen Brief an die Römer, indem er seine Identität enthüllt, und er ist überzeugt, dass Gott ihn aus Gnade berufen hat (Gal 1,13). Wir wollen unsere Meditation an dieser Selbstvorstellung des Apostels vor der römischen Gemeinde orientieren, in drei Teilen:

Paulus,
   1. Diener Jesu Christi,
   2. berufen zum Apostel,
   3. ausgesondert, das Evangelium Gottes zu verkündigen.

Diener Christi Jesu – δοῦλος Χριστοῦ Ἰησοῦ

Paulus stellt sich den Römern nicht vor als ein Gesetzeslehrer, als ein Magister in biblischer Theologie oder ein Schriftgelehrter, der »in die Tiefen der Sinnsprüche eindringt« (vgl. Koh 39,2), noch nicht einmal als ein »Prophet, der im Auftrag Gottes redet« (vgl. 2 Petr 1,21). Paulus verzichtet auf akademische Titel. Der Titel, mit dem er sich vorstellt, ist zumindest ungewohnt für jemanden, der Überbringer einer Frohen Botschaft sein will. Er versteht sich ganz einfach als »Diener«. Er stellt sich auf gleiche Weise den Philippern vor, zusammen mit Timotheus (Phil 1,1), um der Gemeinde zu sagen, dass er nicht im eigenen Namen spricht oder schreibt,[45] sondern im Namen Jesu Christi, dem er dient.

Der griechische Ausdruck »δοῦλος Χριστοῦ Ἰησοῦ« bedeutet vor allem »Sklave« (die Einheitsübersetzung sagt »Knecht«). Ein Sklave ist jemand, der oder die ausschließlich von seinem oder ihrem Herrn abhängt, ihm untergeben ist, was immer auch kommen mag, treu die erhaltenen Befehle erfüllt und weder deren Motive noch deren Gründe hinterfragt.

Seit seiner Damaskuserfahrung ist Christus für Paulus der absolute Herr; es ist Christus, der ihn orientiert, leitet, antreibt, begeistert. Paulus begibt sich in die völlige Abhängigkeit vom Herrn: »Ich sehe alles als Verlust an, weil die Erkenntnis Christi, meines Herrn, alles übertrifft. Seinetwegen habe ich alles aufgegeben und halte es für Unrat, um Christus zu gewinnen und in ihm zu sein.« (Phil 3,8–9) Paulus ist ein Werkzeug in der Hand des Herrn, sein uneingeschränktes Eigentum. Er stellt sich ohne jeden Vorbehalt in den Dienst des Herrn und begründet dies so: »Wollte ich noch den Menschen gefallen, dann wäre ich kein Diener Christi.« (Gal 1,10)

Worauf es ankommt, ist, dem Herrn »zu gefallen« und dem Auftrag, der Mission, bis ans Ende treu zu bleiben. Dazu gehört auch, alle möglichen Leiden um des Herrn willen zu akzeptieren (vgl. Apg 9,16). Paulus geht so weit auszurufen:

Jetzt freue ich mich in den Leiden, die ich für euch ertrage. Für den Leib Christi, die Kirche, ergänze ich in meinem irdischen Leben das, was an den Leiden Christi noch fehlt. Ich diene der Kirche durch das Amt, das Gott mir übertragen hat, damit ich euch das Wort Gottes in seiner Fülle verkündige. (Kol 1,24–25)

Das Leiden bringt Paulus auf immer intensivere Weise dem Herrn näher, bis er schließlich ausruft: »Ich bin mit Christus gekreuzigt worden« (Gal 2,19), oder, an die Korinther gewandt: »Ich hatte mich entschlossen, bei euch nichts zu wissen außer Jesus Christus, und zwar als Gekreuzigten.« (1 Kor 2,2)

Der Knecht gehört dem Herrn. An die Römer schreibt Paulus, dass diese Zugehörigkeit nicht einmal mit dem Tod endet, dass sie alle vorstellbaren Dimensionen übersteigt: »Keiner von uns lebt sich selber, und keiner stirbt sich selber: Leben wir, so leben wir dem Herrn. Ob wir leben oder ob wir sterben, wir gehören dem Herrn.« (Röm 14,7–8) Was das Gesetz und die Propheten betrifft, ist Paulus ein Fachmann, er wurde »zu Füßen Gamaliels genau nach dem Gesetz der Väter ausgebildet« (Apg 22,3). So hat bei ihm der Begriff »Sklave/Knecht/Diener« stark biblische Konnotationen. Er sprach fließend Griechisch (Apg 21,37), aber seine Muttersprache ist das Hebräische (Apg 22,1). Wenn er das griechische Wort »δοῦλος« benutzt, denkt er an »ebed«, und »δοῦλος Χριστοῦ Ἰησοῦ« verweist ihn an den »ebed JHWH«, den Gottesknecht des Gesetzes und der Propheten. In Wahrheit bezeichnen sich alle rechtgläubigen Israeliten mit diesem Namen, der einerseits die demütige Unterwerfung unter Adonai bedeutet, aber andererseits durchaus auch ein Ehrentitel ist. Die Erzväter nennen sich so. Und das Wort »ebed JHWH« vergegenwärtigt die gesamte Theologie des »leidenden Gottesknechtes«, deren Grundlage die ergreifenden »Gottesknechtslieder« sind (Jes 42,1–9; 49,1–6; 50,4–11; 52,13–53,12).

Zwei Dimensionen charakterisieren den »Knecht«: die uneingeschränkte Unterwerfung – »Er wurde misshandelt und niedergedrückt, aber er tat seinen Mund nicht auf. Wie ein Lamm, das man zum Schlachten führt, und wie ein Schaf angesichts seiner Scherer, so tat auch er seinen Mund nicht auf.« (Jes 53,7) – und gleichzeitig das absolute, unerschütterliche, unauslöschliche Vertrauen auf Gott: »Er, der mich freispricht, ist nahe. Wer wagt es, mit mir zu streiten? [...] Seht her, Gott, der Herr, wird mir helfen.« (Jes 50,8–9) Das Leiden ist nicht zu entfernen, nicht zu trennen von der »Mission«, die der Knecht verwirklicht. Er ist Knecht aus Berufung. Er verschwindet nicht von der Bildfläche, wenn Widrigkeiten ihn herausfordern.

Seit dem Märtyrertod des Herrn, des »Gottesknechtes« *par excellence*, sind Verfolgung und Tod der Diener und Dienerinnen Christi Jesu bis heute nicht aus der Kirche verschwunden. Ohne jeden Zweifel ist das vergossene Blut des Stephanus, »der den Himmel offen und den Menschensohn zur Rechten Gottes stehen« sah (Apg 7,56), der Same für die Bekehrung des Saulus (Apg 7,58).

Es hatte ihn zutiefst beeindruckt, dass der junge Stephanus lieber durch Steinigung starb, als seinen Glauben an Jesus Christus zu verleugnen. Die letzten Worte des Märtyrers – »Herr Jesus, nimm meinen Geist auf!« – ließen ihm keine Ruhe mehr. Die Damaskuserfahrung war der Abschluss einer Bekehrung, die im Herzen und im Verstand des Saulus geschah und ihn zu Paulus machte. Nie verlässt er den »Weg«[46], und für den Namen des Herrn nimmt er alle möglichen Leiden auf sich (vgl. Apg 9,16; 2 Kor 11,23–28), denn das Evangelium Gottes zu verkünden ist die Leidenschaft seines Lebens. Die Gnade Gottes genügt ihm (vgl. 2 Kor 12,9).

Das Leiden des »Dieners Christi Jesu« ist vorgesehen, programmiert, unvermeidlich, es ist Teil der Mission. Ananias, der Jünger in Damaskus, der Saulus auf der Geraden Straße aufsuchte, war vom Herrn selbst über den informiert worden, der »vorher die Kirche Gottes verfolgte und zu vernichten suchte« (Gal 1,13) und der nun von seiner Hand die Taufe empfangen sollte: »Ich selbst werde ihm zeigen, wie viel er für meinen Namen leiden muss.« (Apg 9,16) Das Leiden ist nicht etwas Zufälliges, Unbeabsichtigtes, Unvorhergesehenes, Beiläufiges. Das Leiden ist wesentlicher Bestandteil der Mission. Die Kirchenväter haben diese Dimension des »Gottesknechtes« niemals ausgeschlossen. Im Gegenteil, sie haben gejubelt, wenn sie spürten, dass sie auserwählt waren, dem Beispiel des Herrn Jesus Christus bis zur letzten Selbsthingabe zu folgen. Der heilige Ignatius von Antiochien sagt: »Ich bin Gottes Weizenkorn«, und bittet seine Brüder und Schwestern im Glauben: »Gönnet mir, ein Nachahmer zu sein des Leidens meines Gottes. Wenn ihn jemand in seinem Herzen hat, wird er verstehen, was ich will [...]« (Ignatius von Antiochien, Brief an die Römer, Kap. 4)

Paulus erklärt, dass »Knecht sein« bis ins Innerste geht, bis in den Personkern, bis in die Tiefen der Seele. Der Dienst der »Knechte Christi« geht bis zum Äußersten: »Tut von Herzen den Willen Gottes!«, wörtlich: »Setzt eure Seele daran, den Willen Gottes zu tun.« (Eph 6,6)

»Diener Christi Jesu sein« bedeutet für Paulus tiefe Liebe und unwiderrufliche Treue.

Wer den Ruf Gottes hört, annimmt und ihm antwortet, verzichtet auf seine »Autonomie«, aber verliert nicht seine Identität. Im Gegenteil, solch ein Mensch findet seine wahre Identität. Paulus fasst seine Erfahrung im Galaterbrief so zusammen: »Nicht mehr ich lebe, sondern Christus lebt in mir. Soweit ich aber jetzt noch in dieser Welt lebe, lebe ich im Glauben an den Sohn Gottes, der mich geliebt und sich für mich hingegeben hat.« (Gal 2,20) Und dann im Philipperbrief: »Doch was mir damals ein Gewinn war, das habe ich aus Liebe zu Christus als Verlust erkannt.« (Phil 3,7)

Im Johannesevangelium sagt Jesus selbst:

Ich nenne euch nicht mehr Knechte; denn der Knecht weiß nicht, was sein Herr tut. Vielmehr habe ich euch Freunde genannt; denn ich habe euch alles mitgeteilt, was ich von meinem Vater gehört habe. Nicht ihr habt mich erwählt, sondern ich habe euch erwählt und dazu bestimmt, dass ihr euch aufmacht und Frucht bringt und dass eure Frucht bleibt. (Joh 15,15–16)

Der Knecht wird zum Freund durch die Gnade Gottes, weil der Herr es so will. Von nun an gilt:

Weder Tod noch Leben, weder Engel noch Mächte, weder Gegenwärtiges noch Zukünftiges, weder Gewalten der Höhe oder Tiefe noch irgendeine andere Kreatur können uns scheiden von der Liebe Gottes, die in Christus Jesus ist, unserem Herrn. (Röm 8,38–39)

Berufen zum Apostel – κλητὸς ἀπόστολος

Der heilige Hieronymus übersetzt »κλητὸς ἀπόστολος« mit: »vocatus apostolus«. Paulus ist Apostel aus Berufung, er hat diesen konkreten Ruf empfangen. Die Berufung darf nicht mit der Wahl eines Berufes verwechselt werden. Wenn wir sagen, dass jemand »aus Berufung« Arzt ist, dann meinen wir, dass er oder sie in diesem Beruf nicht nur kompetent ist, sondern ihn gern ausübt und darin aufgeht. So sagt man auch, dass jemand ein »geborener« Arzt, Lehrer, Ingenieur oder Krankenpfleger ist. Das bezieht sich auf eine tatsächliche Neigung, ein natürliches Charisma für diesen Dienst am Nächsten und an der Gesellschaft.

Die »geistliche« Berufung passt nicht in dieses Schema der Berufsausübung. Sie ist ihrem Wesen nach davon unterschieden. Die geistliche Berufung gründet nicht auf natürlichen Begabungen, und es gibt keine bestimmte Kategorie, Klasse oder exklusive Schicht, die jemanden dazu prädestiniert, zu diesem Lebensstand berufen zu werden und ihn zu wählen. Mit anderen Worten: Es sind nicht psychologische, anthropologische oder soziologische Eigenschaften, die erklären, warum jemand diesen Weg eingeschlagen hat. Niemals!

Berufung setzt voraus, dass jemand ruft und jemand anderes diesen Ruf hört und akzeptiert. Die Berufung ist immer eine Entscheidung, eine Initiative Gottes. Jesus ruft zu sich, wen er will: »Jesus stieg auf einen Berg und rief die zu sich, die er erwählt hatte, und sie kamen zu ihm. Und er setzte zwölf ein, die er bei sich haben und die er dann aussenden wollte, damit sie predigten und mit seiner Vollmacht Dämonen austrieben.« (Mk 3,13–15)

Jesus ruft diese Menschen, damit sie bei ihm bleiben, aber gleichzeitig auch, um sie auszusenden. Bei ihm zu bleiben befähigt und qualifiziert – ich empfange

[...] einen Auftrag, der auf meine Schultern gelegt wird, und über den ich genau Rechenschaft ablegen muss [...]. Was ich für euch bin, ängstigt mich; was ich mit euch bin, tröstet mich. Denn für euch bin ich Bischof, mit euch bin ich Christ. Das erste ist der Name des empfangenen Amtes, das zweite ist der Name der Gnade; das erste ist der Name der Gefahr, das zweite ist der Name des Heils. (Augustinus, Predigt 340,1)

Drei Elemente kennzeichnen alle Berufungen im Neuen Testament. Die Berufungserzählung der ersten Jünger im Markusevangelium ist paradigmatisch (Mk 1,16–20)[47]. Sie enthält eine Begegnung, einen Ruf und eine Reaktion auf den Ruf. Jesus geht am Ufer des Meers von Galiläa entlang und sieht Simon und dessen Bruder Andreas und kurz darauf die Söhne des Zebedäus, Jakobus und Johannes. Die Begegnung geschieht im belanglosen Kontext des Alltags, inmitten der schweren Arbeit des Fischfangs. Ohne Einführung und Begründung, ohne irgendeine vorangegangene Vorstellung, richtet Jesus seinen Ruf an sie und gibt ihnen gleichzeitig einen Befehl und eine Verheißung: »Kommt her, folgt mir nach! Ich werde euch zu Menschenfischern machen.«

Petrus und Andreas bleiben, was sie sind, Fischer, aber ihr Beruf bekommt eine tiefere Dimension. Von nun an werden sie »Menschenfischer« sein. Ihr Beruf verwandelt sich in eine Berufung, welche die Dimensionen des rein Menschlichen übersteigt. Das »Meer«, in dem sie fischen, verwandelt sich ins »Meer des Lebens«, in die Verpflichtung gegenüber der Welt. Sie sind berufen, Jesus zu folgen und an die Gute Nachricht zu glauben, um Zeugnis abzulegen und die Welt anzustecken mit der Guten Nachricht: »Die Zeit ist erfüllt, das Reich Gottes ist nahe.« (Mk 1,14)

Die überraschende Reaktion ist bei allen vier Jüngern ein und dieselbe: sie »verlassen« und »folgen«. Da gibt es keine vorhergehende Diskussion über Zukunftsperspektiven, über mögliche Folgen für das persönliche Leben jedes Einzelnen und seiner Familie (was wird aus dem alten Zebedäus, der seine Söhne verliert und jetzt nur noch die Angestellten hat?), über die unvorhersehbaren Folgen für die Gesundheit, das Wohlbefinden und die Sicherheit, über die allgemeine Situation, die zu analysieren und in Betracht zu ziehen ist, über Entscheidungen, die »kurz-, mittel- und langfristig« getroffen werden müssen. Nichts von alledem! Ganz im Gegenteil, der Text nennt ein sehr bedeutsames Detail: Sie »verlassen« nicht nur, sondern sie verlassen »sogleich«. Wie groß war die Wirkung dieser Begegnung mit Jesus am Ufer des Sees Gennesaret! Was hat es im Leben dieser vier Fischer über den Haufen geworfen! Sie verließen ihre Familien, ihre Kollegen, ihre Fischernetze, aber auch alle sozialen »Netze«, die ihnen Sicherheit, Stabilität und Zukunft gewährten. Sie vertauschten die sichere Gegenwart mit einer unsicheren und geheimnisvollen Zukunft, ein eingerichtetes Leben mit einem Leben ohne Vorhersage und Vorsorge. Wo und wann wird dieser Weg enden? Sie wissen es nicht. Sie stehen erst an seinem Anfang, aber sie spüren schon jetzt in der tiefsten Seele, dass es kein Zurück mehr gibt. Und der Weg wird nicht nur von der Freude gelungener Missionen bestimmt sein, nach dem Muster »Herr, sogar die Dämonen gehorchen uns um deines Namens willen« (Lk 10,17). Es wird auch immense Verständnisschwierigkeiten und tiefe Krisen von Angst und Mutlosigkeit geben, so dass Jesus selbst sie zu tadeln beginnt: »Warum habt ihr solche Angst? Habt ihr noch keinen Glauben?« (Mk 4,40)

Bei der Berufung des Paulus erscheinen dieselben drei Elemente: die Begegnung, der Ruf und die Antwort auf den Ruf, aber unter völlig anderen Umständen. Wir kennen drei Berichte in der Apostelgeschichte (9,1–22; 22,4–16; 26,9–18) und eine knappe, aber äußerst bezeichnende Bemerkung im Galaterbrief (1,11–17). Paulus selbst bekennt, dass er »die Kirche Gottes verfolgte und zu vernichten suchte« (Gal 1,13), dass er »mit Drohung und Mord gegen die Jünger des Herrn« (Apg 9,1) wütete. Aber Gott hatte andere Pläne. In diesem Kontext von ungezügelter Erbitterung und virulentem Hass gegen die »Anhänger des Weges« (Apg 9,2) tritt Jesus in das Leben des Paulus ein und wirft ihn um, lässt ihn zur Erde stürzen. Die Begegnung Jesu mit Paulus hat nichts von Zartgefühl und Entzücken. Sie ist extrem gewalttätig! Jesus befindet sich nicht in der idyllischen Landschaft am Ufer eines Sees und sagt den Jüngern, die er erwählt hat, das schöne Wort: »Folget mir nach!« Hier, vor den Toren von Damaskus, erscheint er als Licht »vom Himmel her [...] und heller als die Sonne« und ruft den jungen Mann zweimal bei seinem Namen: »Saul, Saul!« Und sofort konfrontiert er ihn mit der gebieterischen Frage: »Warum verfolgst du mich?« – »Es wird dir schwerfallen, gegen den Stachel auszuschlagen« (Apg 26,14 – »es wird dir nichts helfen, dich zu widersetzen«).

Später wird Paulus dieses Ereignis mit immenser Dankbarkeit beschreiben: »Er hat mich durch seine Gnade berufen.« (Gal 1,15) »Wer bist du, Herr?«, wagt er zu fragen. Und die Antwort ist der Ruf, der das Leben des Paulus in zwei Teile aufteilt – in ein Vorher und ein Nachher. »Ich bin Jesus, den du verfolgst. Steh auf, stell dich auf deine Füße! Denn ich bin dir erschienen, um dich zum Diener und Zeugen dessen zu erwählen, was du gesehen hast und was ich dir noch zeigen werde.« (Apg 26,15–16) So wie Jesu Berufung von Petrus und Andreas, Jakobus und Johannes prägnant und befehlend war, so ist auch die von Saulus keine »Anfrage«, keine »Erkundigung«, kein »vorsichtiges Vorfühlen«, um zu sehen, ob er eventuell bereit wäre, eine Einladung anzunehmen. Nein! Sie hat nichts Romantisches, Nachsichtiges, Tolerantes an sich. Sie ist ein Befehl, ein Diktat, ein Auftrag und keine Frage der Option, Vorliebe oder Wahl! Einer ruft, beharrt, ergreift; ein anderer wird mit Beharrlichkeit gerufen und ergriffen.

Später wird Paulus den Philippern die stürmische Begegnung mit dem Herrn vor den Toren von Damaskus bekennen: »Ich bin von Christus Jesus ergriffen worden« – »κατελήμφθην ὑπὸ Χριστοῦ Ἰησοῦ« (Phil 3,12).[48] Jesus packte ihn, nahm ihn gefangen, überwältigte ihn, eroberte ihn. Was Saulus dazu brachte, den alten Weg zu verlassen und die entgegengesetzte Richtung einzuschlagen, war nicht eine Idee, eine aktualisierte Lagebeurteilung, ein neues Geschichtsverständnis, eine philosophische These oder ein theologischer Traktat, sondern »jemand« brach in sein Leben ein und bewirkte ein wahrhaft existenzielles Erdbeben. Es war eine Person, die ihn rief. Das Licht, das Paulus an jenem Mittag vor den Stadtmauern von Damaskus umgab, trug unauslöschlich das Zeichen der Gegenwart des verherrlichten Christus. Von nun an wird er vom Herrn Zeugnis ablegen, »als ob er das Unsichtbare sähe« (Hebr 11,27). Er wird die »Damaskusstunde« niemals vergessen, so wie Johannes niemals die Stunde vergessen hat, in der er zum ersten Mal dem Meister begegnete, jene unvergessliche »zehnte Stunde« (Joh 1,39). Er war an einen Punkt gekommen, von dem aus es kein Zurück mehr geben würde!

Nur beim heiligen Augustinus finden wir Worte, die in gewisser Weise die Berufungserfahrung in all ihrer Tiefe und in all ihrem emotionalen Gehalt zu beschreiben vermögen. Es ist das bewegende »Sero te amavi« des Bischofs von Hippo:

Spät habe ich dich geliebt, du Schönheit, so alt und doch so neu, spät habe ich dich geliebt! Und siehe, du warst im Innern, und ich war draußen und suchte dich dort; und ich, missgestaltet, verlor mich leidenschaftlich in den schönen Gestalten, welche du geschaffen. Mit mir warst du und ich war nicht mit dir. Die Außenwelt hielt mich lange von dir fern, und wenn diese nicht in dir gewesen wäre, so wäre sie überhaupt nicht gewesen. Du riefest und schriest und brachst meine Taubheit. Du schillertest, glänztest und schlugst meine Blindheit in die Flucht. Du wehtest, und ich schöpfte Atem und nun seufze ich nach dir. Ich kostete dich und nun hungere und dürste ich nach dir. Du berührtest mich und ich entbrannte in deinem Frieden.
(Augustinus, Bekenntnisse, 10,27)

Der Schlüssel zum wirklichen Verständnis der Gewalt, mit welcher der Ruf des Herrn das Leben des Saulus veränderte, findet sich im ersten Korintherbrief: »Wenn ich nämlich das Evangelium verkünde, kann ich mich deswegen nicht rühmen; denn ein Zwang liegt auf mir. Weh mir, wenn ich das Evangelium nicht verkünde!« (1 Kor 9,16)

Paulus spricht von seiner Mission als Apostel, die absoluten Geschenkcharakter hat, und gebraucht das griechische Wort »ἀνάγκη«[49], um den Grund seines Einsatzes, seiner Mission zu beschreiben. Warum wählt Paulus diesen Ausdruck, um seine Situation als Prediger des Evangeliums zu beschreiben? Warum greift er auf das Wort »Schicksal« aus der griechischen Mythologie zurück, das Angst und Schrecken einflößt und das Geschick bezeichnet, dem niemand entrinnen kann? Paulus findet tatsächlich keinen anderen geeigneten Ausdruck, um seine Erfahrung zu beschreiben, die Erfahrung seiner Bekehrung, der totalen Umkehrung, die in seinem Leben geschehen ist. Es ist klar, dass für ihn »ἀνάγκη« nicht mehr mit Angst und Schrecken beladen ist und kein unpersönliches, finsteres und verhängnisvolles Schicksal bedeutet. Für ihn ist »ἀνάγκη« die totale, rückhaltlose, bedingungslose Hingabe an den Herrn. Von nun an wird ihn nichts in der Welt vom Herrn trennen können. »Was kann uns scheiden von der Liebe Christi? Bedrängnis oder Not oder Verfolgung, Hunger oder Kälte, Gefahr oder Schwert?« (Röm 8,35) Wer einmal aus dieser Quelle getrunken hat, wer sich einmal auf diese Gemeinschaft eingelassen hat, wer einmal in diese Liebe eingetaucht ist, wird niemals mehr derselbe sein! »Was mir früher ein Gewinn war, das habe ich aus Liebe zu Christus als Verlust erkannt.« (Phil 3,7)

Das ist die Mystik der Berufung des Paulus, und außer ihr gibt es keine andere, die fähig wäre, die Berufung des Jüngers, der Jüngerin, des Missionars, der Missionarin zu motivieren und zu erhalten: »Für ihn habe ich alles verlassen!« (Phil 3,8) Das ist die wahrhafte und einzige Grundlage jeder Berufung: »Für ihn!« Das ist ihre Mystik und ihre existenzielle Motivation. Man kann nicht mehr anders! Man kann nicht mehr leben, ohne aus seinem Leben eine glühende Verkündigung des Evangeliums zu machen, ein Zeugnis seines Glaubens, seiner Hoffnung und seiner Liebe. Man kann unmöglich leben, ohne in der ganzen Welt, auf den Straßen und Plätzen, in den Häusern und Kirchen, Tag und Nacht den Ruf erschallen zu lassen: »Jesus Christus ist der Herr, zur Ehre Gottes, des Vaters!« (Phil 2,11) Und genau das ist die Reaktion des Paulus auf den Ruf Jesu: »Sogleich verkündete er Jesus [...] und sagte: Er ist der Sohn Gottes!« (Apg 9,20) »Sogleich, sofort« – unverzüglich. »Frisch ans Werk!« – ohne Zögern oder Befürchtungen, ohne Halbherzigkeiten oder Kompromisse, ohne Lauheit oder Schlappheit! Sondern mit »παρρησία«, mit Freimut![50]

Die 5. Lateinamerikanische Bischofskonferenz von Aparecida möchte:

die Kirche in Lateinamerika und der Karibik zu einem großartigen missionarischen Impuls aufrütteln. Diese Gnadenstunde dürfen wir nicht ungenutzt verstreichen lassen. Wir brauchen ein neues Pfingsten! Wir müssen hinausgehen und mit den einzelnen Menschen, den Familien, den Gemeinden und den Völkern zusammentreffen, um ihnen zu erzählen und mit ihnen zu teilen, was uns durch die Begegnung mit Jesus Christus geschenkt wurde. [...] Wir sind Zeugen und Missionare in den Großstädten und auf dem Lande, auf den Bergen und in den Wäldern unseres Amerika, in allen gesellschaftlichen Milieus, auf den unterschiedlichsten »Areopagen« des öffentlichen Lebens der Nationen, in den äußersten Notlagen des Daseins, und wir übernehmen Verantwortung für die weltweite Sendung der Kirche ad gentes. (Aparecida, Nr. 548)

Die Zeiten haben sich geändert! Die Kirche, die sich zu Zeiten des Paulus noch auf ein paar Mittelmeergebiete beschränkte, hat alle Grenzen überschritten und lebt in allen Kulturen. Doch der missionarische Eifer und die Leidenschaft des Völkerapostels beflügeln bis heute die Männer und Frauen, die »Jünger-Missionare« des Herrn sind. Was uns »drängt«, ist die » Liebe Christi« (2 Kor 5,14). Es macht keinen Unterschied, ob wir lesen, was Paulus an Timotheus schrieb: »Ich weiß, an wen ich glaube, wem ich Glauben geschenkt habe« (2 Tim 1,12), oder ob wir lesen, was Schwester Dorothy Stang[51] bei ihrem letzten Interview sagte, wenige Tage vor ihrer Ermordung: »Ich glaube fest an Gott und weiß, dass er mit mir ist.« Es ist die gleiche Inbrunst, die gleiche Leidenschaft für Christus und sein Reich, welche die Jahrhunderte durchzieht!

Ausgesondert für das Evangelium Gottes –
ἀφωρισμένος εἰς εὐαγγέλιον Θεοῦ

Paulus schreibt an die Galater: »Als aber Gott, der mich schon im Mutterleib auserwählt und durch seine Gnade berufen hat, mir in seiner Güte seinen Sohn offenbare, damit ich ihn unter den Heiden verkündige, da zog ich keinen Menschen zu Rate ...« (Gal 1,15f) Paulus bedient sich der gleichen Ausdrucksweise wie die Prophetenberufungen des Alten Testaments.

Dadurch macht er noch einmal klar, dass Apostelwerden keine private, persönliche Initiative ist, sondern eine Bestimmung, ein Werk, eine Gnade Gottes. Gott ergreift die Initiative. Er ruft und sendet. »Der Herr hat mich schon im Mutterleib berufen; als ich noch im Schoß meiner Mutter war, hat er meinen Namen genannt.« (Jes 49,1b)

Im Kapitel 6 des Jesajabuches lesen wir, wie Gott seinen Propheten vorbereitet (vgl. Vers 6–8). Er sendet einen Seraf, der eine glühende Kohle vom Altar nimmt und damit Jesajas Lippen reinigt, damit dieser zum »Mund« des Herrn werden kann. »Das hier hat deine Lippen berührt: Deine Schuld ist getilgt, deine Sünde gesühnt«, erklärt ihm der Seraf. Erst danach lässt Gott seine Stimme vernehmen: »Wen soll ich senden? Wer wird für uns gehen?« Und Jesaja antwortet: »Hier bin ich, sende mich!«

Ezechiel muss eine Buchrolle mit dem Wort Gottes verzehren (Ez 3,1–3). Zunächst muss er sich das Wort einverleiben, es assimilieren, und durch einen geheimnisvollen Metabolismus wird es in Ezechiel zu »Leben«. Erst dann hört er das Wort Gottes: »Geh zum Haus Israel und sprich mit meinen Worten zu ihnen!« (Ez 3,4) »Mit meinen Worten!« Es sind nicht mehr Ezechiels Worte. Er ist nur Werkzeug, Mund, Sprecher!

Die Berufungsgeschichte des Jeremia (Jer 1,4–19) ist noch eindrücklicher. Wenn Paulus sagt, dass er »für das Evangelium Gottes ausgesondert« wurde, spielt er zweifellos auf diesen Text an, und die Geschichte des Jeremia wiederholt sich bei Paulus. Gott »kennt« Jeremia schon, bevor er im Mutterleib gebildet wurde. Gott »heiligt« und »setzt ihn ein« als Propheten. Das Verb »weihen, heiligen« bedeutet, einen Menschen aus der profanen Welt »auszusondern«, ihn aus den für einen Menschen als normal angesehenen Lebensbedingungen herauszuholen und ihn zum prophetischen Dienst zu bestimmen. Im Hebräerbrief (5,1) umfasst »weihen« zwei Bewegungen, »trennen von« und »bestimmen zu«: der Hohepriester wird »aus der Mitte der Menschen herausgeholt«, aber nicht, um ein beschauliches Leben zu führen. Im Gegenteil: er wird »eingesetzt für die Menschen in ihren Beziehungen zu Gott«.

Exkurs I

Diese Passage des Hebräerbriefes erinnert mich immer an die Gestalt des *wajanga* bei den Kayapó am Xingu. Die Übersetzung »pajé« (etwa: Medizinmann) oder »xamã« (Schamane) ist ungenügend, und »Medizinzauberer« wäre eine unverzeihliche Respektlosigkeit. Hinter dem Konzept des *wajanga* steht eine ganze Kosmologie und Mythologie. Für die Kayapó ist der *wajanga* ein »Mann, der zutiefst mit dem Geist verbunden und geisterfüllt ist«. Der *wajanga* kennt nicht nur die Geheimnisse der Natur, die ihn umgibt, und hat die Gabe, das Charisma zu empfangen, aus Pflanzen, Blättern, Wurzeln oder Rinden Medikamente zu schaffen und sie zur Heilung von Krankheiten zu verschreiben. Er kann, tut und ist noch viel mehr. Er ist die Brücke zwischen der Welt der Geister (des Geistes?) und der Welt der Menschen, der *mebengôkre*, wie die Kayapó sich selbst bezeichnen. Den *wajanga* umgibt ein heiliges und unverletzliches Tabu. Heutzutage benutzen die Kayapó den Namen *wajanga* auch für den katholischen Geistlichen (und nur den katholischen!). So wird der Priester unter den Kayapó als ein Mann angesehen, der innig mit dem (Heiligen) Geist verbunden oder vom (Heiligen) Geist erfüllt ist und so die Brücke zwischen diesem (Heiligen) Geist und den Menschen bildet. Bis heute habe ich noch keine schönere Definition für den Dienst und die Sendung des Priesters gefunden, und sie ist nur dem vergleichbar, was der Hebräerbrief sagt.

Jeremias Reaktion ist sehr menschlich (Vers 6): »Ich kann doch nicht reden, ich bin ja noch so jung!« Der Herr aber antwortet ihm feierlich mit dem Auftrag (Vers 7): »Wohin ich dich auch sende, dahin sollst du gehen, und was ich dir auftrage, das sollst du verkünden.« Gott kennt die Zukunft seines Propheten, sieht die Ängste und Verfolgungen voraus, die er wegen seines Auftrags durchmachen wird. Deshalb fügt er hinzu (Vers 8): »Fürchte dich nicht vor ihnen; denn ich bin mit dir, um dich zu retten.« Gott wird seinen Propheten niemals verlassen.

Die Geschichte des Paulus wird der des Jeremias sehr ähneln. Er wird viel leiden bei der Mission, für die Gott ihn »ausgesondert« hat, und er empfängt fast wörtlich die gleiche Verheißung des Herrn, als er in Make-

donien das Ziel von geschlossener Opposition und Gotteslästerungen wird:
»Der Herr aber sagte nachts in einer Vision zu Paulus: Fürchte dich nicht!
Rede nur, schweige nicht! Denn ich bin mit dir [...].« (Apg 18,9–10)

»Ich bin mit dir!« Der Apostel wird nicht aus der Welt ausgesondert, um einsam zu sein. Es geht nicht in erster Linie um einen Verzicht auf alles, was die Welt zu bieten hat. Was siegen wird, ist immer die größere Liebe! Gott verheißt nie, alle Hindernisse aus dem Weg zu räumen, alle Probleme zu lösen, alle Wege zu ebnen. Gott sagt einfach: »Ich werde mit dir sein!«, und dieses Versprechen des Herrn durchzieht die gesamte Bibel.

Exkurs II

Im Buch Genesis erscheint der Herr eines Nachts Isaak in Beerscheba und offenbart ihm:

»Ich bin der Gott deines Vaters Abraham. Fürchte dich nicht, denn ich bin mit dir. Ich werde dich segnen und deine Nachkommen zahlreich machen wegen meines Knechtes Abraham.« (Gen 26,24) Der Gott Israels ist so ganz anders als die Gottheiten der Völker, unter denen es lebt! Als Mose die Gesetze nach der deuteronomischen Überlieferung verkündet, erklärt er dem Volk als Erstes den großen, grundlegenden, essenziellen und existenziellen Unterschied zwischen dem Herrn und den Gottheiten der anderen Völker des Orients. Er ruft aus: »Welche große Nation hätte Götter, die ihr so nah sind wie Jahwe, unser Gott, uns nah ist, wo immer wir ihn anrufen?« (Dtn 4,7) Diese jubelnde Verkündigung eines Gottes, der seinem Volk nahe ist, können wir in ihrer ganzen Bedeutung erst verstehen, wenn wir sie mit der Erfahrung verbinden, die dem ehemaligen Schafhirten in Midian am brennenden Dornbusch geschenkt wurde (vgl. Ex 3,1–6).

Der Prophet Ezechiel bezieht sich zweifellos auf diese Erfahrung des Mose, wenn er sein Buch mit der Offenbarung des neuen Namens für Jerusalem abschließt: Adonai-sham, »Hier ist der Herr.« (Ez 48,35)

Die Geschichte des Gideon, die von den Überlieferungen des Stammes Manasse erzählt, ist eine der schönsten des Alten Testaments (Ri 6,1–24). Israel wurde von den Midianitern unterdrückt, und das Volk floh in die Berge und versteckte sich in Höhlen. »Doch immer, wenn die Israeliten gesät hatten«, fielen die Midianiter in ihr Gebiet ein, verwüsteten die Felder und zerstörten die Pflanzungen oder raubten die Früchte der Erde. Israel litt Hunger und geriet an den Rand seiner Existenz. In dieser Situation des völligen Untergangs sendet Gott zunächst einen Engel, der sich unter einen heiligen Baum setzt, die Terebinthe von Efra. Dort wartet er auf Gideon, der Weizen drischt, um ihn dann vor den Feinden zu verstecken, damit er mit seiner Familie überleben kann. »Der Herr sei mit dir, starker Held!« (Vers 12), ist der Gruß des Engels. Gideon beklagt sich (Vers 13): »Wenn der Herr wirklich mit uns ist, warum hat uns dann all das getroffen?« Diese Frage ist so alt wie die Menschheit selber. Warum erlaubt Gott das Böse, die Bruderkriege, die Gewalt, das Leid der Unschuldigen, die Katastrophen, die das Leben von Tausenden und Millionen hinwegraffen? Es hilft nichts, »der Herr sei mit euch« zu sagen, wenn Elend und Unheil das tägliche Brot sind.

Das bittere Gefühl, von Gott, dem Herrn, verlassen worden zu sein, verstört Gideons Herz; das fatale Gefühl, schutzlos zu sein, lässt ihn um Hilfe schreien. Aber auf den verzweifelten Schrei, der aus den »Kellern der Menschheit« aufsteigt, antwortet schon kein Engel mehr. Vor dem extremen Leid verstummen auch die Engel. Gott selber mischt sich ein und sagt (Vers 14): »Geh und befrei mit der Kraft, die du hast, Israel aus der Faust Midians! Bin nicht etwa ich es, der dich sendet?« Gideon antwortet (Vers 15): »Ach, mein Herr! Wie kann ich Israel befreien? Sieh doch, meine Sippe ist die schwächste in Manasse, und ich bin der Jüngste im Haus meines Vaters.« Die Antwort des Herrn ist einfach, und sie ist zugleich souverän und voller Zärtlichkeit. Gott erweist sich als derjenige, der mit seinem Volk ist, auch inmitten von Drangsal und Leid: »Ich werde mit dir sein.« (Vers 16)

Immer wenn der Herr jemanden für eine besondere Mission auserwählt, hört die erwählte Person diese Verheißung. Sie kann unter allen Umständen mit der Nähe und der Gegenwart des Herrn rechnen. Mose klagt: »Wer bin ich, dass ich zum Pharao gehen könnte?« Und Gott antwortet ganz einfach: »Ich bin mit dir.« (Ex 3,11–12) Seinem Nachfolger Josua gewährt Gott genau die gleiche Verheißung seiner Gegenwart: »Fürchte dich also nicht und hab keine Angst; denn der Herr, dein Gott, ist mit dir, wohin du auch gehst.« (Jos 1,9)

Im Neuen Testament kommt die Gegenwart Gottes unter uns in Jesus zu ihrem Höhepunkt:»Und das Wort ist Fleisch geworden und hat unter uns gewohnt.« (Joh 1,14)[52] Das Matthäusevangelium zitiert den Propheten Jesaja, um die Geburt Jesu anzukündigen:»Seht, die Jungfrau wird ein Kind empfangen, einen Sohn wird sie gebären, und man wird ihm den Namen Immanuel geben.« (Mt 1,23; Jes 7,14) Matthäus selbst vermerkt die Übersetzung von »Immanuel«:»Gott ist mit uns«. Im letzten Vers des Matthäusevangeliums sagt Jesus:»Ich bin mit euch alle Tage bis zum Ende der Welt.«

Im Lukasevangelium kommt der Engel Gabriel zu Maria mit dem Gruß:»Sei gegrüßt, du Begnadete, der Herr ist mit dir!« (Lk 1,28) Mit dem »Ja« Marias wurde die Gegenwart Gottes ganz real, ganz fühlbar, ganz offensichtlich. »Er ist in unserer Mitte.«

Paulus, »ausgesondert, das Evangelium Gottes zu verkündigen«, gibt uns einen Bericht über sein Leben als »Diener Christi Jesu, berufen zum Apostel«:

Sie sind Diener Christi? Jetzt rede ich ganz unvernünftig: ich noch mehr. Ich ertrug mehr Mühsal, war häufiger im Gefängnis, wurde mehr geschlagen, war oft in Todesgefahr. Fünfmal erhielt ich von Juden die neununddreißig Hiebe; dreimal wurde ich ausgepeitscht, einmal gesteinigt, dreimal erlitt ich Schiffbruch, eine Nacht und einen Tag trieb ich auf hoher See. Ich war oft auf Reisen, gefährdet durch Flüsse, gefährdet durch Räuber, gefährdet durch das eigene Volk, gefährdet durch Heiden, gefährdet in der Stadt, gefährdet in der Wüste, gefährdet auf dem Meer, gefährdet durch falsche Brüder. Ich erduldete Mühsal und Plage, durchwachte viele Nächte, ertrug Hunger und Durst, häufiges Fasten, Kälte und Blöße. Um von allem anderen zu schweigen, weise ich noch auf den täglichen Andrang zu mir und die Sorge für alle Gemeinden hin. (2 Kor 11,23–28)

Der Schlüssel, um zu verstehen, wie ein Mensch so viele Widrigkeiten und Leiden aushalten kann, ohne aufzugeben, ohne die Begeisterung zu verlieren, ohne die Glut in sich zu ersticken, ohne die Leidenschaft erkalten zu lassen, kann nur ein einziger sein – die Verheißung des Herrn:»Fürchte dich nicht! Rede nur, schweige nicht! Denn ich bin mit dir!« (Apg 18,9–10)

Die missionarische Gemeinde unterwegs
Gott geht mit dem pilgernden Jünger[53]

Die Emmausjünger – Erfahrung der Begegnung

Zwei Jünger verlassen Jerusalem. Sie fliehen aus der Umgebung, in der alle Plätze, Straßen und Gassen sie an den Meister erinnern. Sie können den majestätischen Tempel nicht mehr sehen, sein Glanz verursacht ihnen Albträume. Wie oft war Jesus dort hinaufgegangen, um das Volk zu lehren! Einmal hatte er ausgerufen: »Reißt diesen Tempel nieder, in drei Tagen werde ich ihn wieder aufrichten!« (Joh 2,19) Bestochene Zeugen missbrauchten diese Worte, um ihn anzuklagen, und der Hohepriester richtete an Jesus die verhängnisvolle Frage: »Ich beschwöre dich bei dem lebendigen Gott, sag uns: Bist du der Messias, der Sohn Gottes?« (Mt 26,63) Die Antwort ist klar, ist eindeutig, und konnte nicht anders lauten. Er ist der Christus, der Messias! »Er ist schuldig und muss sterben!« (Mt 26,66), schreit die aufgewiegelte Menge. Man verurteilt ihn zum Tod am Kreuz, der grausamsten Hinrichtungsart der Antike. In den Ohren der Jünger hallen noch die furchtbaren Hammerschläge auf Golgota nach, welche die Nägel durch die Hände und Füße des Herrn trieben und ihn ans Kreuz nagelten. Wer könnte noch zu diesem Hügel hinüberschauen, auf dem immer noch die Kreuze stehen und an die furchtbare Marter erinnern?

Wie könnte man in diesem Szenarium weiterleben? Es ist besser, die Stadt zu verlassen, irgendwo anders hinzugehen, andere Menschen und andere Gegenden zu sehen. So wie unsere Leute aus dem Landesinnern, wenn sie stundenlang unterwegs sind und Kilometer um Kilometer zurücklegen, fangen die beiden Jünger an, sich zu unterhalten. Und es gibt nur ein Thema: die schmerzliche Erfahrung der letzten Tage. Sie sind von Trauer überwältigt, von einer tiefen und herzzerreißenden Mutlosigkeit. Ein Sprichwort sagt: »Die Hoffnung stirbt zuletzt!« Nun, die Hoffnung dieser beiden Wanderer war wirklich gestorben. Als man den ermordete, auf den sie all ihren Glauben und ihr Vertrauen gesetzt hatten, wurde auch ihre Hoffnung umgebracht. Für sie war der Traum von der Befreiung Israels ausgeträumt. Und die Gemeinschaft, der sie angehörten, hatte ihre Existenzberechtigung verloren. Jahre für nichts und wieder nichts! Nichts als verlorene Zeit! Nichts als verschwendete Energie! Je weiter man wegkommt von diesem trügerischen Abenteuer, desto besser. Vergessen! Etwas anderes anfangen! Das Leben geht weiter!

In dieser Stunde der Verzweiflung nähert sich jemand und beginnt, die beiden zu begleiten. Eine einfache Frage des neuen Weggefährten lässt sie anhalten: »Was sind das für Dinge, über die ihr auf eurem Weg miteinander redet?« (Lk 24,17) Ihre erste Reaktion ist: »Das ist doch nicht möglich, dass jemand in diesem Land lebt und nichts von den Grausamkeiten weiß, die letzte Woche passiert sind!« Aber sie nutzen bald die Gelegenheit, von ihrem Schmerz, ihrer Sehnsucht, ihrer Frustration zu erzählen. Es gab Nachrichten über das leere Grab und Erscheinungen von Engeln. Aber trotzdem sind sie untröstlich und klagen: »Niemand hat Jesus gesehen!« (Vgl. Lk 24,22–24) Den Meister kann niemand ersetzen, weder die Engel des Himmels noch sonst jemand aus dieser oder der jenseitigen Welt.

»Wie schwer fällt es euch, alles zu glauben, was die Propheten gesagt haben!« (Lk 24,25). Was ist das für eine Stimme? Die kennen sie! Sie klingt so vertraut! Obwohl die Augen zu sind und der Verstand verdunkelt bleibt, öffnet sich das Herz, wird weit und beginnt zu brennen. »Noch nie hat ein Mensch so gesprochen« (Joh 7,46), sagten vor einiger Zeit sogar die Tempelwächter, denen man befohlen hatte, Jesus festzunehmen. Nicht einmal diese rauen Männer konnten seinen Worten widerstehen! »Die Menge war sehr betroffen von seiner Lehre; denn er lehrte sie wie einer, der Vollmacht hat, und nicht wie ihre Schriftgelehrten.« (Mt 7,28–29; vgl. Lk 4,32; Mk 1,22) Die ganze Erfahrung des Lebens, das sie mit dem Meister in den vergangenen Jahren geteilt hatten, steigt aus der Seele der beiden auf und wird wieder lebendig, während ihr Weggefährte, ausgehend von Mose und den Propheten (vgl. Lk 24,27), ihnen Passagen der Schrift erklärt. Seine Worte lindern den Schmerz, mildern die Sehnsucht, zerstreuen die Mutlosigkeit. Als sie an ihrem Ziel ankommen, wollen sie ihn nicht weitergehen lassen (Lk 24,29): »Bleib doch bei uns; denn es wird bald Abend, der Tag hat sich schon geneigt.« Simon Petrus hatte gesagt: »Herr, zu wem sollen wir gehen?

Du hast Worte des ewigen Lebens!« (Joh 6,68) Die Einsamkeit verwundet. Wieder allein zu bleiben würde nur die Trauer und den Schmerz erneut hochkommen lassen. »Bleib doch bei uns!«, ist die inständige Bitte, die sie an jemanden richten, den sie noch nicht erkannt haben. Aber im Grunde ihres Herzens spüren sie schon die Freude, die sie so oft erfahren hatten, wenn der Meister zu ihnen sprach.

Die Einladung »Bleib doch bei uns!«, die von den beiden Emmausjüngern nur zaghaft und leise ausgesprochen wurde, ist über die Jahrhunderte hinweg zu einem Schrei von Millionen von Menschen angewachsen, welche die Hoffnung und den Lebenssinn verloren haben. Die Bitte »Bleib doch bei uns!« kommt aus dem Herzen der Heerscharen von Frauen und Männern, Kindern und Alten, die vom »Gastmahl des Lebens«[54] ausgeschlossen sind, die weder ein noch aus wissen, die als »Überflüssige« und »menschlicher Abfall«[55] angesehen werden, weil sie nicht in ein System passen, das nur nach der Kosten-Nutzen-Rechnung funktioniert. Wer nicht produziert, hat kein Lebensrecht. Die flehentliche Bitte »Bleib doch bei uns!« hat gigantische Ausmaße angenommen im ohrenbetäubenden Schrei der Menschen, die durch Ungerechtigkeiten und Unterdrückungen, Rassen- und Genderdiskriminierungen, Vertreibungen und Gewalttaten geopfert worden sind.

Die Bitte »Bleib doch bei uns!« ist das letzte Hoffnungslied unserer Jugend, die keine Perspektive für die Zukunft und keinen Sinn in der Gegenwart sieht, die ständig davon bedroht ist, im Sumpf der Drogen und der Kriminalität zu landen.

»Bleib doch bei uns; denn es wird bald Abend, der Tag hat sich schon geneigt!« – »Du hast Worte des ewigen Lebens!« Der Gefährte auf dem Weg nach Emmaus verlässt das Jüngerpaar nicht! »Er ging mit hinein, um bei ihnen zu bleiben. Und als er mit ihnen bei Tisch war, nahm er das Brot, sprach den Lobpreis, brach das Brot und gab es ihnen.« (Lk 24,29–30)

Und beim Brotbrechen geschieht das Osterwunder: die beiden erkennen den Meister. Sie sehen die durchbohrten Hände und das unvergleichliche Antlitz des Sohnes Gottes. Aber im selben Augenblick »wurde er unsichtbar« (Lk 24,31).[56]

Was bleibt, ist das gebrochene Brot und ein Becher Wein, den sie miteinander geteilt hatten. Es bleiben auch die Worte, die ihre Herzen hatten brennen lassen. Es bleibt die berauschende Freude, in die sich ihre Verzweiflung verwandelt hat. Jetzt brauchen sie Jesus nicht mehr mit den körperlichen Augen zu sehen. Mit der Erfahrung, die sie in Emmaus gemacht haben, werden die Jünger fähig sein, ihn in der ganzen Welt zu verkünden und zu bezeugen.

In dem Augenblick, in dem Jesus das Brot brach, wurden aus den Emmausjüngern Missionare, Botschafter der Guten Nachricht. »Noch in derselben Stunde brachen sie auf, kehrten nach Jerusalem zurück [...] und erzählten, was sie unterwegs erlebt und wie sie Jesus erkannt hatten, als er das Brot brach.« (Lk 24,33–35)

Als sie sich von der Gemeinde entfernten und nach Emmaus gingen, wanderten sie im Licht des Tages, aber in ihrem Inneren war Finsternis. Nachdem der Meister sich offenbart hat, durchwandern sie die Dunkelheit der Nacht ohne Angst zu straucheln, denn ihr Herz klopft vor Freude und ist von Licht erfüllt. Sie erleben eine neue Sicht, eine neue Motivation, ein neues Licht am Horizont.[57]

Die Mission entsteht immer aus einer Begegnung mit dem lebendigen Jesus, mit dem österlichen Christus. Die Evangelien schließen nicht mit dem Karfreitag, mit dem gestorbenen und begrabenen Christus. Das große und weit klingende Finale der Symphonie ist die prachtvolle Morgendämmerung des Ostertages, jener herrliche erste Tag der Woche: der auferstandene, lebendige Christus, der Sieger über den Tod, der Triumph des Guten über das Böse, der Sieg der Gnade über die Sünde, die Freude der Liebe und des Friedens gegenüber den teuflischen Machenschaften von Hass und Krieg. »Der Herr ist wirklich auferstanden!« (Lk 24,34), rufen »die Elf und die anderen in Jerusalem versammelten Jünger«. Das düstere, trübe Szenarium von Golgota löst sich auf. Lichtstrahlen erhellen die heilige Stadt und vertreiben die Finsternis der Welt.

Die Emmauserzählung ist keine vergangene Geschichte. Emmaus ist heute und immer, bis ans Ende der Zeit. Wir feiern die wirkliche Gegenwart dieses Gott-mit-uns in der Eucharistie, dem Gedächtnis des Ostergeheimnisses, des Geheimnisses von Kreuz und Auferstehung, des Geheimnisses von Erlösung und Versöhnung, das der Beginn des Neuen Bundes ist (vgl. Röm 3,24ff). In jeder Eucharistiefeier schauen wir auf Gott, feiern wir den Gott, der mit uns ist, seine Menschwerdung, sein Leiden und Sterben, seine Auferstehung. »Gott Vater zieht uns an sich, indem er seinen Sohn in der Eucharistie verschenkt (vgl. Joh 6,44), ein Geschenk der Liebe, mit dem er seinen Kindern entgegenkommt, damit wir, durch die Kraft des Heiligen Geistes neu geschaffen, ihn Vater nennen können.« (Aparecida, Nr. 241) Aus der Danksagung, aus der freiwilligen Hingabe des Gotteslammes entspringt die missionarische Energie der Eucharistie. Die Eucharistie ist die Brücke zum apostolischen Dienst. Die Eucharistie ist ein Neuer Bund, welcher Versöhnung, Einheit in der Vielfalt und Solidarität bis zu den letzten Konsequenzen voraussetzt.[58]

Der wunderbare Text, den die Biblisch-katechetische Abteilung der Brasilianischen Bischofskonferenz für das Nationale Biblisch-katechetische Jahr erarbeitet hat, geht von der Emmauserfahrung aus und schlägt drei Schritte vor:

1. Lernen, indem wir mit dem Meister unterwegs sind. Jesus nähert sich und hört zu. Er ergreift die Initiative, mit den Jüngern zu gehen.
2. Lernen, indem wir den Meister hören. Er offenbart uns die Schriften.
3. Lernen, wie der Meister zu handeln. Beim Brotbrechen erkennen sie ihn und kehren auf den Weg zurück.

Vor der Wandlung unseres Glaubens in Theologie und Glaubensbekenntnis steht die österliche Begegnung mit dem Herrn Jesus, die Gewissheit, dass er lebt. »Ich weiß, dass mein Erlöser lebt«, bekennt Ijob (19,25) im Alten Testament, obwohl er mit »bösartigem Geschwür von der Fußsohle bis zum Scheitel« geschlagen ist und »mitten in der Asche sitzt« (Ijob 2,7–8). Unser Glaube ist ein persönlicher und ein österlicher Glaube. Es geht nicht nur darum, an irgendetwas zu glauben. Das grundlegende Bekenntnis ist: »Ich glaube an dich, Herr!«

Evangelisieren, Missionar sein bedeutet, das auszustrahlen, »was wir gehört haben, was wir mit unseren Augen gesehen, was wir geschaut und was unsere Hände angefasst haben vom Wort des Lebens, weil das Leben sich offenbart hat« (1 Joh 1,1–2). Was immer unsere Schwächen, unsere Nöte, unsere Begrenzungen sein mögen – das, was alle Kulturen ansteckt, was alle Völker und Rassen überzeugt, ist das Zeugnis der Freude und der Gnade, dem Herrn begegnet zu sein.

Es ist die Kraft des in Emmaus gebrochenen Brotes, die Stärke aus der Frucht des Weinstocks im Kelch des Neuen Bundes, der dahingegebene Leib und das vergossene Blut Jesu, der gestorben und auferstanden ist. Es ist die »Liebe Christi, [die] uns drängt« (2 Kor 5,14).

Ist Gott für uns, wer ist dann gegen uns? (Röm 8,31)[59]

Das »Evangelium« des Alten Testamentes, die Frohbotschaft, dass Gott sein Antlitz endgültig der Welt und seinen bevorzugten Geschöpfen, den Menschen, zuwendet, drückt sich am umfassendsten, eindrücklichsten und zärtlichsten in dem Namen »Jahwe« aus,[60] der mehr als 6.800-mal im Alten Testament vorkommt.

Seit dem 3. Jahrhundert vor Christus wurde er nicht mehr ausgesprochen, weil man fürchtete, dadurch gegen das Zweite Gebot zu verstoßen. Nur der Hohepriester durfte ihn einmal im Jahr aussprechen, und selbst da nur ganz leise: am Versöhnungstag, dem Jom Kippur, im Allerheiligsten des Tempels.

Die nichtpriesterlichen Texte des Pentateuch (Ex 3,13ff; 6,3) verbinden diesen Gottesnamen ausdrücklich mit Mose,[61] während die wohl priesterliche Darstellung und Bearbeitung ihn schon im Buch Genesis bietet: in 2,4ff und vor allem in 4,26b, wo von Set, dem dritten Sohn Adams, und von dessen Nachkommen[62] erzählt wird: »Auch dem Set wurde ein Sohn geboren, und er nannte ihn Enosch.« Dann ist hinzugefügt: »Damals begann man, ihn mit dem Namen Jahwe anzurufen.« Das ist auffällig. Obwohl die Einführung des Gottesnamens im ersten Buch des Pentateuch, in der Genesis, erfolgt, muss sie weder die älteste sein und noch viel weniger der geschichtlich gut begründeten Überlieferung widersprechen, der zufolge der Name »Jahwe« Israel erst von Mose an offenbart worden war. Vermutlich soll mit dieser Einfügung in Gen 2 und 4 dargestellt werden, dass JHWH der Schöpfer des Himmels und der Erde ist. Auf jeden Fall ist die

Offenbarung des Gottesnamens und seine danach erfolgende Interpretation (Ex 3,14) etwas Neues und zugleich etwas ganz Grundlegendes für das Volk Gottes.

Die Geschichte in Exodus 3,13–17 gehört wohl zur nichtpriesterlichen Tradition, zu einem Erzählkranz, der aus dem Nordreich Israel stammt, und sie folgt sogar in ihrem Aufbau dem Aufbau der Prophetenberufungen. Ihr Vers 14 ist die einzige Interpretation des Gottesnamens im gesamten Alten Testament. Den Vers 13: »Da sagte Mose zu Gott: Gut, ich werde also zu den Israeliten kommen und ihnen sagen: Der Gott eurer Väter hat mich zu euch gesandt. Da werden sie mich fragen: Wie heißt er? Was soll ich ihnen darauf sagen?« können wir nur verstehen, wenn wir Folgendes wissen:

1. Für orientalische Menschen hat der Name nicht nur die Funktion, eine Person von anderen zu unterscheiden, sondern er ist vor allem ein Hinweis oder eine Offenbarung ihres Wesens, ihres innersten Kerns.[63]
2. Die Ägypter verehrten ihren obersten Gott, Amon-Ra, als einen »Gott mit verborgenem Namen«. Niemals würde er seinen Namen offenbaren, sondern ihn stets unter unzähligen Decknamen verbergen. Er wollte seine Distanz zu den Menschen bewahren und fürchtete, dass sie ihn durch magische Mittel mit Beschlag belegen könnten. Er wollte sich nicht offenbaren, wollte nicht sehen, hören, erkennen, herabsteigen, befreien.

Im Gegensatz zum Gott des Unterdrücker- und Herrschaftsvolkes offenbart der Gott des in Ägypten unterdrückten und versklavten Volkes seinen Namen und vertraut ihn Israel an. Es gibt keinen größeren Beweis seiner Liebe zu seinem Volk. Der Gott Israels versteckt sich nicht, er bleibt nicht unerreichbar für den, der ihn anruft. Er lässt sein Antlitz über seinem Volk leuchten.[64] Die Interpretation in Exodus 3,14 ist allerdings auch nur eine »Interpretation« und keine Übersetzung, also auch eine Art Deckname, den aber der Kontext erläutert. Meiner Meinung nach ist dadurch das geheimnisvolle JHWH und damit sein Geheimnis gewahrt. Das größte Zeichen der Liebe Gottes zu Israel war, dass er seinen Namen offenbarte, grundsätzlich darin ansprechbar ist. Wie JHWH sich zu den Menschen verhält, wird narrativ im Kontext dargestellt.

Dennoch ist die Interpretation »'ehjeh 'ascher 'ehjeh« in Exodus 3,14 schwer zu übersetzen. Die geläufige Übersetzung »Ich bin, der ich bin« (oder: Ich bin der »Ich-bin«) oder »Ich bin der, der ist« ist aus zwei Gründen verkürzend:

1. Im Hebräischen bedeutet »hajah« nicht nur und vor allem nur sehr selten: »sein«. Das Verb »hajah« bedeutet viel mehr: präsent sein, da sein, werden, geschehen, sich begeben oder sich ereignen und hat deshalb viel eher eine dynamische als eine statische Bedeutung.

2. Das hebräische »ehjeh« kann sowohl Präsens wie Futur sein, so dass man übersetzen könnte: »Ich bin der ich bin da« oder »Ich bin, der ich da sein werde« oder »Ich werde da sein als der ich bin da« oder »Ich werde da sein als der ich da sein werde«.

Die Übersetzung »Ich bin, der ich bin« (oder Ich bin der »Ich-bin«) signalisiert eine philosophische Interpretation des Gottesnamens als »Sein an sich« (*ipsum esse*) oder als »vollkommenes Wesen«, wie man es manchmal im Katechismus lernen muss, ohne die leiseste Ahnung zu haben, was das bedeuten soll. Diese Übersetzung hat nicht das Geringste mit der hebräischen Denk- und Ausdrucksweise zu tun.

Die beste Übersetzung scheint mir die von Buber zu sein: »Ich bin da als der ich je und je da sein werde«, oder etwa »Ich bin der, der da ist« (der anwesend ist, der für euch da ist, der mit euch ist, der bei euch ist). Wir dürfen den Vers 14 nicht aus seinem Kontext herausnehmen. Es geht nicht um eine isolierte Offenbarung, sondern sie ist aufs Engste mit dem Vers 7 verknüpft, in dem Gott sagt: »Ich habe das Elend meines Volkes in Ägypten gesehen, und ihre laute Klage über ihre Unterdrücker habe ich gehört. Ich kenne ihr Leid.« Und deshalb, so Vers 8, ist Gott »herabgestiegen, um sie der Hand der Ägypter zu entreißen und aus jenem Land hinaufzuführen in ein schönes, weites Land, in ein Land, in dem Milch und Honig fließen«. Der Kontext der Offenbarung des Gottesnamens ist die Befreiung des Volkes aus der Hand der Ägypter. Dieser Gott, der sieht, hört und kennt, der herabsteigt, um zu befreien, und der hinaufführt in ein gutes und weites Land, das ist genau derselbe Gott, der im Vers 15 einen Bund mit dem Volk schließt: »Weiter sprach Gott zu Mose: So sag zu den Israeliten: Jahwe, der Gott eurer Väter, der Gott Abrahams, der Gott Isaaks und der Gott Jakobs, hat mich zu euch gesandt. Das ist mein Name für immer, und so wird man mich nennen in allen Generationen.«

Die richtige Auslegung von Exodus 3,14 ist: »Ich bin bei euch und werde bei euch sein als euer Gott, der befreit und erlöst, was immer auch geschehen mag!« Es ist kein metaphysisches Konzept, das uns in der Logik einer Theodizee des *ipsum esse* offenbart wird. Gott offenbart sich als der, der ist, und existiert in dem Maße, in dem er befreit, rettet und erlöst und Israel mit Zärtlichkeit, Liebe und Fürsorge begleitet – in dem Augenblick, in dem es aus dem Land der Sklaverei auszieht, aber auch in der nahen und fernen Zukunft. Immer.

Das Volk Jahwes ist ein Pilgervolk, aber es ist nicht allein unterwegs. Niemals!

Du, mein Knecht Israel, du, Jakob, den ich erwählte, Nachkomme meines Freundes Abraham: Ich habe dich von den Enden der Erde geholt, aus ihrem äußersten Winkel habe ich dich gerufen. Ich habe zu dir gesagt: Du bist mein Knecht, ich habe dich erwählt und dich nicht verschmäht. Fürchte dich nicht, denn ich bin mit dir; hab keine Angst, denn ich bin dein Gott.
(Jes 41,8–10)

Das Volk Jahwes weiß, ist davon überzeugt, dass Gott in seiner Mitte ist. Aufgrund dieser Überzeugung glaubt es an den »Gott, der kommt« – an den Gott der Zukunft, der endlich »alles in allen« oder »alles in allem« sein wird. (1 Kor 15,28)

Der in Exodus 3,14 geoffenbarte und zugleich geheimnisvolle Name JHWH ist und bleibt für die Christen gegenwärtig in dem »Namen, der größer ist als alle Namen« (Phil 2,9): JESUS. Nach Matthäus 1,21 und Lukas 1,31 ist dies der Name des endgültigen Erlösers, Heilands, Retters, Befreiers aus allen Fesseln, aus allen Gefangenschaften. Jesus, *Jehoschu'a,* bedeutet: »Jahwe rettet, erlöst«.

Matthäus 1,21 erklärt den Namen folgendermaßen: »denn er wird sein Volk von seinen Sünden erlösen.«

Die Verheißung des »'ehjeh 'ascher 'ehjeh« – »Ich bin mit dir«, »Ich werde mit dir sein« – durchzieht das ganze Alte und Neue Testament. Immer wenn der Herr jemand für eine besondere Mission auswählt, hört die erwählte Person diese Verheißung. Gott sagt niemals: »Geh und überlass mir, was unterwegs passiert!« Die Leiden, Frustrationen und Verfolgungen, das Exil und das Scheitern gehören zum Leben des Propheten. Aber in all diesen schmerzlichen Situationen wird er immer auf die Nähe und die Gegenwart des Herrn zählen können: »Mögen sie dich bekämpfen, sie werden dich nicht bezwingen; denn ich bin mit dir, um dich zu retten«, verspricht Jahwe dem Jeremia (1,19).

Für Paulus, den unermüdlichen Missionar, ist die herrliche Hymne auf die Liebe Gottes im Römerbrief die letzte Folgerung aus dem Verständnis des geoffenbarten Gottesnamens im 'ehjeh 'ascher 'ehjeh:

Was ergibt sich nun, wenn wir das alles bedenken? Ist Gott für uns, wer ist dann gegen uns? [...] Was kann uns scheiden von der Liebe Christi? Bedrängnis oder Not oder Verfolgung, Hunger oder Kälte, Gefahr oder Schwert? [...] Doch all das überwinden wir durch den, der uns geliebt hat. Denn ich bin gewiss: Weder Tod noch Leben, weder Engel noch Mächte, weder Gegenwärtiges noch Zukünftiges, weder Gewalten der Höhe oder Tiefe noch irgendeine andere Kreatur können uns scheiden von der Liebe Gottes, die in Christus Jesus ist, unserem Herrn. (Röm 8,31.35.37–39)

Teil IV

Anklage

Gerechtigkeit auf dem Land
Der Traum von der Agrarreform[65]

Altamira, 28. August 1984

In dem von der 18. Generalversammlung der Brasilianischen Bischofskonferenz im Jahr 1980 verabschiedeten Dokument »Kirche und Landprobleme« hat sich die Kirche Brasiliens verpflichtet, »klar ungerechte und gewalttätige Situationen im Gebiet unserer Diözesen und Prälaturen anzuklagen und die Ursachen dieser Ungerechtigkeiten und Gewalttaten zu bekämpfen« (Nr. 96). Außerdem bestätigt die Kirche ihre Unterstützung »der gerechten Initiativen und Organisationen der Arbeiter« (Nr. 97) und der »Bemühungen der Menschen auf dem Land um eine echte Agrarreform [...], die den Zugang zum Land und die für seine Bebauung nötigen Bedingungen ermöglicht« (Nr. 99). Sie unterstützt die »Mobilisierung der Arbeiter, um die Anwendung und Reformulierung der bestehenden Gesetze sowie eine Agrar-, Arbeits- und Sozialversicherungspolitik einzufordern, die den Bedürfnissen der Bevölkerung entspricht« (Nr. 99).

Im Geiste dieser Beschlüsse und treu den von unserer Kirche übernommenen Verpflichtungen bin ich hierhergekommen, um vor dieser Parlamentarischen Untersuchungskommission zu Landproblemen in unserem Bun-

153

desstaat Stellung zu nehmen. Ich verstehe meine Mission nicht als die eines Mittlers oder Vermittlers zwischen den Menschen auf dem Land und den verantwortlichen Stellen für die Landpolitik und für die Unterstützung der Bauern und der Indios. Ich bin als Hirte der Kirche am Xingu gekommen, als Bruder der Landarbeiter und der Indios, deren Situation, Sorgen und Nöte ich gut kenne durch die persönlichen Kontakte bei unzähligen Pastoralreisen, die mich zu einer Vielzahl unterschiedlicher und weit verstreuter Gemeinden führen. Diese Sorgen erfahre ich auch durch die Berichte meiner Mitbrüder im Priesteramt und der Verantwortlichen in der Pastoral, die auf dem Land versuchen, nach dem Evangelium in großer Solidarität mit den Menschen zu arbeiten. Diese Menschen sind verachtet und gedemütigt, die elementarsten Lebensbedingungen werden ihnen vorenthalten. Schon lange hallt der Schrei dieses Volkes von den Ufern des Xingu wider. Aber dieser Schrei wird von den Regierungsstellen kaum gehört. Diese ziehen es vor, die Realität zu ignorieren oder eine Situation zu begünstigen, die für die große Mehrheit nahezu unerträglich geworden ist. Ich verstehe meine Mission also als Sprecher meines Volkes, als Stimme derer, denen Sitz und Stimme vorenthalten werden.

Schon allein die geografische Ausdehnung der Prälatur Xingu mit ihren 368.000 Quadratkilometern, die sieben Kommunen des Bundesstaates Pará ganz oder teilweise umfasst, macht die grundlegende Bedeutung der Landfrage klar, obwohl die genutzten Gebiete im Verhältnis zur Gesamtfläche noch unbedeutend sind. Das Gebiet hier ist sehr dünn besiedelt, demografisch fällt die Bevölkerung nicht ins Gewicht. Aber selbst in dieser Situation ist eine gerechte Verteilung des bebauten Landes keinesfalls gewährleistet. Im Gegenteil, in drei sehr unterschiedlichen Gebieten – Transamazônica, Unterer Xingu und Oberer Xingu – sehen wir dieselben Phänomene: immense Landgebiete in der Hand weniger Eigentümer; Einheimische ohne verbrieftes Recht auf Land oder von der Vertreibung bedroht; Indios in Reservaten zusammengedrängt, die offiziell noch nicht als indigenes Land anerkannt sind; aus anderen Bundesstaaten zugewanderte Kleinbauern ohne Zugang zu bebaubarem Land oder Opfer von langwierigen Verwaltungsprozessen, die Unsicherheit und Mutlosigkeit bewirken. Insgesamt also eine Landpolitik, welche den Großgrundbesitz privilegiert und sich den Kleinbauern entgegenstellt, trotz einer Propaganda, die vor aller Welt das Gegenteil behauptet.

Die Region der Transamazônica

Seit dem Beginn der Kolonisierung an der Transamazônica war es die erklärte Absicht der Regierung, eine ländliche Mittelklasse zu schaffen. Die Realität ist heute völlig anders als das, was damals beabsichtigt war. Nur etwa 10 Prozent der Bauern haben ein Niveau erreicht, das als »Mittelstand« betrachtet werden kann – sie besitzen durch Bankfinanzierungen Kakao- oder Pfefferpflanzungen oder auch Vieh. Diese Bauern sind jedoch heute die Besitzer von zwei oder mehr Flurstücken oder sogar von Großparzellen. Einige sind Zwischenhändler für Firmen geworden, die Kakao und Pfeffer aufkaufen. Die restlichen Bauern, also 90 Prozent, gehören zur Sparte der gering Verdienenden, sie leben vom sogenannten »weißen« Anbau – Reis, Mais, Maniok und Bohnen. Sie gerieten ohne Vorbereitung und fachliche Beratung in eine Marktwirtschaft und versuchten, Finanzierungsmittel zu erhalten, ohne sich im Geringsten auszukennen. Heute sind viele von ihnen hoch verschuldet und laufen sogar Gefahr, ihr Land zu verlieren. Es lohnt sich, eine Anekdote zu erzählen, die in Altamira die Runde macht: Am Allerseelentag entzündet eine Frau Kerzen vor der Filiale der Banco do Brasil. Ein Passant macht sie darauf aufmerksam, dass der Friedhof ein Stück weiter drüben liegt, aber sie antwortet: »Nein, mein Herr, ich bin hier richtig! Da drinnen liegt mein Mann begraben!« Man könnte lachen, wenn sich dahinter nicht die grausame Wirklichkeit verbergen würde, in der unzählige Familien leben.

Nach 13 Jahren Kolonisierung ist das Leben vor allem in abgelegeneren Gebieten unglaublich schwierig – es fehlen befahrbare Straßen, Brücken, Schulen, Gesundheitsposten. Wegen des Zustands der Straßen sind ganze Kommunen abgeschnitten. Man kann sich leicht die Verzweiflung dieser Familien vorstellen, vor allem in Krankheitsfällen. Wen um Unterstützung bitten, wo Hilfe suchen, wie einen Kranken bis zu irgendeinem Krankenhaus transportieren? Es stimmt, dass wir im vergangenen Winter eine außergewöhnlich starke Regenzeit hatten, die den schlechten Zustand der Überlandstraßen noch erhöht hat. Aber die Regenzeit kann nicht zum ausschließlichen »Sündenbock« für den Zusammenbruch eines gesamten Systems gemacht werden. Was mir ein Siedler vor ein paar Wochen erzählt hat, illustriert gut, was hier ständig passiert. Eine Firma hatte den Auftrag für den Bau einer Brücke auf einer Nebenstraße erhalten. Die Siedler merkten sofort, dass die verwendeten Balken nicht aus Hartholz waren und die Brücke nicht einmal den ersten Winter überdauern würde. Sie wandten sich an die zuständige Kontrollbehörde, und, so der Siedler: »Ein ›Doktor‹ erschien an der Baustelle. Er kam, schaute und verschwand.« Er traf keinerlei Maßnahmen, und vor allem gelang es ihm nicht, die Firma zu verpflichten, die schwachen Balken durch andere aus Hartholz zu ersetzen. Das Ergebnis liegt schon vor – wer will, kann es besichtigen: die Brücke stürzte nach kurzer Zeit ein. Die Firma ist weit weg, hat eine hübsche Summe in die Tasche gesteckt und macht mit Sicherheit die Regenzeit für den Einsturz der Brücke verantwortlich. Kein Kommentar!

Im Jahr 1982 begann das, was man die »zweite« Kolonisierung der Transamazônica nennen könnte. Aber leider hatte diese Phase den klaren Charakter einer simplen Kampagne zum Stimmenfang. Tatsächlich wurden 4.000 Grundstücke von 100 Hektar zwischen dem Kilometer 120 und dem Kilometer 240 der Strecke Altamira–Itaituba vermessen, aber die Mehrzahl dieser Parzellen liegt mitten im Dschungel und besitzt keinerlei Straßenanbindung. Das zuständige 8. Straßenbaubataillon scheint sich im Bummelstreik zu befinden, und bei einem inoffiziellen Gespräch enthüllten einige Offiziere, dass der Zweck ihrer Anwesenheit an der Strecke Kilometer 120–240 nicht der Straßenbau, sondern ein anderer sei ... So sieht man, dass trotz erfolgter Vermessung der Parzellen der Bau von Straßen, Schulen und Gesundheitsposten nicht mit der Ansiedlung der Familien Schritt hält. Außerdem gibt es keine der Situation von Kleinbauern angepassten Finanzierungen. Ihre Mittel und Werkzeuge sind begrenzt. Den unzähligen Krankheiten, der in der letzten Zeit erschreckend zunehmenden Malaria und der körperlichen Erschöpfung ausgesetzt, ohne Straßen, um ihre Produkte zu vermarkten, ohne ärztliche Betreuung, ohne Schulen, sind viele mutlos geworden und werden mit Sicherheit ihr Land an reichere Siedler oder Plantagenbesitzer verkaufen. Auf diese Weise wird eine wahrhafte »Ge-

genagrarreform« geschmiedet, und schon registrierter Landbesitz konzentriert sich in den Händen von einigen wenigen, welche zu Schleuderpreisen alle Grundstücke erwarben, die zum Verkauf angeboten wurden. Die Kleinbauern wurden zu Knechten oder Tagelöhnern degradiert, sie durften nur auf dem Land, von dem sie kurz vorher noch einen Besitztitel hatten, arbeiten, wenn sie die Hälfte ihrer Produktion ablieferten. Andere werden das Land verlassen, um die Außenbezirke der Großstädte aufzublähen, oder werden ihr Glück beim Goldgraben versuchen – die Schürfgebiete wachsen im Bereich des Xingu drastisch an.

Der größte Teil des Gebietes ist mit Großgrundbesitz von 3.000 Hektar und mehr oder von Parzellenverbänden von mehr als 500 Hektar bedeckt. Wirtschaftsgruppen, große Händler und Freiberufler, wie Ärzte und Rechtsanwälte aus Altamira und anderen Orten, bemächtigen sich des Landes an der Transamazônica unter den nachsichtigen Augen der zuständigen Stellen und Behörden. Im Bereich der Kilometer 140–170 gehören sieben Besitzern sage und schreibe 43.000 Hektar. Die Eigentümer wohnen zum größten Teil in den Bundesstaaten São Paulo oder Minas Gerais. An der Nebenstraße 15/17 gibt es bei den Kilometern 50 Süd und 185 Nord jeweils 30 Kilometer von Parzellenkonzentrationen, die zusammen 60.000 Hektar ausmachen. Ich frage mich ernsthaft, ob der INCRA (Behörde, die für die Agrarreform zuständig ist) erst dann aufwacht und tätig wird, wenn die Kleinbauern schon am Rand der Verzweiflung stehen! Ist es wirklich notwendig, dass ganze Karawanen von Siedlern, die bereit sind, ihren Besitz mit Zähnen und Klauen zu verteidigen, zu den Büros des INCRA pilgern, bevor jemand einen Finger rührt? Warum rät man im Streitfall immer dem Kleinen zu verschwinden, um seine Haut zu retten, statt zu ermitteln, wer das ganze Problem verursacht? Warum geht man der Sache nicht auf den Grund? Warum ist die erste Haltung immer der Abstand von dem fraglichen Gebiet, wo das Leben fast unmöglich wird, weil jegliche Infrastruktur fehlt? Und warum vergisst man dabei auch stets, dass die Pflanzungen und Installationen, die die Kleinbauern während langer Jahre im Schweiße ihres Angesichts errungen haben, nicht an einen anderen Ort verpflanzt werden können? Das Schicksal des Siedlers scheint es immer zu sein, das Gebiet zu roden, damit der Großfarmer es dann lustig in Besitz nehmen kann und seinen Gewinn auf dem Elend aufbaut, zu dem er den Pioniersiedler verdammt hat.

Die Region des Unteren Xingu

In den Kommunen Gurupá, Porto de Moz und Senador José Profírio variiert die Landsituation nach Art des Rohstoffgewinns, je nachdem, ob sie älter ist oder aus der jüngeren Vergangenheit stammt. Das beste Beispiel ist Gurupá. Die Mehrheit der Einheimischen besitzt kein Land. Bis heute bestimmen Produktionsbeziehungen aus der Zeit des Kautschukbooms die Situation: »Bezahlung« mit Lebensmitteln, nicht mit Geld. Die Eigentümer – es ist schwierig festzustellen, ob sie es wirklich »rechtmäßig« sind – kontrollieren als »Bosse« die Ausbeutung von Holz und Kautschuk. Die Arbeiter, »Kunden« genannt, sind verpflichtet, ihre Produktion im Tausch gegen Waren oder Gutscheine abzugeben, obwohl diese Praxis nach dem Landstatut verboten ist. Der unkontrollierte Abbau von Holz durch große Unternehmen geht weiter. Die Praxis, die Bezahlung der Holzfäller monatelang zurückzuhalten, schafft Hunger und Elend unter der Bevölkerung. In der letzten Zeit hat die Zerstörung der Açai-Palmhaine zum Gewinn von Palmherzen in der Region große Probleme verursacht. Es gibt regelrechte Drohungen gegen Einwohner, die sich dem widersetzen: Wenn sie selbst nicht bereit wären, die Açai-Palmen zu fällen, dann würden die Firmen und »Bosse« dafür Leute von außerhalb schicken. Dadurch würde den Açai-Leuten auch noch die zusätzliche Nahrung bei ihren ohnehin schon unzulänglichen Mahlzeiten vorenthalten.

Im ganzen Gebiet gibt es viele Familien, die Land nach Gewohnheitsrecht besitzen. Auch hier geht der Streit zwischen den Großen und den Kleinen weiter. Das für die Region zuständige Landinstitut des Bundesstaates Pará hat nicht einmal einen Vertreter in Gurupá. Die zuständigen Jurisdiktionsbeamten reisen häufig in die Hauptstadt und anderswohin, so dass der Eindruck entsteht, dass sie in ihrem eigenen Distrikt immer nur »auf Durchreise« sind. Wie oft reisen Leute aus dem Landesinnern zum Distriktsitz und vergeuden dabei das wenige Geld, das sie besitzen, nur um einen Termin für eine Audienz zu erhalten, die für viel später festgesetzt wird!

Die Konzentration des Landbesitzes in den Händen von einigen wenigen hat die intensive Migration der Einwohner von Gurupá in andere Kommunen begünstigt. Man braucht nur die Volkszählung von 1970 mit der von 1980 zu vergleichen. Im Jahr 1970 hatte Gurupá 13.983 Einwohner. Zehn Jahre später ist die Einwohnerzahl um weniger als 2.000 angewachsen, auf nur 15.871. Das Volk von Gurupá muss aus seiner Gemeinde ausziehen, um anderswo Land zu suchen, von dem es leben kann. Die Einheimischen werden durch die Not vertrieben, weil das Land, auf dem sie geboren wurden, jetzt anderen gehört.[66]

Die Region des Oberen Xingu

In Zeiten, die noch gar nicht lange zurückliegen, verursachte das Wort »Xingu« bei Menschen außerhalb der Region Angst und Schrecken, weil sie es mit den indigenen Völkern verbanden, die in diesem Gebiet lebten. In den in- und ausländischen Zeitungen ist schon viel über die Konflikte zwischen Indios und Weißen geschrieben worden. Die Geschichte des Xingu ist tatsächlich eine Geschichte des Blutvergießens, aber sie wird stets aus der Sicht der Weißen erzählt. Der »Bewohner des Urwaldes« kommt immer schlecht weg. Bis heute nennen viele Leute die Indios verächtlich »Urwaldtiere« oder »Wilde« und behaupten, dass sie verräterisch und unmenschlich seien. Die Indios wurden immer als die »Angreifer« bezeichnet, selbst wenn sie einfach das verteidigten, was ihnen seit Jahrhunderten gehörte. Die Landgebiete der Indios werden nicht respektiert, ihre Kultur verachtet, ihre Art und Weise zu leben lächerlich gemacht. Infolge des Kontaktes mit den Weißen sind am Oberen und Unteren Xingu Tausende von Indios umgekommen. Wer auf Seiten der Weißen den Preis dieses Blutvergießens zu zahlen hatte, das waren die armen Kautschukzapfer, die bei ihrem Kampf ums Überleben für Bosse arbeiteten, die in Altamira oder Belém lebten. Das Recht der Indios, auf dem Land zu leben, das ihnen gehört, auf dem Land ihrer Vorfahren, auf der »Mutter Erde«, die sie ernährt, die ihnen Jagdbeute oder mit ihren kristallklaren Flüssen reichen Fischfang bietet, wird bis heute missachtet. Und diese Missachtung ist auch der ausschließliche Grund aller Konflikte.

Und so unglaublich es klingen mag, es hat sich nicht viel geändert. Heute ist die Zahl der Toten zurückgegangen, die am Xingu durch Feuer und Blei umkommen, aber die Angriffe gehen weiter, die Invasionen werden fortgesetzt. Die Art, sich des indigenen Landes zu bemächtigen, ist heute eleganter, aber deshalb nicht weniger grausam. Die indigenen Völker am Xingu werden weiterhin von allen Seiten bedrängt, von Bergwerksgesellschaften, Holzfirmen und Großplantagen. Vor mehr als zehn Jahren wurde die offizielle Anerkennung des Indioreservats Kayapó geplant. Bis heute ist sie nicht abgeschlossen. Vor ein paar Jahren hat der Konflikt zwischen dem indigenen Volk der Gorotire und Plantagenarbeitern, die zum Abholzen in deren Gebiet eindrangen, die Behörden in gewisser Weise vorgewarnt, aber bis heute hat er nicht zur offiziellen Anerkennung ihres Landes geführt, die zukünftigen Zwischenfällen vorbeugen könnte. Vor etwa einer Woche habe ich am Posten Gorotire einen Landvermesser angetroffen, der mir Hoffnung machte, dass man jetzt endlich den Prozess der offiziellen Anerkennung abschließen wird. Aber selbst wenn das Indioreservat offiziell vermessen ist, werden unsere Indios dennoch nicht in Frieden leben können.

Das Präsidentendekret Nr. 88.985 vom November 1983 öffnet die Indiogebiete definitiv für die Erzausbeutung durch Wirtschaftsgruppen. Wer die Situation nicht kennt, kann sich die tödlichen Folgen nicht vorstellen, die dieses Rechtsinstrument für die indigenen Völker mit sich bringt. Schon heute befinden sich Tausende von Erzschürfern innerhalb der indigenen Gebiete des Xingu. Man zahlt den Indios einen gewissen Prozentsatz des gewonnenen Metalls und versucht so, ihre Forderungen zu begleichen und sie für ein gütliches Zusammenleben zu erobern.

In Wirklichkeit ist das Ausschütten von Geld in Indiodörfern nichts anderes als der Todesstoß für ihre Stammesgesellschaft. Man schafft eine starke Abhängigkeit vom Geld, der Kultur der Weißen und deren Konsumartikeln. Die Indios sind nicht gewohnt, mit großen Geldbeträgen umzugehen, und erliegen unweigerlich der fatalen Versuchung, unnütze Ausgaben zu machen, ihre Äcker und Handwerksproduktionen und die Gemeinschaftsarbeit aufzugeben. Die Gemeinschaft wird instabil, und es kommt auch vor, dass die Kaziken der Korruption zum Opfer fallen, ganz nach dem Schema der Weißen. Hinzu kommen noch verschiedene Arten der Sucht, die durch häufigen Kontakt mit der weißen Gesellschaft geradezu provoziert werden.

Es gibt noch eine andere Sorge, die uns alle aufrütteln muss. Ich konnte es kaum glauben und wollte meinen Augen nicht trauen, doch in der letzten Woche habe ich etwas gesehen, das uns alle betrifft. Der Rio Fresco, einer der größten Nebenflüsse des Xingu, an dessen Ufern zwei große Indiodörfer liegen, Gorotire und Kikre-tum, ist völlig verseucht. Die Kieselwaschungen in den Erzschürfungen haben sein Wasser so schmutzig und schlammig gemacht, dass man nicht einmal mehr darin baden kann, geschweige davon trinken. Das Fischsterben hat schon begonnen. Das beim Goldschürfen und -reinigen verwendete Quecksilber, Lösungsmittel und Öle werden in den Fluss geleitet, mit verheerenden Folgen für die Gesundheit der Indios und der Flussanwohner. Die Konsequenzen dieser Katastrophe sind bis nach São Félix und noch weiter hinab zu spüren. Es müssen dringend Maßnahmen ergriffen werden, um diesen Verbrechen gegen die Umwelt und die dort lebende Bevölkerung Einhalt zu gebieten.

Trotz aller offiziellen Verlautbarungen sind die für die Lösung der Landfrage zuständigen Behörden nicht in der Lage, den Kleinbauern eine effektive Unterstützung und Versorgung zu gewährleisten. Die Reservate der Indios gelten weiterhin als Ziel von Invasionen im Namen von Entwicklung und Fortschritt. Die Agrarpolitik privilegiert den Großgrundbesitz, der oft brachliegt und deshalb unmoralisch und ein unerhörter Affront gegen diejenigen ist, die das Land nicht zur Spekulation brauchen, sondern zur Ernährung ihrer Familien. Und selbst wenn das Land genutzt wird, ist der Großgrundbesitz ungerechtfertigt, weil er, wie uns die Erfahrung lehrt, verschwindend wenig Arbeitsplätze schafft und außerdem unzählige Bauern hindert, ein Stückchen Land zu bebauen, um davon zu leben.

Wenn man von Agrarreform spricht, denkt man gewöhnlich an neue rechtliche Maßnahmen zur ausgewogenen Verteilung von bebaubarem Land. Was in erster Linie notwendig ist, sind jedoch nicht neue Dekrete und Gesetzesnovellen, sondern die Berücksichtigung der Menschen, die auf dem Land arbeiten und deshalb ein Recht darauf haben, denn »was den Besitz von Land rechtfertigt, ist vor allem die Arbeit auf diesem Land« (Dokument »Kirche und Landprobleme«, Nr. 91).

Ich habe das Leid meines Volkes gesehen
Barbarei an der Transamazônica

Die vielen Gesichter der Gewalt

Altamira, 13. Juni 1983

Im Februar 1982 ermordeten am Kilometer 94 der Transamazônica Angestellte der Conan, Inhaberin der Zuckerfabrik Abraham Lincoln, auf brutalste Weise zwei Landarbeiter, Antônio und Manoel. Die beiden hatten es gewagt, für die geleistete Arbeit einen gerechten Lohn zu verlangen. Aasgeier kreisten über einer bestimmten Stelle und erregten so die Aufmerksamkeit der benachbarten Siedler. Diese entdeckten dann, vier Tage nach dem Verbrechen, die verstümmelten Leichen im Gestrüpp am Rand des von den beiden gepflanzten Zuckerrohrfeldes. Um sich »Respekt zu verschaffen«, verbreitete die Conan unter der Bevölkerung Angst und Schrecken. Die Verbrecher verzogen sich in den Bundesstaat Pernambuco, wo die Conan ihren Firmensitz hat, und lebten dort unbehelligt auf freiem Fuß. Zwei Frauen wurden Witwen und acht kleine Kinder vaterlos.

Die Kirche am Xingu verurteilte in einer Solidaritäts- und Protesterklärung die Verbrechen und verlangte von den Behörden Aufklärung und entsprechende Maßnahmen, um alle Formen von Gewalt aus der Region zu verbannen. Diese Erklärung sandte ich zusammen mit einem ausführlichen Bericht über die tragischen Ereignisse an die Sicherheitsbehörden in Belém und Brasília. Die Landarbeiter und Pflanzer mit ihren Familien versammelten sich einen Monat später am Ort des Verbrechens zu einem siebenstündigen Kreuzweg. Sie bekundeten so ihr Leid und ihre Not öffentlich. Eine Unterschriftenaktion, an der sich 1.269 Einwohner der Zuckerrohrregion der Transamazônica beteiligten, forderte Gerechtigkeit und machte die Behörden auf die große Gefahr des Scheiterns des Besiedlungsprojektes an dieser Riesenstraße quer durch Amazonien aufmerksam. Sollte das Projekt scheitern, dann fiele wohl die ganze Region als immenser Großgrundbesitz in die Hände der Conan. Die Unterzeichner baten den Bischof, auch dieses Dokument an alle Behörden zu senden, die in irgendeiner Weise mit den Problemen an der Transamazônica zu tun hatten. Damals dachten wir noch, dass die Sicherheitsorgane angesichts einer solchen Tragödie alles unternehmen würden, um dem Terror an der Transamazônica ein Ende zu setzen. Aber nichts geschah. Die Behörden bestätigten nicht einmal den Empfang der Unterschriften so vieler Menschen, sondern zogen es vor, die grausamen und schmerzlichen Tatsachen zu ignorieren.

Ab September 1982 ändert sich die Strategie der Gewalt. Zuerst der Mord, um sich »Respekt zu verschaffen«, jetzt aber wird das Volk zu einem langsamen Hungertod verdammt, indem man ihm die Bezahlung des abgelieferten Zuckerrohrs verweigert und auch die Löhne der Fabrikarbeiter nicht auszahlt. Das ist die schäbigste Form der Gewalt, die man Menschen antun kann. Man raubt ihnen Arbeit, Schweiß und Kraft und erzeugt auf diese Weise Elend, Hunger und Krankheit. Die Folge sind hungrige und kranke Kinder, verzagte und verzweifelte Frauen, enttäuschte und gedemütigte Männer, die nicht mehr wissen, wie sie mit ihren Familien überleben sollen. Diese entsetzliche Realität erinnert mich an die Hebräer in Ägypten, vom Pharao geschunden und ausgebeutet.

Aber dennoch sind Geduld und Hoffnung dieses Volkes noch nicht erschöpft. Es glaubt nach wie vor an eine baldige Lösung und schickt Vertreter der Vereinigung der Zuckerrohrlieferanten nach Brasília und Rio de Janeiro. Sie klopfen an die Türen der Chefetagen beim INCRA und beim Zucker- und Alkoholinstitut, an die Türen von Ministern und Politikern, Abgeordneten und Senatoren, aber immer wieder kommen sie mit leeren Händen zurück, und jedes Mal mit einem größeren Frust. Nichts als Versprechen, völlig vage und diffuse Zusicherungen. Einmal – es ist schon Dezember – blockieren einige erboste und gedemütigte Siedler mit ihren Traktoren und Ladewagen den Fabrikeingang. Sie wollen den Abtransport von Zucker und Alkohol verhindern. Aber statt endlich die gerechten Forderungen zu erfüllen, wendet sich die Conan an die Sicherheitsorgane. Statt den längst fälligen Lohn auszuzahlen, lässt die Firma die Siedler durchsuchen und droht ihnen mit Gefängnis. Im Januar 1983 übernehmen zwei Anwälte aus Altamira die Verteidigung der Rechte der Zuckerrohrpflanzer und erreichen tatsächlich die richterliche Verfügung, Zucker und Alkohol in Höhe der Schulden zu beschlagnahmen. Diese Order blieb jedoch nur zwölf Tage in Kraft. Dann annulliert die Richterin von Monte Alegre, Pará, zu deren Distrikt das Gebiet des Kilometers 90 der Transamazônica gehört, den Prozess ohne Urteil über das Streitobjekt und verurteilt die Siedler, die seit Monaten ohne Geld und in Schulden gelebt haben, sowohl die Prozess- als auch die Anwaltskosten zu tragen. Alle diese Willkürakte und Ungerechtigkeiten, denen die Menschen an der Transamazônica permanent ausgesetzt sind, klagt die Kirche vom Xingu in einer weiteren Solidaritätserklärung am 18. Februar 1983 an.[67]

In allen Pfarreien und Gemeinden der Prälatur Xingu wird die Erklärung verlesen und die regionale und nationale Bischofskonferenz benachrichtigt. Die große Presse weigert sich allerdings, zu berichten. Die Erklärung bringt nicht den erhofften Erfolg, denn das Herz der Mächtigen bleibt weiterhin verstockt.

Pfingstsonntag, 22. Mai 1983. Im Agrardorf beim Kilometer 90, am Sitz der Asfort (Vereinigung der Zuckerrohrlieferanten), versammeln sich um neun Uhr vormittags Zuckerrohrpflanzer, Fabrikarbeiter und andere Einwohner der Region zu einer spannungsgeladenen und langwierigen Versammlung. Der Präsident der Asfort, Francisco Aguiar Silveira, Chico genannt, erklärt: »Heute macht es keinen Unterschied, ob jemand Zuckerrohrpflanzer, Fabrikarbeiter oder Siedler ist. Wir alle sind das vergessene und leidende Volk der Transamazônica. Wir wollen nun entscheiden, welche Initiativen wir ergreifen werden! Alle Versuche, endlich den Lohn für unsere Arbeit in den Zuckerrohrplantagen zu erhalten, sind gescheitert. Die Bezahlung steht seit neun Monaten aus, und auch die Arbeiter und Angestellten der Fabrik bekommen seit drei Monaten ihre Löhne nicht ausbezahlt.« Um ein Uhr nachmittags beschließt die Versammlung, die Transamazônica an der Brücke beim Kilometer 92 zu sperren. Um vier Uhr blockieren Trecker und Ladewagen die beiden Seiten der Brücke. Transparente mit dem Grund der Blockade und den Forderungen werden aufgespannt: Sofortige Bezahlung der Zuckerrohrlieferanten und der Fabrikarbeiter; Garantie, das Zuckerrohr mahlen zu können; Garantie der Bankfinanzierungen für die Ernte 1983 und bedingungsloser Rückzug der Conan! Auf einem der Transparente ist zu lesen: »Wir haben ein Recht auf Leben!« Und auf anderen: »Wir wollen keine Gewalt, wir wollen unser Recht« – »Mutter der Armen, komm deinen Kindern zu Hilfe« – »Geschwisterlichkeit ja, Gewalt nein!«

Am Morgen des 23. Mai erhalte ich telefonisch die Nachricht von der Blockade. Ich fahre sofort hin. Die Leute empfangen mich mit Applaus. Im Lager ist bereits eine Lautsprecheranlage montiert. Ich nehme das Mikrofon in die Hand und erkläre, ich sei gekommen, um dem Volk an der Transamazônica aufs Neue meine Unterstützung und meine rückhaltlose Solidarität bei der Einforderung seiner Rechte zu versichern. In dieser schweren Stunde ist es für mich eine Gewissensentscheidung, mit den hier tätigen Priestern und Ordensschwestern bei den Siedlern, Landarbeitern und Fabrikarbeitern zu bleiben. In Zeiten der Finsternis, Verzweiflung, Gefahr, Not und Leid, kann ich als Hirte meine Herde nicht ihrem Schicksal überlassen und im geschützten Raum einer Kirche oder Kapelle abwarten, was als Nächstes passieren wird. Der Hirte hat bei seinem Volk zu sein, bei seiner Herde. Nie habe ich über die Rechtmäßigkeit dieser Initiative des Volkes diskutiert. Alle Welt weiß, dass es »gegen die Verfassung verstößt«, eine öffentliche Straße zu blockieren. Aber alle Welt weiß genauso, dass es ein unverhältnismäßig größeres Vergehen ist, die mehr als gerechten Forderungen dieses armen, aber arbeitsamen Volkes schlicht und einfach zu ignorieren. In einer solchen Grenzsituation fragt niemand mehr, ob das Blockieren einer Straße rechtmäßig ist oder nicht. Aber alle wissen, dass es rechtswidrig, gegen die Verfassung und ein Verstoß gegen die Menschenrechte ist, diesen Menschen die Frucht ihres Schweißes und ihrer Arbeitskraft zu rauben. Niemand kampiert hier, um Almosen zu erbetteln. Es geht um Recht und Gerechtigkeit. Alle rechtlichen Mittel sind erschöpft, alle Verhandlungen gescheitert. Es ist eine letzte und verzweifelte Initiative, die öffentliche Meinung auf die unerträgliche Lage aufmerksam zu machen, der diese Menschen seit langen Monaten ausgesetzt sind.

Während der Demonstration gibt es einige sehr kritische Momente, vor allem als ein paar betrunkene Lastwagenfahrer drohen, die Straße »mit Gewalt« zu räumen. Die Leute wollen niemanden schädigen und zeigen Verständnis für die Probleme der Fahrer. Die verderbliche Fracht von zwei Lastwagen (Obst, Gemüse und sonstige Lebensmittel) wird von den Siedlern selbst von einer Seite der Brücke zur anderen getragen, um in anderen Fahrzeugen weitertransportiert zu werden. Zu keinem Zeitpunkt gibt es Ausschreitungen oder Unordnung. In einer Feldküche werden die Mahlzeiten zubereitet. Von überall her kommen Lebensmittelspenden. Ordensschwestern betreuen eine kleine Apotheke. Von Anfang an gilt, jegliche Form von Gewalt und eventuelle Gegenreaktionen zu vermeiden, was immer auch geschehen möge. Das Tragen von Waffen und Alkoholkonsum sind strengstens verboten.

Am Abend des 23. Mai erscheint am Kilometer 92 der Staatssekretär für Innere Angelegenheiten und Justiz, Dr. Itair Silva, in Begleitung des Bundesstaatsabgeordneten Edson Batista. Der Staatssekretär wendet sich an die Demonstranten mit den Worten: »Ihr habt das uneingeschränkte Recht, eure Forderungen zu stellen. Aber ich bringe euch die alarmierende Nachricht einer möglichen Intervention des Bundesstaates Pará, wenn die Straße nicht geräumt wird.« Das Volk bleibt standhaft. Schließlich bringen diese Regierungsvertreter ja keinerlei konkrete Lösung mit. Nur die Erfüllung der Forderungen kann zur Aufhebung der Blockade führen.

Am 25. Mai organisieren Schüler und Gemeindemitglieder von Altamira einen Solidaritätsmarsch. Die 12. Regionale Erziehungsabteilung und das Erziehungs- und Kultursekretariat drohen der Direktion, den Lehrern und den Schülern des Instituts Maria de Mattias mit Strafen, sollte jemand an der Kundgebung teilnehmen. Der Marsch findet dennoch statt. Lebensmittel und Geld werden für die Menschen an der Transamazônica gesammelt.

Der 26. Mai scheint endlich die Lösung der Probleme zu bringen. Um sechs Uhr abends ruft aus Rio de Janeiro Dr. José Bacelar vom INCRA an und will mit drei Vertretern der Gruppe sprechen: mit einem Zuckerrohrpflanzer, einem Fabrikarbeiter und einem Geistlichen. Um neun Uhr abends kommt die »gute Nachricht«, die Forderungen seien erfüllt worden. Als eine Art »Vertrauensvorschuss« mögen die Demonstranten aber die Straßensperre umgehend aufheben. Das Volk beschließt, die Straße bei der für den nächsten Tag vorgesehenen Ankunft der Kommission aus Brasília freizugeben. Und tatsächlich entfernen die Siedler am 27. Mai, um ein Uhr nachmittags, die Fahrzeuge und Maschinen, der Verkehr beginnt wieder normal zu fließen. Der Staatsgouverneur von Pará, Jáder Barbalho, kommt in Begleitung von Dr. Itair Silva und des Abgeordneten der Bundesregierung Domingos Juvenil nach Altamira, kehrt aber unverrichteter Dinge nach Belém zurück. Ein Treffen mit den Leuten an der Transamazônica lehnt er ab, bestätigt aber in Altamira, dass das Problem gelöst und alle Forderungen der Demonstranten erfüllt seien.

Die heiß erwartete Kommission mit Dr. José Bacelar vom INCRA, Dr. Vivaqua vom Zucker- und Alkoholinstitut und Dr. Valter von der Regionalkoordination des INCRA trifft am Samstag, dem 28. Mai, ein. Um zehn Uhr vormittags beginnt die Sitzung im Büro der Asfort am Kilometer 90. Die Leute wünschen meine Teilnahme an der Versammlung, und so sitze ich zusammen mit Pater Alírio Bervian und weiteren acht Vertretern der Demonstranten am Verhandlungstisch. Von Anfang an ist völlig klar, dass die Kommission keine Lösung mitgebracht hat. Die Bezahlung wird zwar versprochen, aber kein Datum festgelegt. Also wieder einmal nur vage Versprechungen! Um zwei Uhr nachmittags informiert Chico das Volk über die Ergebnisse der Gespräche mit der Kommission: »Leider hat sich nichts geändert. Weiterhin keine Lösung in Sicht! Ich bitte trotzdem alle, Ruhe zu bewahren!« Die Reaktion des Volkes darauf, wieder einmal verraten, wieder einmal enttäuscht, wieder einmal – man kann es ruhig so sagen – übers Ohr gehauen worden zu sein, ist eindeutig: »Straße sperren! Straße sperren!« Innerhalb weniger Minuten ist die Straße erneut blockiert. Trotz des Scheiterns der Verhandlungen verspricht die Kommission aus Brasília, in Vila Pacal zu bleiben, bis der gegenwärtige tote Punkt überwunden sei.

1. Juni 1983. Der Tag, an dem die Tragödie ihren Höhepunkt erreicht. – Weil ich fast 40 Grad Fieber habe, verbringe ich den 30. und 31. Mai in Altamira. Bis um ein Uhr nachmittags hänge ich an einer Infusion. Danach halte ich es nicht mehr aus in der Hängematte. Den ganzen Morgen werde ich das bange Gefühl nicht los, dass sich an der Brücke beim Kilometer 92 etwas zusammenbraut. So fahre ich, obwohl ich mich noch etwas schwach fühle, an die Transamazônica. Schon ganz in der Nähe der Brücke hält ein uniformierter Polizist meinen Käfer an und fragt, was ich hier mache und wohin ich wolle. Ich antworte, ich sei als Bischof zu meinem Volk unterwegs. Er winkt mich ohne Probleme durch. Die Leute freuen sich sehr über meine Rückkehr und rufen mir zu:

Gott sei Dank, Sie sind gekommen! Um vier Uhr machen wir die Straße auf. Chico, Dr. Hélio und Pater Alírio sitzen schon seit Stunden mit der Kommission aus Brasília zusammen und arbeiten ein Dokument aus. Die Kommission aus Brasília wird dieses Dokument unterschreiben, und das bedeutet dann »grünes Licht« für die Öffnung der Straße. Dom Erwin, das Abkommen wird klappen! Unsere Forderungen werden erfüllt, endlich! Das ist unser Sieg, Gott sei Dank!

Einige Minuten vergehen, und dann sehe ich die drei Vertreter kommen: Chico, Präsident der Asfort, Dr. Hélio, Vertreter der Arbeiter und Angestellten der Zuckerfabrik, und Pater Alírio, der die Gemeinden vertritt. Sie treffen sich auf der Brücke mit Major Watrin. Inmitten des Volkes höre ich das Ultimatum: die Straße muss geräumt werden, die Frist läuft endgültig um vier Uhr ab. Ich dringe zum Major vor und gebe ihm zu bedenken: »Die Lösung ist hier nicht Gewalt, sondern die Erfüllung der völlig berechtigten Forderungen der Leute!« Er antwortet mit keiner Silbe. Da nimmt mich Chico beiseite und fragt voller Enttäuschung und Sorge:

Was jetzt? Nichts haben wir erreicht! Alles ist gescheitert! Die Männer haben in Brasília angerufen und das Dokument vorgelesen, das wir zusammen erarbeitet haben. Die unmissverständliche Antwort aus Brasília war das Verbot, irgendein Dokument, eine Verpflichtung oder ein Abkommen zu unterschreiben. Die sind selber am Boden zerstört und völlig frustriert. Was sollen wir denn jetzt tun?

Ich antworte ihm: »Chico, die Leute haben ein Recht darauf, die volle Wahrheit zu erfahren. Ich meine, dass du ihnen alle diese Informationen weitergeben musst. Aber wiederhole auch deinen Appell, gewalttätige Reaktionen zu vermeiden!« Die Leute versammeln sich. Chico erklärt, was geschehen ist, und wiederholt noch einmal den Appell, keinerlei Gewalt anzuwenden. Dr. Hélio bekräftigt dies: »Ich bin der Meinung, dass wir friedlich hier ausharren sollen!« Auch Pater Alírio bittet, Ruhe zu bewahren. Danach gibt Chico mir das Wort: »Ich glaube, der Bischof will etwas sagen.« Ich protestiere gegen das Scheitern der Verhandlungen und das Veto aus Brasília, irgendwelche

Abkommen zu unterschreiben. Mit den Worten »Ich bin zutiefst darüber empört, dass das Volk wieder einmal Opfer des völligen Desinteresses der Behörden ist« und dem Segen endet meine kurze Ansprache. In diesem Augenblick beginnen die Demonstranten, einer nach dem anderen, sich auf die staubige Straße zu setzen. Auch ich setze mich hin, zwischen Chico und Severino, einem anderen Landarbeiter und Familienvater. Kinder, Frauen und Männer, ungefähr zweihundert Menschen! Kein einziges Wort ist zu vernehmen. Die Stille wirkt schrecklich! Und plötzlich hören wir den Gleichschritt eines Polizeibataillons, das sich uns nähert, bis an die Zähne bewaffnet. Danach kommt noch ein zweites, das hinter dem ersten Stellung bezieht.

Wir geben uns die Hände und erheben sie zum Himmel. Ein Polizist brüllt: »Runter mit den Händen!« Aber niemand gehorcht. Eine Frau schreit: »Wir wollen Frieden!« Und die Männer antworten: »Wir wollen Gerechtigkeit!« In diesem Moment werfen die Polizisten die ersten Schreckschussgranaten. Niemand steht auf. Dann folgt eine Salve von Tränengasbomben. Kinder und Frauen schreien verzweifelt, manche werden ohnmächtig, Männer wanken von einer Seite zur anderen. Ich bleibe mitten auf der Straße im Qualm liegen. Ich sehe nichts mehr und verberge mein Gesicht im Hut. Das Gas lässt mich würgen, Haut und Augen brennen. Nach einiger Zeit verzieht sich der Rauch. Ich krieche zu einem Wassertank, tauche mein Taschentuch ein und fahre mir damit übers Gesicht. Da sehe ich Dr. Hélio ohnmächtig am Boden liegen. Ein paar Männer kümmern sich um ihn. Als ich näher komme, um auch zu helfen, stürzt sich ein wütender Soldat auf mich. Er packt mich am Hemd, wirft mich zu Boden und tritt mir in den Rücken. Die Leute, die meine Festnahme beobachten, rufen verzweifelt: »Lass ihn los, das ist unser Bischof!« Der Soldat dreht mir den Arm auf den Rücken und stellt mich wieder auf die Füße. Ich frage ihn, warum er mich so behandle. »Befehl ist Befehl«, gibt er mir zur Antwort. Der verdrehte Arm schmerzt sehr, und ich bitte ihn, den Griff zu lockern. Ich habe ja nicht im Sinn zu flüchten und füge noch hinzu: »Das wird wohl das erste Mal sein, dass Sie einen Bischof festnehmen!« Und wieder ist die Antwort: »Ich führe Befehle aus!«

Mit dem Arm auf den Rücken gedreht, die Hand in der Höhe des Nackens, führt mich der Soldat etwa hundert Meter weit ab, zu einem Bus der

Transbrasiliana. Dort lockert er den Griff. Ich schaue zurück und bemerke, wie Chico mit erhobenen Händen folgt, den Gewehrlauf eines Soldaten im Rücken. Der Bus wird zu unserem Gefängnis, von weiteren Soldaten umringt. Sofort ist uns klar, dass wir uns in Geiselhaft befinden. Mit unserer Festnahme soll auf die Demonstranten Druck ausgeübt werden. Und tatsächlich, die Leute weichen zurück und öffnen die Brücke. Damit hat die Polizei ihr Ziel erreicht, und Chico und ich sind wieder frei. Major Wantrin beschimpft uns vor allen Leuten lautstark und nennt uns »Agitatoren«, die das Vertrauen und die Achtung des Volkes nie verdient hätten. Ich bitte mir Respekt aus und erkläre ihm, dass ich hier sei, um nichts anderes als meine Hirtenpflicht zu erfüllen. Und dann blicke ich ihm gerade ins Gesicht und schreie ihn an: »Was hier gerade passiert, ist eine abscheuliche Barbarei und unerhörte Feigheit gegenüber wehrlosen und unbewaffneten Menschen! Nicht einmal auf schwangere Frauen und Kinder habt ihr Rücksicht genommen! Eine bodenlose Gemeinheit!« Das genügte dem Major, um erneut meine Festnahme anzuordnen. Die Leute umzingeln uns und den Major und fordern unsere sofortige Freilassung. Ich glaube, in diesem Augenblick bekommt es der Major mit der Angst zu tun und entschließt sich, uns freizugeben. Frauen und Männer umarmen uns weinend.

Am Dienstag, dem 7. Juni 1983, erfolgt die Bezahlung sowohl der Zuckerrohrpflanzer als auch der Fabrikarbeiter. Warum haben die zuständigen Stellen und Behörden den Menschen so lange ihr Recht vorenthalten, bis sie nicht mehr anders konnten, als die Straße zu blockieren? Warum war es nicht möglich, die Zahlungen eher vorzunehmen? Warum hat man die Forderungen der Leute erst nach gewalttätigen Angriffen und der willkürlichen Festnahme des Bischofs und eines Familienvaters erfüllt?

Pater Tore, warum musstest du sterben?

Altamira, 18. Juli 1992

Die Barbareien gehen weiter. Der 16. Oktober 1987 hat sich unauslöschlich in mein Gedächtnis eingeprägt. Dieser Tag teilt mein Leben in zwei Teile: vorher und nachher. Siedler, die seit Jahren unter der Verantwortungslosigkeit der Regierungsorgane leiden, deren Funktion keine andere zu sein scheint, als Versprechen zu geben, sie aber nicht zu erfüllen, kampieren wieder einmal vor dem Gebäude des INCRA im Städtchen Brasil Novo, um die Instandsetzung der Nebenstraßen der Transamazônica zu fordern. In der Regenzeit wird das Landesinnere für viele zum Kerker. Familien und ganze Gemeinden sind von der Außenwelt abgeschnitten. Jede Krankheit kann tödlich ausgehen, weil es unmöglich ist, Medikamente zu besorgen, einen Arzt oder ein Krankenhaus aufzusuchen. Ich kenne Fälle, in denen man Kranke mehr als 30 Kilometer in Hängematten transportiert hat. Die Hängematte baumelte an einem Rundholz auf den rasch aufgescheuerten und blutenden Schultern zweier Männer. Verstorbene werden im Garten hinter dem Haus begraben, da es keine Möglichkeit gibt, den Leichnam bis zum Friedhof zu bringen.

Im Oktober geht die Trockenzeit langsam zu Ende. Frauen, Männer und Kinder versammeln sich, um noch vor Einbrechen der Regenzeit von der Regierung eine Lösung zu fordern. Am 15. Oktober fahre ich in das 45 Kilometer von Altamira entfernte Brasil Novo. Ich will mit den demonstrierenden Leuten zusammentreffen. Sie bitten mich, am nächsten Tag wiederzukommen, um mit ihnen die Eucharistie zu feiern. Gerne nehme ich die Einladung an. Alle diese Frauen, Kinder und Männer aus dem Landesinneren sind Mitglieder der Basisgemeinden.

Ich will nicht allein fahren, sondern den Menschen zeigen, dass wir alle, Bischof, Priester, Ordensschwestern und Laien in liebender Solidarität füreinander einstehen. Ich lade die Patres Salvatore Deiana (Tore) und Mateus Antonello ein, mitzukommen. Auch Sonia, die Sekretärin der Landpastoral (CPT) am Xingu, will mitfahren. Wir verlassen Altamira gegen 13.30 Uhr. Während der Fahrt unterhalten wir uns und sprechen über die gegenwärtigen Ereignisse. Ich sitze am Lenkrad, Tore neben mir, Sonia und Mateus auf dem Rücksitz. Es ist sehr heiß, und jedes Mal, wenn ein entgegenkommendes Fahrzeug an uns vorbeifährt, hüllt uns eine Staubwolke ein.

In der Nähe des Kilometers 23 der Transamazônica (BR 230 Altamira–Itaituba) entdecke ich auf einer Anhöhe vor uns ein helles Auto. Ich denke, es kommt uns entgegen, und schließe das Fenster, um uns vor dem Staub zu schützen. Stattdessen kommt ein Kleinlastwagen direkt auf uns zu, genau bevor wir den Scheitelpunkt der Anhöhe erreichen. Ausweichen ist unmöglich. Ich sehe nur das Fahrzeug, das mit voller Geschwindigkeit auf unserer Straßenseite herankommt und unser Auto frontal rammt. Alles geschieht im Bruchteil einer Sekunde. Ich erleide Frakturen im Gesicht, verliere Zähne, breche einige Rippen. Aber ich verliere nicht das Bewusstsein. Ich sehe zwei Männer aus dem Lastwagen aussteigen. Sie laufen weg! Ich blute aus Mund und Nase, und der Schmerz scheint unerträglich. Ich kämpfe mit Atemnot, wende mich aber zu meinem Mitbruder neben mir und rufe seinen Namen: »Tore! Tore! Tore!« Er antwortet nicht mehr. Er ist tot.

Wir wollten die Eucharistie mit den Armen von Brasil Novo feiern. Tore gehört der Kongregation der Xaverianer an, die seit mehr als 20 Jahren am Xingu unter dem einfachen Volk und den Indios in oft schwierigen und konfliktreichen Situationen arbeiten. An jenem Tag feiert Tore, in Sardinien geboren, erst 31 Jahre alt, die Eucharistie nicht mehr unter den Gestalten von Brot und Wein, sondern mit seinem eigenen dahingegebenen Leib und vergossenen Blut für ein Volk, das er liebte und dem er sein ganzes Leben widmen wollte, insbesondere den Jugendlichen am Xingu.

Nach diesem sogenannten »Unfall« liege ich sechs Wochen im Krankenhaus Guadalupe in Belém. Die erlittenen Brüche heilen. Aber niemals werde ich in meinem Innern den Schock überwinden, den ich durch den Tod von Pater Tore erlitten habe. Noch im Krankenhaus erhalte ich einen Brief aus Italien, der mir die Beisetzung auf dem Friedhof von Tores Heimatort Ardaúli schildert. Die Worte seiner Mutter, als sie ihren toten Sohn in Sardinien zurückempfängt, mache ich seit langem zu meinen eigenen: »Non capisco, ma sia benedetto il Signore, sia benedetto!« – »Ich verstehe es nicht, aber der Herr sei gepriesen, sei gepriesen!«

Der Tod von Pater Tore muss in einem größeren Zusammenhang gesehen werden. Er fällt in die Zeit der Verfassunggebenden Nationalversammlung und die von politisch und wirtschaftlich Mächtigen angezettelte antiindigene Welle. Im August 1987 veröffentlicht die Tageszeitung *O Estado de São Paulo* fünf Tage lang verleumderische und ausdrücklich diffamierende Artikel mit gefälschten Dokumenten gegen den Indianermissionsrat, mit der Anschuldigung, den Ruf Brasiliens zu beschädigen, weil wir die Menschenwürde der indigenen Völker verteidigen und uns für die Verankerung ihrer Rechte in der brasilianischen Verfassung einsetzen. Der Zweck der Hetzkampagne ist es, die Beteiligung des CIMI im Kontext der Verfassunggebenden Nationalversammlung zu schwächen.[68] Die Kriminalisierung des CIMI hat eine Parlamentarische Untersuchungskommission zur Folge, mit der Aufgabe, alle belastenden Dokumente auf ihre Echtheit zu prüfen. Die Vertreter der Zeitung kommen sofort zu Wort, und auch ich warte auf eine Vorladung. Ich bin mir absolut sicher, dass es mir gelingen wird, diese Farce zu entlarven. Rechtsanwälte des CIMI und der brasilianischen Anwaltskammer haben bereits ein detailliertes Dossier zusammengestellt, das alle Anschuldigungen als nicht fundiert und verleumderisch entkräftet. Aber statt nach Brasília zu reisen, werde ich Opfer eines niemals aufgeklärten mysteriösen »Unfalls«, der das Leben eines jungen Paters kostet und mich sechs Wochen lang an ein Krankenhausbett fesselt.

Nach meiner Entlassung aus dem Krankenhaus befindet die Parlamentarische Untersuchungskommission, dass meine Aussagen nicht mehr notwendig seien. Auch ohne sie urteilt der Sprecher der Kommission in seinem Abschlussbericht, dass die von der Zeitung erwähnten Dokumente ausnahmslos gefälscht waren, und schlägt die Übermittlung des Materials und des Berichtes an die Staatsanwaltschaft vor. Wenn auch unter vielen und großen Schmerzen, die »das vervollständigen, was an den Leiden Christi noch fehlt« (Kol 1,24), und unter zahllosen Tränen über den Tod eines Paters, der Amazonien liebte, feiern wir mit den Indios dennoch einen historischen Sieg: Die Rechte der indigenen Völker sind in der brasilianischen Verfassung verankert!

Lieber Tore, dein Leben und Sterben waren nicht umsonst! Bitte für uns alle, damit wir immer die Kraft und den Mut haben, in Treue zu Gott und seinem Volk am Xingu unseren Weg weiterzugehen!

Sie hat ihr Leben für das Leben gegeben

Predigten zum Gedächtnis an Schwester Dorothy[69]

Predigt beim Requiem –
Auferstehungsgottesdienst für Schwester Dorothy

Anapu, 15. Februar 2005

Wir sind alle bestürzt und zutiefst schockiert. Obwohl der Tod unserer Schwester seit langem angekündigt war, glaubten wir nicht an dieses Ende eines Lebens, das sich liebevoll den Ärmsten an der Transamazônica zugewandt hat. Jetzt spricht Dorothy mit Jesus vom Kreuz: »Es ist vollbracht!« (Joh 19,30) Ihr Leben und ihr Tod sind das eindeutige Zeugnis der Liebe bis zur letzten Konsequenz. »Es gibt keine größere Liebe, als wenn einer sein Leben für seine Freunde hingibt.« (Joh 15,13) Ja, Dorothy hat ihr Leben hingegeben! Sie gab das eindeutigste Zeugnis ihrer Liebe: Sie hat ihr Blut vergossen!

Dorothy war eine Ordensschwester. Sie traf die Entscheidung, ihr Leben Gott und seinem Volk zu weihen. Sie wollte Schwester aller Schwestern und Brüder sein. Sie ist in eine Kongregation mit stark marianisch geprägter Spiritualität eingetreten. Dorothy wollte dem Beispiel Marias, der Mutter Jesu, folgen, die die Größe des Herrn pries und jubelte: »Denn auf die Niedrigkeit seiner Magd hat er geschaut.« (Lk 1,45) Sie hat aber auch an den Gott geglaubt, der jene »zerstreut, die im Herzen hochmütig sind«, und der »die Mächtigen vom Thron stürzt und die Niedrigen erhöht« (Lk 1,51f). Dorothy war empfindsam für das unmenschliche Elend, das so vielen Familien auferlegt ist. Sie teilte die Last des Leides vieler Schwestern und Brüder, die an die zahllosen in diesem unserem Amazonien errichteten Kreuze geschlagen sind. Schließlich wurde sie selbst ans Kreuz geschlagen. Kaltblütig wurde sie ermordet.

Als Dorothy 1982 nach Altamira kam, bat sie mich mit jener ihr eigenen sanften Stimme, die uns noch im Ohr klingt, ob sie in der Prälatur am Xingu arbeiten dürfe. Sie wollte eine Aufgabe in einem der ärmsten und verlassensten Orte, wo das Not leidende Volk lebt. Ich schlug ihr die Region Transamazônica Ost vor, denn dort leben die Ärmsten unter den Armen. Dorothy war begeistert, und als Zeichen ihrer Verpflichtung für die Kirche am Xingu überreichte sie mir eine Reliquie vom heiligen Kaspar. Ihr Bruder in den Vereinigten Staaten hatte sie ihr geschenkt. Sie bestand darauf, mir diese Reliquie zu geben. Sie sei vom Apostel des Blutes Christi.

Schwester Dorothy war Missionarin. Sie wurde in den Vereinigten Staaten geboren, aber sie fühlte in ihrem Herzen den Ruf Gottes, über die Grenzen ihres Landes hinauszugehen. Sie schenkte ihr Leben als Ordensfrau dem benachteiligten Volk. Sie verließ ihr Land des Wohlstands und der Annehmlichkeiten und tauschte es mit dem Staub und dem Morast der Transamazônica. Nicht der örtliche Wechsel war wichtig, was zählte, war die furchtlose Entscheidung, ihr Leben hinzugeben. Sie fasste diesen Entschluss für die Völker in Amazonien, besonders für die Armen und Ausgeschlossenen. Sie konnte nicht dulden, dass ein Mensch benachteiligt, seiner Würde und Rechte beraubt wird, nur weil er arm ist.

Sie war viel unterwegs, oft zu Fuß, auf staubigen Nebenstraßen und holprigen Wegen, um auch die Bewohner im letzten Winkel aufzusuchen. Sie hat mit den einfachen Leuten gebetet und Versammlungen organisiert, um dem Volk zu seinen Rechten zu verhelfen. Aber sie war auch mutig und hat den Autoritäten in Belém und Brasília die Forderungen der Familien an der Transamazônica unterbreitet. Nichts konnte sich ihr in den Weg stellen. Und sprach man sie auf die Gefahren an oder auf das Risiko, ihr eigenes Leben zu verlieren, lachte sie einfach. Sie glaubte nicht daran. Auch wir glaubten nicht, dass jemand so grausam sein könnte, eine wehrlose, schon betagte Frau zu erschießen.

Wir haben uns hier um diesen Sarg versammelt, der mit Blumen übersät und mit der brasilianischen Fahne bedeckt ist. Und wir fragen uns: Warum wurde Schwester Dorothy ermordet? Wer und wo sind die Verbrecher? Schwester Dorothy wurde von jenen ermordet, die Amazonien nur für sich wollen, die das Land ausbeuten und für sich in Beschlag nehmen, wenn es sein muss, auch mit Waffengewalt. Ihren Blick richten sie lediglich auf die fetten Gewinne und nicht auf die kleinen Bauern, die ein Stück Land zum Überleben brauchen.

Dorothys Verbrechen war ihr Traum eines anderen Amazoniens: gerecht und solidarisch, wo alle das Recht auf Leben haben, Recht auf Aussaat und Ernte. Dorothy wurde ermordet, weil sie Bauernfamilien gegen Landspekulanten und Holzunternehmen verteidigte, die niemanden respektieren, die alle jene Menschen bedrohen und ermorden, die es wagen, gegen ihre Interessen aufzutreten, ihre Machenschaften in Frage zu stellen, ihrer Gewinnsucht die Stirn zu bieten.

Dorothy ist tot! Die Probleme bestehen weiter und sind weit von einer Lösung entfernt. Angesichts des Leichnams von Schwester Dorothy, der von fünf Kugeln durchlöchert ist, die ihr Leben auslöschten, erheben wir unsere Stimme für ein anderes Amazonien, in dem das oberste Gesetz Frieden heißt, Frieden als Frucht der Gerechtigkeit. Wir rufen laut in die Welt hinaus: Stopp dem Gesetz des Kalibers 38! Stopp der Übermacht und dem Hochmut jener, die sich als Herren von Amazonien gebärden, aber in Wirklichkeit mit öffentlichem Land spekulieren, das sie ganz unverschämt den Bauernfamilien rauben. Wir fordern die Achtung der Menschenrechte für alle Völker in Amazonien, auch die der indigenen Völker, die bis in die Gegenwart missachtet werden, in deren Gebiete man eindringt und deren Naturschätze widerrechtlich ausgebeutet werden. Wir haben keine Waffen wie jene »Großen«, die sich als Herren von Amazonien betrachten und mit ihrer wirtschaftlichen Macht prahlen, meist erkauft mit dem Blut und dem Schweiß der Armen, der Sklaven der Großgrundbesitzer.

Unmittelbar vor ihrem Tod zeigte Schwester Dorothy ihren Mördern auf die Frage nach ihrer Waffe die Bibel. Diese letzte ihrer Gesten hat sie uns als Erbe und Auftrag hinterlassen: Das Wort Gottes begleitet uns und zeigt uns den Weg! »Die Waffen, die wir einsetzen, sind nicht irdisch, sie haben durch Gott die Macht, Festungen zu schleifen.« (2 Kor 10,4)

Schwester Dorothy, bleib mit Gott! [70] Amen.

Predigt zum ersten Todestag

Selig, die Frieden stiften;
denn sie werden Kinder Gottes genannt werden.
Selig, die um der Gerechtigkeit willen verfolgt werden;
denn ihnen gehört das Himmelreich.
Selig seid ihr, wenn ihr um meinetwillen beschimpft und verfolgt und auf alle
mögliche Weise verleumdet werdet;
freut euch und jubelt: Euer Lohn im Himmel wird groß sein.
Denn so wurden schon vor euch die Propheten verfolgt. (Mt 5,9–12)

Heute, genau vor einem Jahr, wurde Schwester Dorothy ermordet. Die feigen Gegner der Gerechtigkeit auf dem Land, die Auflehnung der Feinde der Agrarreform, die Ablehnung der Projekte der nachhaltigen Bewirtschaftung (PDS) zum Nachteil der kleinbäuerlichen Familien führt dazu, dass gewinnsüchtige und böse Männer ein barbarisches Verbrechen beauftragen und ausführen.

Die Fotos der Schwester, hingestreckt auf dem Weg, der lehmige Boden mit ihrem unschuldigen Blut gefärbt, gehen um die Welt. Wieder einmal macht Amazonien in den nationalen und internationalen Medien Schlagzeilen. Der Tod der Schwester geht vielen zu Herzen, und in Brasilien und in der Welt steht diese durch blutige Konflikte heimgesuchte Region einmal mehr im Mittelpunkt der Aufmerksamkeit.

Der Mord an der Schwester erfordert, dass die Auftraggeber des Verbrechens und all jene angeklagt werden, die dazu beigetragen haben, dass die Drohungen an jenem Samstagmorgen, dem 12. Februar 2005, Realität wurden.

Meine Schwestern, meine Brüder, nicht Rache bewegt unser Herz, sondern die Gerechtigkeit drängt uns, die Wiederaufnahme und Erweiterung der Ermittlungen zu fordern, weil andere Leben gefährdet sind, weil andere Leben mit dem Tod bedroht werden. Hier in Anapu gibt es noch viele Rätsel aufzudecken. Bis heute wurde niemand befragt, warum Abgeordnete des Gemeinderates die Schwester zur »persona non grata« erklärt haben.

Bis heute wurde nicht ermittelt, warum während des Wahlkampfs das Versprechen gegeben wurde, Dorothy aus Anapu zu entfernen, wenn die Wahlen gewonnen werden. Bis heute bleibt der Hass jener unverständlich, die Feuerwerke entzündeten, als sie die Nachricht von der Hinrichtung der Schwester erfahren haben. Der Mord geschah nicht aufgrund eines Streits oder infolge einer augenblicklichen Auseinandersetzung. Die Ermordung der Schwester wurde bis ins kleinste Detail geplant, und die Schuldigen sind nicht nur jene, die eingesperrt sind – die Verurteilten und die auf den Prozess warten.

Ich will mich aber nicht nur auf die Stadt und die Gemeinde Anapu beschränken. Die Mission von Schwester Dorothy geht weit über Amazonien hinaus. Ihr vergossenes Blut und das Blut so vieler anderer Opfer schreit nach der oft schon versprochenen und immer wieder aufgeschobenen Agrarreform.

Wie viel Blut muss noch vergossen werden, bis die brasilianische Heimat endlich für alle ihre Kinder zum Heim wird? Wie viel Blut muss noch vergossen werden, bis Amazonien nicht mehr Schauplatz von Auseinandersetzungen und schmutzigen Geschäften ist, sondern Reich Gottes und Land für alle Schwestern und Brüder? Wie viel Blut muss noch vergossen werden, bis die Bundesregierung die Agrarreform als Priorität festlegt und den von Landspekulanten beanspruchten öffentlichen Grund enteignet, um dieses Land für Siedlungsprojekte zur Verfügung zu stellen?

Wie viel Blut muss noch vergossen werden, bis die Justiz ihrer verfassungsgemäßen Verantwortung nachkommt, nicht länger nachsichtig mit den politisch und finanziell Mächtigen ist und sich blind und taub gegenüber den Armen stellt, die nichts anderes als ein Stück Land wollen, um zu pflanzen und zu ernten und mit ihren Familien zu überleben? Wie viel Blut muss noch vergossen werden, bis es auch in Amazonien Frieden gibt?

Selig, die Frieden stiften; denn sie werden Kinder Gottes genannt werden.

Die Mission von Schwester Dorothy, die Mission unserer Kirche, die Mission von uns allen ist die Förderung des Friedens, eines Friedens, der Frucht und Werk der Gerechtigkeit ist (vgl. Jes 32,17). Aufgrund ihres Einsatzes für diese Gerechtigkeit wurde sie verfolgt, bedroht und schließlich ermordet. Wer sich dieser Gerechtigkeit verpflichtet, setzt sich der Gefahr aus.

Jesus nennt jene Menschen selig, die verfolgt werden. Die Verfolgung ist immer von Lügen und Verleumdung begleitet, nicht erst seit dem Mordfall Schwester Dorothy. Die Verfolgung ist die stete Erfahrung aller Propheten, Frauen und Männer, die sich dem Reich Gottes geweiht haben.

Selig seid ihr, wenn ihr um meinetwillen beschimpft und verfolgt und auf alle mögliche Weise verleumdet werdet. Freut euch und jubelt: Euer Lohn im Himmel wird groß sein. Denn so wurden schon vor euch die Propheten verfolgt.«

Wer war Schwester Dorothy? Ihre Mission ist nur im Licht der Seligpreisungen zu verstehen. Die letzten Worte, die sie in ihrem Leben sprach, waren diese Verse aus dem Evangelium. Mit ihrem Tod zog Schwester Dorothy von heute auf morgen die Aufmerksamkeit der Medien auf sich. Einige nannten sie »nordamerikanische Missionarin« und vergaßen, dass sie die brasilianische Staatsbürgerschaft angenommen hatte. Durch diese Entscheidung zeigte sie, wie sehr sie Brasilien liebte. Sie hat Brasilien als ihre Heimat gewählt. Andere bezeichneten sie als »militant« oder stellten sie wie eine »Guerillakämpferin« mit Begriffen aus dem militärischen Sprachgebrauch dar. Es gab und gibt einige, die sie für eine »Revolutionärin« halten.

Schwester Dorothy! Wer war sie wirklich? – Wenn sich das einfache Volk an sie wandte, wenn sie mit den Leuten sprach und an der Transamazônica und überall in Altamira war sie als »Schwester Dorothy« oder nur als »Schwester« bekannt. Ordensschwester! Mitglied der Kongregation der Schwestern Unserer Lieben Frau von Namur, 1803 von der heiligen Julia gegründet, um sich den Armen zu widmen.

Dorothy hatte nichts von einer Revolutionärin. Revolutionär war sie allenfalls in der »Hingabe ihres Lebens für das Reich Gottes im Dienste der Armen«. Sie folgte dem Beispiel Jesu und der Gründerin ihrer Kongregation. Überzeugt verteidigte sie die Gewaltlosigkeit, aber dennoch war sie keine passive Frau. Im Gegenteil! Ihre Gewaltlosigkeit war aktiv, beständig, von einer beeindruckenden Beharrlichkeit.

Dorothy war Ordensfrau und lebte ihre Weihe bis zum Äußersten. Die Mystik, die Triebkraft, die sie inspirierte, erleuchtete, leitete, war das Evangelium, das für sie die Gute Nachricht war, die sich an die Armen und Ausgeschlossenen richtet.

Diesen Glauben bezeugte sie im Leben bis in den Tod. Gott war mit ihr. In ihrem letzten Interview sagte sie wörtlich zu einem Journalisten: »Ich glaube ganz fest an Gott und weiß, dass er mit mir ist!« Und in diesem Glauben verankert fügte sie hinzu: »Ich weiß, dass man mich töten will, aber ich werde nicht flüchten. Mein Platz ist hier, an der Seite dieser Menschen, die ständig von jenen gedemütigt werden, die sich für die Mächtigen halten!«

Das große Geheimnis von Schwester Dorothy, die Mystik und der Beweggrund für ihr Leben und ihren Wunsch, nach Amazonien zu kommen, ist ihr Glaube an den Herrn, der sie verwandelt hat in eine Liebe zu den Kleinen, in eine Liebe ohne Maß und Grenzen. Wer glaubt, hat keine Angst, auch nicht vor seinen Henkern. Wer glaubt bis in den Tod, weiß, dass er in Gottes Händen ist.

Dorothy liebte das Leben, aber sie fürchtete nicht den Tod. Mit den Worten des Apostels Paulus offenbaren wir heute ihren tiefen Glauben, bezeugt mit ihrem vergossenen Blut:

Keiner von uns lebt sich selber und keiner stirbt sich selber. Leben wir, so leben wir dem Herrn, sterben wir, so sterben wir dem Herrn. Ob wir leben oder ob wir sterben, wir gehören dem Herrn. (Röm 14,7f)

Predigt zum zweiten Todestag

ANAPU, 11. FEBRUAR 2007

Wir haben uns heute hier in Anapu versammelt, um den zweiten Jahrestag der Ermordung von Schwester Dorothy zu begehen. Das Gedenken an unsere Schwestern und Brüder an ihrem Todestag ist Ausdruck unseres Glaubens an die Auferstehung. Schon im zweiten Buch der Makkabäer, etwa 160 Jahre vor Christus verfasst, gelten die Gebete für die Verstorbenen als »heilig und fromm«, und der Verfasser erklärt auch gleich den

Grund: »Hätte er nicht erwartet, dass die Gefallenen auferstehen werden, wäre es nämlich überflüssig und sinnlos gewesen, für die Toten zu beten.« (vgl. Mak 12,42–46)

Das Gedenken an die Toten ist ein Glaubensbekenntnis an das ewige Leben. Diese Zuversicht schenkt uns die inständige Bitte Jesu an den Vater am Abend vor seinem Leiden und Tod: »Vater, ich will, dass alle, die du mir gegeben hast, dort bei mir sind, wo ich bin. Sie sollen meine Herrlichkeit sehen, die du mir gegeben hast, weil du mich schon geliebt hast vor der Erschaffung der Welt.« (Joh 17,24) In jeder Eucharistiefeier beten wir für »unsere Schwestern und Brüder, die entschlafen sind in der Hoffnung, dass sie auferstehen« (Zweites Hochgebet). Die zweite Lesung des heutigen Sonntags bringt es auf den Punkt: »Wenn wir unsere Hoffnung nur in diesem Leben auf Christus gesetzt haben, sind wir erbärmlicher daran als alle anderen Menschen. Nun aber ist Christus von den Toten auferweckt worden als der Erste der Entschlafenen.« (1 Kor 15,19f)

Wir erinnern uns, wir beten, wir weinen, aber in der Regel kommen immer weniger zu den liturgischen Gedenkfeiern, und die Tränen versiegen. Allmählich finden wir uns mit dem endgültigen Verlust des geliebten Menschen ab. Sterben ist letztlich das unerbittliche Los, das uns bestimmt ist. »Ihre Stunde ist gekommen! Seine Stunde ist gekommen!«, sagen wir niedergeschlagen und kommen unseren täglichen Verpflichtungen nach, denn für uns Hinterbliebene geht das Leben weiter.

Der heutige Gedenkgottesdienst ist jedoch anders. Es ist keine traditionelle religiöse Feier am Todestag und beschränkt sich nicht auf Verwandte und Freunde der Familie. Es sind auch nicht weniger Teilnehmer gekommen. Neben dem Volk Gottes hier in Anapu denken Tausende Personen im In- und Ausland an den Tod von Schwester Dorothy. Über die Grenzen Brasiliens hinaus erheben sich in vielen Sprachen Fürbitten zu Gott und erflehen nicht so sehr die ewige Ruhe für die Schwester, denn alle glauben wir, dass sie beim Vater das Große schaut, »das Gott denen bereitet hat, die ihn lieben« (1 Kor 2,9), sondern wir beten für jene, die Schwester Dorothy zeitlebens bevorzugt hat.

Wer sich heute in einer Fürbitte an Schwester Dorothy erinnert, betet für die Armen, für die Ausgeschlossenen, für die Verbannten, für die, denen die Vertreibung von ihren Feldern droht, für die Landlosen, Obdachlosen, Besitzlosen. Wer heute mit einem Gebet an Schwester Dorothy denkt, betet unablässig zu Gott, dass er das Herz und den Geist jener Männer und Frauen, vor allem der Autoritäten erleuchte, damit sie von der Zerstörung Amazoniens ablassen und dieses Land nicht länger skrupellos ausbeuten, verwüsten und niederbrennen. Gott hat uns dieses Land anvertraut, damit wir es liebevoll pflegen zum Wohl der Kinder und Enkelkinder dieser Generation.

Die Ermordung von Schwester Dorothy vor zwei Jahren war leider kein einzelnes tragisches Ereignis. Es war nur ein weiteres blutiges Kapitel in der Geschichte Amazoniens im Zusammenhang mit der Landspekulation, der programmierten Zerstörung dieser Region, der blindwütigen Ausbeutung seiner natürlichen Ressourcen, der Sklavenarbeit, dem schändlichen Angriff auf die grundlegendsten Menschenrechte, die absichtliche Missachtung selbst der brasilianischen Verfassung. Und schlimmer! Alle jene, die sich noch immer gegen die Magna Charta des Landes erheben und die menschliche Würde mit Füßen treten, bedienen sich anmaßend der Medien oder besteigen die Tribünen, um als angebliche Verteidiger des Vaterlandes die Anstrengungen einer Minderheit, die Amazonien aus Liebe zu künftigen Generationen retten will, zu kritisieren und verurteilen.

Der heutige Gedenkgottesdienst ist anders, denn wir erinnern uns nicht an eine Person, die infolge einer Krankheit oder eines Unfalls starb. Nein! Wir erinnern uns an den Tod einer Schwester, die niedergestreckt, kaltblütig hingerichtet, aus nächster Nähe brutal ermordet wurde. Hier ist die resignierte Feststellung »Ihre Zeit ist gekommen!« nicht angebracht. Sie starb »*vor* der Zeit«, nicht durch göttlichen Plan, sondern durch diabolisches Handeln von Menschen. Zwei Jahre nach dem Verbrechen wurden nur der Mann, der geschossen hat, sein Komplize und der Vermittler des Attentats zur Rechenschaft gezogen. Und die anderen? Wo sind jene, die den Auftrag für die Ermordung gaben? Die Ermittlungen wurden leider eingestellt. Das Konsortium des Verbrechens bleibt unbehelligt und bereitet den nächsten Angriff vor.

Ich bin nach wie vor der Überzeugung, dass die Verurteilten nicht die alleinigen Verantwortlichen für den barbarischen Tod von Schwester Dorothy sind. Diese Bluttat wurde bis ins kleinste Detail vorbereitet und eiskalt beauftragt. Es ist nicht »der Durst nach kollektiver Rache«, wie Minister Cezar Peluso die Haftentlassung von »Taradão« begründete, sondern Gerechtigkeit, die wir fordern. Wir wollen ein Ende der Straffreiheit. Mit einem solchen Entscheid des höchsten Gerichtshofes des Landes fühlt sich dieses Konsortium des Verbrechens in seinem offenen Kampf gegen jene bestärkt, die Amazonien, die indigenen Völker, die armen Siedler verteidigen. Diese Leute säten und säen Hass gegen alle, die Gerechtigkeit, die Aufklärung der Fakten und das Ende der Straffreiheit fordern. Wer den Mund auftut, setzt sein Leben aufs Spiel. Wir verlangen die Wiederaufnahme der Untersuchungen.

Der heutige Gedenkgottesdienst ist anders, denn wir erfüllen nicht nur eine Pflicht christlicher Frömmigkeit. Es stimmt: Das Leben geht weiter. Aber angesichts des vergossenen Blutes einer Schwester und so vieler Märtyrerinnen und Märtyrer Amazoniens muss unser Leben eine Verpflichtung werden, die über die Familie und das Berufsleben hinausgeht.

Es ist die Hoffnung im Herrn, die uns drängt. »Gesegnet der Mensch, der auf den Herrn sich verlässt und dessen Hoffnung der Herr ist!« (Jer 17,7), ruft der Prophet Jeremia in der heutigen ersten Lesung aus. Aber es ist keine tatenlose, gleichgültige, unbeteiligte Hoffnung. Die Hoffnung im Herrn ist unermüdlich, umfassend, verantwortungsvoll, leidenschaftlich. Sie bewährt sich immer aufs Neue und lässt sich nicht einschüchtern.

Sie ermüdet nicht, tritt keinen Rückzug an, denn sie ist im Wort Gottes begründet. Das Evangelium zeigt uns, dass der Herr selbst den Armen, den Hungernden, den Weinenden, den Verhassten, Vertriebenen und Beschimpften begegnet. Der Herr selbst hat Schwester Dorothy gerufen, und er ruft weiterhin Frauen und Männer, die sein Wort verkünden, in seinem Namen Hand anlegen, seinen Auftrag erfüllen. Die Seligpreisungen sind die Umsetzung des Programms Jesu, das er in der Synagoge in Nazaret ankündigte: »Der Geist des Herrn ruht auf mir; denn der Herr hat mich gesalbt. Er hat mich gesandt, den Armen eine gute Nachricht zu bringen.« (Lk 4,18) Jesus wendet sich besonders den Armen zu. Seine Botschaft ist eine gute Nachricht für die Kleinen, für das einfache Volk, das trotz aller Leiden nie die Hoffnung verliert.

Die Armut ist kein unglücklicher Schicksalsschlag. Die Armut ist eine Folge von Gewalt, Ausgrenzung, der Verweigerung des Teilens. Die Armen sind Opfer der Ungerechtigkeit, der Anmaßung, der Ausbeutung, der Geringschätzung, der Versäumnisse oder Mitschuld, der Willkür finanziell und politisch Mächtiger.

Jesus wurde vom Vater gesandt, um diesem Volk sein Erbarmen und seine Güte zu erweisen. Und wie zeigt Jesus heute seine Wertschätzung für die, die keine Stimme haben und nicht geachtet werden? Er zeigt sie durch jene, die er zu allen Zeiten beruft und sendet, um in seinem Namen das Reich Gottes zu verkündigen und Zeugnis abzulegen von seiner Liebe, bis zu den letzten Konsequenzen. Die »Verfluchten« im zweiten Teil des Evangeliums sind nur die Kehrseite der Medaille, wenn der Egoismus und die Selbstgefälligkeit der Mächtigen und die Ungerechtigkeit und Gewalt, die sie begehen, aufgedeckt werden.

Wer von uns hat beim Evangelium dieses Sonntags nicht sofort an die letzten Worte Schwester Dorothys kurz vor ihrer Ermordung gedacht. Wir hörten nur die Botschaft eines anderen Evangelisten. Dorothy zitierte aus der Bergpredigt des Matthäusevangeliums. Die heutige Frohe Botschaft ist Teil der sogenannten Feldrede aus dem Evangelium nach Lukas. Das Thema ist das gleiche: die Vorliebe Gottes für die Armen, die Hungernden, die Weinenden. Aber Gottes Versprechen geht noch darüber hinaus: »Selig seid ihr, wenn euch Menschen hassen und aus ihrer Gemeinschaft ausschließen, wenn sie euch beschimpfen und euch in Verruf bringen um des Menschensohnes willen. Freut euch und jauchzt an jenem Tag; euer Lohn im Himmel wird groß sein. Denn ebenso haben es ihre Väter mit den Propheten gemacht.« (Lk 6,22–23)

Schwester Dorothy hat den Lohn im Himmel schon empfangen. Unser Leben geht weiter! Wir bitten Gott um die Gnade der Beharrlichkeit und Treue. Dass unser Leben ganz Gott und den Bevorzugten Gottes geweiht sei: den Armen, den Hungernden, den Weinenden. Amen.

Predigt zum dritten Todestag

Anapu, 12. Februar 2008

Wir begehen den dritten Jahrestag des Todes unserer Schwester Dorothy. Am 12. Februar 2005 wurde sie brutal hingerichtet. In diesen drei Jahren bin ich oft gefragt worden, warum eine Schwester, die ihr Leben in den Dienst der Armen stellte und deren Einsatz für mehr Würde, für Gerechtigkeit und für das grundlegende Recht auf Ackerland unterstützte, so grausam zu Tode kam. Die Antwort ist einfach, und wir alle kennen sie.

Sie hat sich entschieden auf die Seite der Benachteiligten gestellt, die von dem wild wuchernden kapitalistischen System ausgeschlossen sind, das in unserer Region herrscht. Damit stand sie gegen die Interessen und das Streben einer Oligarchie, die sich Amazoniens bemächtigen will, um seine Reichtümer auszubeuten, ohne Rücksicht auf die Folgen für künftige Generationen. »Bediene dich, solange du kannst«, ist ihr Leitspruch, und wer diese anstürmende Plünderung ablehnt, setzt sein Leben aufs Spiel, denn jene, die Amazonien systematisch angreifen, reagieren und verschwören sich gegen den, der nicht nach ihrer Pfeife tanzt. Dorothy war Opfer ihrer Liebe zu Amazonien. Aufgrund dieser Liebe verlor sie ihr Leben.

Viele Politiker kamen zur Beerdigung unserer Schwester. Anapu sah noch nie so viele Senatoren und Landes- und Bundesabgeordnete. Ich bin überzeugt, dass die meisten von ihnen nur wegen der Medien kamen, die von diesem traurigen Ereignis berichteten. Diese Autoritäten, die vor dem Sarg weinten, wollten der Welt zeigen, dass sie Tod und Gewalt in Amazonien nicht gutheißen. Aber sie unternahmen keine Anstrengungen, um die Realität zu ändern. Sie zeigten keine Einsicht, und der Weg der Entwicklung, der in unserer Region eingeschlagen wird, ist rein wirtschaftlich. Man denkt nur an schnelle Gewinne und ignoriert absichtlich die unersetzlichen Verluste. Man überlässt künftigen Generationen die heute verursachten Übel. Es ist abscheulich, wie diese Generation ihre Kinder und Enkel im Stich lässt, sie enterbt und ihnen die grundlegenden Bedingungen für das Überleben raubt.

In den letzten Monaten wurde immer wieder wegen der unvergleichlichen Gefährdung und Schädigung Amazoniens Alarm geschlagen. Der ehrgeizige Plan für Beschleunigtes Wachstum (PAC) zielt auf eine verbesserte Infrastruktur im Bereich Transport, Kommunikation und Energie in der Region ab. Auf den ersten Blick scheint der Plan ein Vorteil für die Region zu sein. Bei näherer Betrachtung birgt er jedoch die Gefahr der Zerstörung des größten tropischen Regenwaldes der Welt in sich. Hinzu kommen die Plünderung durch Großgrundbesitzer, die trotz Bestrafung an der Brandrodung festhalten, sowie die Ausbeutung durch Holzunternehmen, die weiter fällen, sägen und heimlich Edelhölzer abtransportieren, obwohl Tausende Baumstämme beschlagnahmt wurden. Neben dieser ständigen Vernichtung sind der Bau von Kraftwerken und die Erweiterung der Stromleitungen mit noch mehr Abholzungen verbunden.[71]

Schwester Dorothy wurde ermordet, weil sie diese Angriffe auf die Umwelt angeprangert hat, die über kurz oder lang das Heim der Völker Amazoniens schädigen. Wir sind aufgebracht und empört, dass der zweite Prozess gegen den geständigen Angeklagten Rayfran annulliert wurde unter der Behauptung,»bei der Hinrichtung der Schwester sei er potenziell von 50 bewaffneten Männern bedroht worden, den Siedlern von Dorothy Stang«. Es ist unglaublich, wie weit ein Anwalt der Verteidigung geht, und noch unglaublicher, dass er nicht eingesperrt wird für die leichtfertige Bezichtigung der Bauern des»Nachhaltigen Entwicklungsprojektes« (PSD) als »bezahlte Killer«, womit er sie gleichstellt mit den Verbrechern, die Schwester Dorothy ermordet haben. Noch schlimmer: aufgrund dieser Intervention wurde das Geschworenengericht annulliert.

Was ist das für eine Justiz, die der armen Schwester, die ihr Blut vergossen hat, kriminelles Verhalten anlastet und mit legitimer Verteidigung des Mörders argumentiert, der fünf Kugeln auf ein wehrloses Opfer abfeuerte, dessen einzige Waffe die Bibel war? Was ist das für eine Justiz, die in drei Jahren aus Gründen, die wir nie nachvollziehen können, nicht imstande ist, die Untersuchungen zu vervollständigen und zu beenden?

Was ist das für eine Justiz, die Jahr für Jahr den Prozess gegen jene hinausschiebt, die in hohem Maß verdächtigt sind, das Verbrechen beauftragt zu haben? Was ist das für eine Justiz, die niemals ernsthaft die Existenz des »Konsortiums des Verbrechens« in dieser Region in Erwägung zog?

Das Evangelium am heutigen Tag (Mt 6,5–14) ist aus der Bergpredigt. Jesus lehrt seine Jünger zu beten. Es ist das eigentliche Gebet der Kirche und aller Christen. Jeder Vers verdient eine besondere Meditation, jedes Wort ist heilig und bewegt unser Herz. Für diese Heilige Messe zum dritten Todestag von Schwester Dorothy wählen wir die Bitte: »Dein Reich komme!« Wir sind in diese Welt hineingeboren, sind aber Bürger einer anderen Welt (vgl. Brief an Diognet, 2. Jh.). Wir sind aufgerufen zur Mitarbeit am Reich, das nicht *von* dieser Welt, aber *für* diese Welt ist. Diese Mission ist keineswegs einfach. Wir sind gesandt »wie Schafe unter die Wölfe« (Mt 10,16; Lk 10,3). Viele lehnen die Botschaft ab, die wir verkünden wollen. Sie verwerfen nicht nur die Botschaft, sondern wollen auch jene auslöschen, die die Botschaft verkünden.

Aber auch in dieser konfliktreichen Realität hören wir die Worte Jesu: »Der Sklave ist nicht größer als der Herr. Wenn sie mich verfolgt haben, werden sie auch euch verfolgen.« (Joh 15,20) Das Reich ist himmlisches Geschenk, ist Gnade Gottes, aber verlangt auch unseren Einsatz. Christen kennzeichnet die Beharrlichkeit inmitten von Widrigkeiten und angesichts von Hass und Gewalt.

Brüder und Schwestern sind gefallen, haben sich geopfert, wurden hingerichtet durch Helfershelfer eines ungerechten Systems. Wer aber an das Reich Gottes und seine Gerechtigkeit glaubt, zögert und zittert nicht. Das von Schwester Dorothy, von Dema (Landwirt, ermordet 25. August 2001), von Brasília (Gewerkschaftler, ermordet 22. Juli 2002) und vielen anderen für Amazonien vergossene Blut ist fruchtbarer Samen, der keimt und erblüht in unzähligen Brüdern und Schwestern, die den Weg weitergehen, festhalten an der Utopie des Reiches, an den Triumph Christi glauben, die nicht zurückweichen und wenn nötig bereit sind, das eigene Leben hinzugeben.

»Dein Reich komme!« – »Reich der Wahrheit und des Lebens, Reich der Heiligkeit und der Gnade, Reich der Gerechtigkeit, der Liebe und des Friedens« (Präfation des Christkönigfestes). Amen.

Predigt zum vierten Todestag

Vier Jahre sind seit der Ermordung von Schwester Dorothy vergangen. Sie wollte verhindern, dass Landspekulanten Amazonien unter sich aufteilen, und darum musste sie sterben. Sie träumte von einem Amazonien als Land aller hier lebenden Völker, als Land, das einstige indigene Generationen dieser und künftigen Generationen als Erbe anvertraut haben, damit sie leben und überleben können, ohne es zu zerstören. Sie war nie gegen Entwicklung, wie ihr manche fälschlich in den Mund legten. Aber sie wollte eine nachhaltige Entwicklung, sozial gerecht und ökologisch verantwortlich.

Heute sind wir mit dem Begriff der nachhaltigen Entwicklung vorsichtiger. Auch die Anhänger des Neoliberalismus bemächtigen sich inzwischen dieses Konzepts und missbrauchen es als Fassade, um ihre wahren Absichten zu verbergen. Sie häufen weiter Besitz an und nutzen die neuesten wissenschaftlichen und technologischen Erkenntnisse, um Amazonien auszubeuten. Entwicklung ist für sie dann gegeben, wenn ihr Durst nach Reichtum gestillt ist. Dieses Verständnis von nachhaltig trifft nur auf die Ausbeutung zu, die sich über die Bewohner Amazoniens, Indios, Nachfahren afrikanischer Sklaven, Siedler entlang der Flüsse und ihr Recht auf Bildung, Gesundheit, Sicherheit, Wohnraum, Transport hinwegsetzt.

Dorothy verstand nachhaltige Entwicklung als sorgsamen Umgang mit Gottes Schöpfung, sie zu achten, zu pflegen und zu bewahren, in ihr und mit ihr als Heimat wie eine Familie zu leben. Sie träumte von einer Gemeinschaft, die von Amazonien genährt wird, die den Wald und den Boden nutzt, ohne zu zerstören und auszulöschen. Amazonien ist in der Welt einzigartig und braucht darum unsere ganze Liebe und Fürsorge. Jahrtausende war das Gleichgewicht im Urwald intakt, im Wald gab es Wild und Früchte, in den Flüssen reichlich Fische. Bis eines Tages die Menschen in schamloser Gier die Natur unterwarfen und sie beherrschten. Von da an waren es nicht mehr die Achtung und Sorge, die Liebe zur Erde und zu den kommenden Generationen, die die Herzen bewegten und die Regeln des Zusammenlebens bestimmten, sondern der sofortige Gewinn, ohne Rücksicht auf Verluste, ohne Vorsicht und Fürsorge, ohne Gewissensbisse, ohne Reue.

Sie haben die Mutter Erde vergewaltigt und den jungfräulichen Urwald geschändet.

Viele Stimmen erheben sich und klagen die Verbrechen und die Täter an. Viele Stimmen verteidigen das Land und die Wälder, die Flüsse und Seen als Heim der Völker des Waldes. Aber die Verbrecher hören nicht auf das Wort des Herrn, auf jene, die im Namen des Schöpfers warnen, flehen, drängen. Sie drohen und töten jene, die sich ihrer Gier in den Weg stellen, die von Amazonien als Heim aller Völker träumen, die in Harmonie mit der Welt leben, die Gott geschaffen und uns anvertraut hat.[72]

Dorothy, die Schwester, starb, gab ihr Leben für die Anliegen der Familien der Kleinbauern, ihre Schwestern und Brüder. Dema, der Familienvater, wurde ermordet, weil er das Xingu-Tal als Heim seiner Frau, seiner Töchter und Söhne verteidigte. Beide sind Märtyrer von Amazonien für Amazonien, vom Xingu für den Xingu.

Aber das vergossene Blut hat einen Kampf entfacht, der niemals aufhört. Anstatt sich von jenen, die Tod verbreiten, einschüchtern, aufhalten, vertreiben zu lassen, organisiert sich das Volk und kämpft um seine Rechte. Wir beerdigen die Märtyrer, aber der Ruf nach einer gerechten Gesellschaft, nach Verteidigung der Umwelt wird zu einem ohrenbetäubenden Schrei. Der Tod bringt Leben hervor, verleiht dem Einsatz neuen Atem. »Wenn das Weizenkorn nicht in die Erde fällt und stirbt, bleibt es allein; wenn es aber stirbt, bringt es reiche Frucht.« (Joh 12,24) Immer mehr Frauen und Männer treten erhobenen Hauptes den Feinden Amazoniens entgegen. Die Abgesandten der Großprojekte können sie weder überzeugen noch bestechen, denn ihre Argumente sind unschlagbar. Indios, Siedler entlang der Flüsse, das Volk auf dem Land und in der Stadt, Frauen und Männer, Junge und Alte setzten sich für das Leben und gegen den Tod, für Amazonien und gegen die Zerstörung ein.

Was Paulus an die Korinther schrieb, wiederholen wir heute in Amazonien: »Wir werden beschimpft und segnen.« (1 Kor 4,12) Was können die Feinde tun? Ihr Fluch bleibt ohne Wirkung, denn unsere Antwort ist »Segen«. Segen gegen die Angriffe auf Amazonien, Segen gegen die Zerstörung und ungehemmte Ausbeutung des Xingu, Segen gegen das Elend durch große Projekte, Segen für den Fluss und seine Völker.

Auch für uns treffen die Worte des heiligen Paulus zu: »Wir werden verfolgt und halten stand.« (1 Kor 4,12) Prophetische Rufer und Mahner, die eine andere Welt verteidigen, erfahren stets Verfolgung und Nachstellung. Wer heute ruft: »Eine andere Welt ist möglich« und von dieser seiner Überzeugung Zeugnis ablegt, greift das etablierte System an und predigt den Tod von Strukturen, die den gesamten Planeten in Gefahr bringen. Und wir wissen, dass dieses System sich rächt, verfolgt und oft genug mordet. Wenn unsere Kirche nicht mehr verfolgt wird, hat sie ihre prophetische Sendung aufgegeben. Wenn wir beginnen auszurufen, es sei alles in bester Ordnung, in Frieden und Liebe, werden wir bald merken, dass das System nicht mehr reagiert und aufhört, uns zu verfolgen.

Das ist dann allerdings das sichere Zeichen dafür, dass die Kirche ihre Kühnheit, ihre Furchtlosigkeit, ihren Mut, ihre Leidenschaft für das Reich Gottes, den in der Apostelgeschichte immer wieder erwähnten »Freimut«(*parrhesia*, vgl. Apg 4,13.29.31; 9,27; 13,46; 14,3; 19,8; 26,26; 28,31) aufgegeben hat.

Wir erdulden die Nachstellungen im Vertrauen auf eine andere Welt. Wir glauben an eine andere Welt, die für uns das Reich Gottes ist, der Traum Jesu, die Verkündigung und das Zeugnis der Guten Nachricht von der Liebe Gottes, wir glauben an Geschwisterlichkeit und Solidarität für die ganze Menschheitsfamilie. »Die Kirche ist von Christus gesandt, die Liebe Gottes allen Menschen und Völkern zu verkünden und mitzuteilen.« (Ad Gentes 10)

Und noch einmal rufen wir wie der heilige Paulus: »Wir werden geschmäht und trösten.«(1 Kor 4,13). Verleumdung und üble Nachrede sind stets die Antwort der Feinde des Reiches Gottes. Unzählige Beschimpfungen, Anfeindungen, Verdächtigungen und Lügen musste Dorothy vor ihrem Tod ertragen. Die Überbringer der Guten Nachricht werden kriminalisiert, sogar verteufelt. Nichts Neues. Selbst über Jesus sagten sie: »Er ist von Sinnen« (Mk 3,21) und »mit Hilfe von Beelzebul, dem Anführer der Dämonen, treibt er Dämonen aus« (Lk 11,15). Aber gerade in diesem Augenblick, wenn sie die Jüngerinnen und Jünger Jesu beschimpfen, wenn sie uns ins Gesicht spucken, mit allen Mitteln unseren guten Ruf beflecken und uns mit Beleidigungen kränken, spüren wir Gottes Gegenwart ganz besonders und hören seine Stimme: »Mögen sie dich bekämpfen, sie werden dich nicht bezwingen; denn ich bin mit dir, um dich zu retten – Spruch des Herrn.« (Jer 1,19) Es ist finstere Nacht, als der Herr zu Paulus sagt: »Fürchte dich nicht! Rede nur, schweige nicht! Denn ich bin mit dir.« (Apg 18,9–10) Unser unerschütterlicher Glaube an die Gegenwart Gottes ist unser Trost und gibt uns gleichzeitig die Kraft, einander zu trösten. Das ist unsere Mystik. Nur Gott selbst tröstet, und in dem Maß, in dem wir uns von seinem Geist erleuchten lassen, können wir die Unterdrückten trösten, sie umarmen und in unser Herz aufnehmen. Und wenn wir von Unterdrückten sprechen, »handelt es sich nicht einfach nur um Ausbeutung und Unterdrückung, sondern um etwas Neues: um die gesellschaftliche Ausgrenzung [...]. Man lebt nicht nur unten, am Rand ohne Einfluss, sondern ist draußen. Die Ausgeschlossenen sind nicht nur ›Ausgebeutete‹, sondern ›Überflüssige‹ und ›menschlicher Abfall‹« (Aparecida, Nr. 65).

Wir sind Bürgerinnen und Bürger des Reiches Gottes, einer Welt, von der wir überzeugt sind, dass sie anders sein kann. Dieses Recht auf unseren uneingeschränkten, unbeugsamen Glauben, das uns das vergossene Blut des Herrn erworben hat, kann niemand unseren Händen oder unseren Herzen entreißen.[73]

Predigt zum fünften Todestag

Anapu, 12. Februar 2010

Fünf Jahre sind seit jenem verhängnisvollen Samstag vergangen, als Rayfran und Clodoaldo, Arbeiter von Tato, den Weg von Schwester Dorothy kreuzten, nicht um sie zu grüßen, sondern um die Schwester, die ihr Leben in den Dienst der Armen gestellt hat, zu töten. Ein verbrecherisches Konsortium hat den unheilvollen Plan ausgeheckt und den schändlichen Auftrag erteilt.

Die Armen von heute sind nicht nur einige Ausgebeutete und Unterdrückte. Es sind die Ausgeschlossenen, die von der Gesellschaft Verstoßenen und vom Land Vertriebenen, die als »Überflüssige« (Aparecida, Nr. 65) gelten. Für Schwester Dorothy waren genau diese Menschen die Option ihres Lebens, diese Familien, »arm wie eine Kirchenmaus«, missachtet und misshandelt, ohne eine Perspektive in einer Welt ohne Heimat.

Es waren die Armen, denen Gott seine bedingungslose und bevorzugte Liebe zusichert. Die Worte des Propheten Jeremia haben sich tief in Dorothys Herz eingeprägt: »Sorgt für Recht und Gerechtigkeit und rettet den Ausgeplünderten aus der Hand des Gewalttäters! Fremde, Waisen und Witwen bedrängt und misshandelt nicht; vergießt kein unschuldiges Blut an diesem Ort!« (Jer 22,3)

Dorothy hat die Familien in Anapu und an der Transamazônica nicht nur bei der Durchsetzung ihrer Rechte begleitet und ihre Interessen verteidigt, ist nicht nur von Behörde zu Behörde gepilgert, hat nicht nur mit Bürgermeistern, Gemeinderäten, Abgeordneten und Senatoren verhandelt. Sie machte und war viel mehr: Sie hat geliebt! Und diese Liebe brachte jede Faser ihres Herzens zum Schwingen. Sie war Mutter, Schwester, Tochter ihres Volkes! Dorothy erinnert uns an einen eindrucksvollen Abschnitt im ersten Brief des heiligen Paulus an die Thessalonicher: »Wir sind euch freundlich begegnet: Wie eine Mutter für ihre Kinder sorgt, so waren wir euch zugetan und wollten euch nicht nur am Evangelium Gottes teilhaben lassen, sondern auch an unserem eigenen Leben; denn ihr wart uns sehr lieb geworden.« (1 Thess 2,7–8)

An jenem Samstagmorgen, am 12. Februar 2005, bezeugte sie »Gottes Evangelium« durch ihr vergossenes Blut. Sie wurde getötet, weil sie ohne Maßen liebte, sie wurde niedergestreckt, weil sie wusste, wo ihr Platz war: »an der Seite dieser ständig erniedrigten Menschen«. Sie wurde ermordet, weil sie Gerechtigkeit und Recht umarmte und kämpfte, um die Unterdrückten aus den Händen der Unterdrücker zu befreien (vgl. Jer 22,3), sie wurde herausgerissen aus der Mitte des armen Volkes, weil sie gegen die Interessen und Bestrebungen jener war, die »sich für mächtig halten«, wie sie selbst es ausdrückte.

Dorothy lebte die Option für die Armen und ließ sich nicht einschüchtern oder verwirren. Mit ihrem Tod überwand sie alle Hindernisse und Grenzen. Sie erschütterte die Welt, indem sie das blutüberströmte Antlitz Amazoniens enthüllte, die Schreie der hier lebenden Völker widerhallen ließ und die Schmerzen aufdeckte, die sie zermartern.

Fünf Jahre sind vergangen! Fünf Jahre, auch voll gerichtlicher Manipulationen und Verfahren. Verhaftungen erfolgten mit viel Aufhebens, Schuldsprüche wurden feierlich verkündet und mit derselben Feierlichkeit wieder für null und nichtig erklärt, beantragten »Habeas Corpus« wurde stattgegeben, vorläufige Freilassung genehmigt. Ständig neue Versionen des Verbrechens wurden kolportiert, die sogar im absurdesten Argument gipfelten, der Mord sei aus Notwehr geschehen und so das Opfer in die Täterrolle zwang.

Vor wenigen Tagen wurde einer der Angeklagten wieder verhaftet. Zu 30 Jahren Gefängnis verurteilt, war er in einem zweiten Prozess freigesprochen worden. Eine weitere Berufung erwirkte nun die Aufhebung des vorherigen Urteils, und gegen den Großgrundbesitzer erging erneut ein Haftbefehl. Und die Medien berichten, als wäre das der überzeugendste Beweis für eine funktionierende Justiz. Nur eine Bemerkung am Rande. Wir haben solche Nachrichten längst satt. Bald schon wird ein sachkundiger Anwalt ein Schlupfloch im Gesetz finden, und der Mann kann eine weitere Freilassung seiner Sammlung hinzufügen. Das Gleiche ist hinsichtlich der beschlossenen Übertragung der Jurisdiktion in die Hauptstadt zu sagen. Waren wirklich fünf Jahre für dieses Ergebnis notwendig?

Und das Konsortium des Verbrechens? Es hat nichts mehr zu befürchten. Die Wogen haben sich geglättet. Schließlich wurde schon jemand für den Mord zur Rechenschaft gezogen. Warum weitere suchen, um sie langwierigen Prozessen zu unterstellen? Warum jemanden befragen, der sich an nichts mehr erinnern will? Und jene, die von langer Hand die Ermordung der Schwester vorbereitet haben? Sie leugnen jetzt alles. Es gibt einige Leute, die überall mit Dorothy unterwegs waren und mit ihr im Haus der Prälatur an einem Tisch saßen. Sie haben die Seite gewechselt und spielen heute in der gegnerischen Mannschaft. Da ist Psalm 41 ganz aktuell: »Auch mein Freund, dem ich vertraute, der mein Brot aß, erhob die Ferse gegen mich.« (Ps 41,10)

Auch in diesem Jahr, 2010, wird der Monat Februar, in dem Schwester Dorothy ermordet wurde, in die Geschichte eingehen. Das Amazonien, das Dorothy so verteidigt hat und dafür ihr Leben hingab, erhält den nächsten Schlag in unvorstellbarem Ausmaß. Der Präsident der Republik hat mir persönlich die Fortsetzung des Dialogs über das Projekt Belo Monte versprochen. Am 1. Februar 2010 hat das Brasilianische Institut für Umwelt und natürliche erneuerbare Ressourcen (IBAMA) die Vorlizenz für den Stau des Xingu veröffentlicht. 1.522 Quadratkilometer Zerstörung sind in Sicht: 516 Quadratkilometer überflutete Fläche und 1.006 Quadratkilometer verwüstetes Land infolge des Wassermangels.

Alle 40 in der Vorlizenz aufgelisteten Bedingungen, die von den Firmen, die den Zuschlag nach der Ausschreibung erhalten, berücksichtigt werden müssen, sind nicht mehr als ein öffentliches Geständnis der Regierung, dass das Projekt im Fall seiner Durchführung verhängnisvolle Auswirkungen hat. Aufgrund der geforderten 1,5 Milliarden Reais für Projekte, um die Folgen zu mindern, räumt die Regierung im Voraus ein, dass Belo Monte schreckliche und irreversible Auswirkungen auf Amazonien haben wird. Wo schon sorgte man sich bereits vor Baubeginn um eine Milderung der Folgen?

Es macht deutlich, dass die Regierung um diesen Schuss ins Ungewisse weiß. Bis zu diesem Tag ist es dem IBAMA nicht gelungen, die ganze Tragweite und das Ausmaß der Folgen zu ermessen. Wie kann diese Behörde dann für Belo Monte grünes Licht geben?

Nicht die Technokraten in Brasília und kurzsichtige Politiker werden unter den tragischen Folgen leiden, sondern die Völker dieser Region in Amazonien. Der Xingu wird nie mehr so sein wie er ist. Der Boden geschädigt, der Wald zerstört, und aus trüben und toten Gewässern werden nur fahle Skelette der einst dicht belaubten Bäume herausragen.

Es ist die Politik der Dampfwalze, die Taktik der vollendeten Tatsachen, die autoritäre Vorgangsweise, die keinen Einspruch duldet!

Und Dorothy weint in ihrem Grab über die angekündigte Tragödie. – Aber sie hört nicht auf, uns Mut zu machen im Kampf für das Leben, gegen Projekte des Todes. Unser Weg ist durch das Evangelium vorgezeichnet. Jesus hat uns gesandt, den Armen die Gute Nachricht zu verkündigen und zu verurteilen, was gegen das Evangelium des Lebens ist, um die Ketten der Unterdrückung und Tyrannei zu sprengen, um das Heim, das Gott für uns alle und künftige Generationen geschaffen hat, zu verteidigen und ein Gnadenjahr des Herrn auszurufen (vgl. Lk 4,18–19).

Amen! Marána thá! Komm, Herr Jesus!

Predigt zum sechsten Todestag

Am 12. Februar 2005 erreichten die Wasser- und Geisttaufe (vgl. Apg 1,5) von Schwester Dorothy Stang und ihre Hingabe als Ordensschwester an Gott in ihrer Feuer- und Bluttaufe die Vollendung. Die Fotos der auf der Straße hingestreckten Schwester zeigen uns, wie das Blut, das aus den tödlichen Löchern strömte, in die Erde des Siedlungsprojekts für nachhaltige Entwicklung (PDS) »Hoffnung« drang. Schwester Dorothy vollendete ihr Leben, das den Armen und dem Regenwald Amazoniens gewidmet war, in einer endgültigen und totalen Hingabe.

Ihr Leben wurde von den Gegnern des Siedlungsprojekts genommen. So vollendete sie am eigenen Leib, »*was an den Leiden Christi fehlt*« (Kol 1,24). Sie vereinigte sich mit dem Blut Christi, Symbol und Wirklichkeit für ihre Liebe, die bis ans Äußerste ging.

> *Ich bin gekommen, um Feuer auf die Erde zu werfen. Wie froh wäre ich, es würde schon brennen! Ich muss mit einer Taufe getauft werden und ich bin sehr bedrückt, solange sie noch nicht vollzogen ist.* (Lk 12,49–50)

Ich glaube, dass es für die Feier des Jahrestages der Ermordung von Dorothy keine geeignetere Bibelstelle gibt, um Mission und Martyrium unserer Schwester besser auszudrücken. Die beiden Verse des Lukasevangeliums verweisen auf die sechste Vollversammlung des Volkes Gottes am Xingu im November 2009. Sie waren das Motto unseres großen Treffens, zu dem Vertreter der ganzen Prälatur gekommen waren, um Schwerpunkte und Leitbilder für die Pastoral und Evangelisierung bis 2014 zu erarbeiten. Der Geist von Schwester Dorothy war bei unseren Treffen immer gegenwärtig. So ist der Brief, der an alle Brüder und Schwestern gerichtet ist, die mit uns am Xingu unterwegs sind, ein Abbild ihrer Überzeugung: »Wir wollen eine Kirche sein, die sich für den Aufbau des Reiches Gottes engagiert, eine samaritanische Kirche, die ihr Herz für die Leidenden öffnet, aber auch eine prophetische Kirche, die Aggression und Respektlosigkeit gegenüber der Würde und der Rechte der Menschen energisch verurteilt und die sich gegen Projekte und Programme erhebt, die Heimat und Umwelt, wie Gott sie für alle Menschen geschaffen hat, zerstören.«

Die Sorge um die Würde und die Menschenrechte waren bei unserer Verkündigung des Evangeliums immer maßgebend. Für uns ist selbstverständlich, dass der Kampf um das Leben der Völker dieser Region nie von der Verteidigung Amazoniens getrennt werden kann: Wälder, Gewässer, die prächtige Artenvielfalt. Denn dieses Amazonien ist die Garantie für das physische und kulturelle Überleben der Menschen, die hier wohnen. Wir sind überzeugt, dass die Achtsamkeit und die Sorge für Gottes Geschenk der Schöpfung zur Verkündigung und zur Bezeugung des Evangeliums dazugehören. Bereits 1990 bedauerten die Bischöfe von Pará und Amapá »das Verbluten Amazoniens«, das »bereits die Grenze erreicht hat und Gottes Schöpfung im Todeskampf stöhnen lässt«. Sie warnten, dass die Übel, die die Region heimsuchen, »für das gesamte Ökosystem« eine irreversible ökologische Katastrophe zur Folge haben können, die »ohne Zweifel die Grenzen Brasiliens und des Kontinents überschreiten« wird.

Im September 2007 versammelten sich die Bischöfe des gesamten brasilianischen Amazonasgebiets in Manaus und veröffentlichen wiederholt ein Dokument, das auf der ersten Lesung dieser Messe basiert:

Auch die Schöpfung soll von der Sklaverei und Verlorenheit befreit werden zur Freiheit und Herrlichkeit der Kinder Gottes. Denn wir wissen, dass die gesamte Schöpfung bis zum heutigen Tag seufzt und in Geburtswehen liegt.
(Röm 8,21–22)

Die Hirten Amazoniens beklagten, dass »die sogenannte ›Entwicklung Amazoniens‹ Abholzung und Ausbeutung der natürlichen Ressourcen gebracht habe, ohne Evaluierung der Folgen. Das ist ein Entwicklungsprozess, der die Natur und den Menschen unterdrückt, weil er auf ökonomistischen Perspektiven begründet ist, vor allem am Gewinn orientiert, ohne soziale und ökologische Verantwortung. [...] Die Erlösung der Menschheit schließt die Rettung der geschaffenen Welt mit ein. Das bedeutet umdenken und für eine adäquate Entwicklung eintreten, an der alle beteiligt sind«.

Wir sind heute hier nicht nur versammelt, um Schwester Dorothys zu gedenken, die brutal aus unserer Mitte gerissen wurde, und für ihren Mut zu danken, mit dem sie Amazonien und seine Völker immer verteidigt hat. Der Hauptgrund dieser Feier des sechsten Jahrestags ihres Todes ist, um Gottes Gnade zu bitten, weiterhin standhaft und mutig im Kampf für eine Welt zu bleiben, in der Gerechtigkeit und Frieden herrschen und die Umwelt respektiert wird. Wir wollen auch den gegenwärtigen Moment nutzen und uns fragen, was aus dem Vermächtnis geworden ist, das uns Schwester Dorothy hinterlassen hat. Ich habe hier das letzte Interview, das sie einem Journalisten am 2. Februar 2005, genau zehn Tage vor ihrer Ermordung, gegeben hat. Dorothy gestand in diesem letzten Gespräch vor den Medien: »Unsere Leute sind sehr geängstigt und verzweifelt. [...] Großgrundbesitzer und Holzhändler treiben sich mit von ihnen bezahlten Killern in unserem Siedlungsprojekt herum. Sie dringen in die Höfe ein, zielen mit Waffen auf die Siedler und drohen, unser Volk zu töten. [...] Das Leid ist sehr groß. Ich glaube fest an Gott, und ich weiß, er ist mit mir. Ich rede lieber vom Leben als vom Tod. Unser Volk hat ein Projekt für ein besseres Leben – das Siedlungsprojekt für nachhaltige Entwicklung. Ich habe keine Zeit, an etwas Schlimmes zu denken. Aber wenn sie mich töten, möchte ich in Anapu begraben werden, bei diesen bescheidenen Menschen. Pará ist meine Heimat geworden.«

Sechs Jahre sind vergangen, seit Schwester Dorothy diese ihre letzten Worte über die Medien an die Welt gerichtet hat. Ich frage mich heute: Was hat sich wirklich verändert? Wie ist die Realität der im Siedlungsprojekt angesiedelten Familien? Ich weiß nur eins: sie sind weiterhin verzweifelt. Aber noch viel mehr schmerzt, wenn wir sehen müssen, dass viele Menschen, die zu Dorothys Lebzeiten ihren Kampf für die Kleinen in diesem Siedlungsprojekt unterstützt haben, heute nicht mehr mit uns gehen. Leider haben sie die Seiten gewechselt. Sie verteidigen eigene Interessen oder die einer Gruppe. Sie versuchen, Schwester Dorothys Traum zu töten, und zögern nicht, jene Ideale zu verraten, für die sie ihr Blut vergossen hat.

»Wir wissen, dass die gesamte Schöpfung seufzt.« – »Ich bin gekommen, um Feuer auf die Erde zu werfen. Wie froh wäre ich, es würde schon brennen!«

Es ist nicht das Feuer der Brandrodungen! Es ist das Feuer, das unser Herz brennen lässt, damit wir Sorge tragen für das Geschenk der göttlichen Schöpfung und, im Namen Gottes, die Rechte und die Würde der Völker Amazoniens verteidigen.

Teil V

Zeugnis

Lieben bedeutet alles hingeben
und sich selbst hingeben

Das Zeugnis von Schwester Mayi

Altamira, 6. August 1999,
am Fest der Verklärung des Herrn

Seit dem Fest der »Verklärung des Herrn«, dem 6. August 1999, sieht die Kleine Schwester Jesu Mayi die Herrlichkeit des Herrn und schaut, »was Gott denen bereitet hat, die ihn lieben« (1 Kor 2,9).[74] Im März/April 1999 wurde sie von einer seltenen Tropenkrankheit befallen, musste vom Dorf der Asurini-Indios Abschied nehmen und sich in Belém behandeln lassen. Das Guadalupe-Krankenhaus nahm sie auf. Die Ärzte, die Ordensschwestern von der Anbetung des Blutes Christi und die Krankenschwestern taten alles, um die Krankheit zu bekämpfen. Die Tage, an denen es ihr etwas besser ging, verbrachte sie im Haus ihrer Gemeinschaft. Doch ständig kam das Fieber zurück, ihre Kräfte schwanden zusehends. Sie litt unendlich.

Einmal feierte ich die Heilige Messe im Flur vor ihrem Zimmer, um ihr die Treppe hinauf zur Kapelle zu ersparen. Ich sah den Schmerz in ihr Gesicht eingegraben. Dennoch schaffte sie ein Lächeln, jenes unvergessliche sanfte Lächeln, dass so typisch war für Mayi. An jenem Tag glaubte ich noch, dass Mayi sich erholen würde, denn ich kannte ihren immensen Willen, noch weiter dem Volk der Asurini zu dienen. Aber Gott wollte es anders und hat sie zu sich gerufen.

Am 6. August rief Schwester Alberta mich morgens um 8 Uhr an und teilte mir mit, dass Mayi zu Gott heimgegangen sei. Nach dem Wunsch der Kleinen Schwester Mayi feierte ich die Messe für die indigenen Völker, für ihre Gemeinschaft und für die Prälatur Xingu, in der sie seit 1982 gelebt hatte. Ich erbat ihre Fürbitte bei Gott für uns alle, die wir noch auf dem Pilgerweg sind und unser Leben für die Brüder und Schwestern einsetzen.

Die Kleinen Schwestern Jesu kamen 1982 in das Indiodorf Koatinemo. Mayi kam von den Tapirapé-Indios am Rio Araguaia und brachte ihre große Erfahrung mit, die sie bei diesem Volk gesammelt hatte. Vom Evangelium motiviert und bewegt, leben die Kleinen Schwestern Jesu ihr Ordenscharisma der solidarischen Präsenz in Einfachheit und Liebe beim Volk der Asurini. Wie »das Wort, das Fleisch geworden ist und unter uns gezeltet hat« (Joh 1,14), leben sie ganz in der »*inserção*«, ganz eingetaucht in die indigene Gemeinschaft. Sie achten ihre Welt, ihre Traditionen, ihre Kultur, ihre Sitten und Gebräuche, ihre Mythen und Riten.

Ich denke mit tiefer Zuneigung an Mayi. Wenn jemand mich fragen würde, was mich an dieser Kleinen Schwester am meisten beeindruckt hat, geriete ich in Verlegenheit. Mayi wollte nicht, dass ich einen Bericht über ihre Tätigkeiten, ihre Arbeit und ihr Engagement, ihre Hingabe verfasste. Sie hat mir nie erlaubt, über einen ihrer Dienste zu sprechen oder zu schreiben und dabei ihren Namen zu erwähnen. Selbst als das Büchlein über die Asurini-Sprache herauskam (*Língua asurini do Xingu. Observações gramaticais*), in dem zum ersten Mal in der Geschichte Wörter und Ausdrücke der Asurini in gedruckter Form erschienen, und ich um ein Geleitwort für dieses Pionierwerk gebeten wurde, verlangte Mayi, dass ich ihren Namen nicht erwähnte. Sie akzeptierte nur die allgemeine Erwähnung der Kleinen Schwestern Jesu.

So möchte ich auch in diesem Moment nicht gegen ihren Willen handeln und eine Lobrede auf ihre Person halten. Denn ich weiß, dass sie sehr unzufrieden mit mir wäre. Ich möchte nur das ausdrücken, was mein Herz sieht und fühlt, wenn ich mich an Mayi erinnere. Ich sehe eine Frau mit zarter, »schwächlicher« Konstitution, die zugleich unglaublich stark, freundlich, entschlossen, unerschütterlich und mutig war, wenn es um die Verteidigung der Rechte der Asurini auf ihr Land ging. Ich sehe eine Frau, die vollständig in die Kultur eines anderen Volkes eingetaucht war und sich völlig in die Welt der Asurini »inkarniert« hatte.

Mayi hat den Asurini nicht einfach »gedient« und mit ihnen gearbeitet, sie hat sie mit allen Fasern ihres Herzens *geliebt*. Das war das Geheimnis ihres Lebens. Wenn ich an Mayi denke, kommt mir ein Satz von Thérèse Martin, der hl. Thérèse vom Kinde Jesu, in den Sinn: »Lieben heißt, alles hingeben und sich selbst hingeben.«[75]

Das hat Mayi bis ans Ende gelebt, bis zur völligen und vollständigen Hingabe ihres Lebens.

Gebet zu Aussendung von Missionaren und Missionarinnen

Das Leben der Kleinen Schwester Mayi hat mich zu einem Gebet inspiriert, das ich oft gesprochen habe, wenn junge Missionarinnen und Missionare von Brasilien nach Übersee ausgesandt wurden:

Geh, mein Bruder, meine Schwester!
Dort, in deiner neuen Mission, in deinem neuen Land, in deiner neuen Heimat, wirst du Jesus und sein Evangelium verkünden.
Du wirst den Armen dienen, denen, die vom Festmahl des Lebens ausgeschlossen sind, und ihnen die Füße waschen.
Du wirst dich mit großer Zuneigung einem Volk mit anderer Kultur und anderen Traditionen nähern.
Wenn du ankommst, wirst du sicher die Sitten und Gebräuche befremdlich finden. Aber zwinge nicht deine Ideen auf!
Stelle nicht das Land, in dem du geboren bist, als Paradies dar!
Sage niemals, dass dort, wo du aufgewachsen bist, alles viel besser sei!
Erwecke nie den Eindruck, dass du gekommen seist, um zu lehren,
zu zivilisieren, zu unterweisen, zu kolonisieren!

Tu niemals der Seele des Volkes Gewalt an,
das von nun an dein Volk sein wird!
Lebe ganz einfach das Zeugnis deines Glaubens,
deiner Hoffnung und deiner Liebe.
Sei bereit, dein Leben hinzugeben, bis zur letzten Konsequenz.
Dann wirst du die größte aller Gnaden erleben und ihm begegnen,
der gesagt hat: »Nach meiner Auferstehung werde ich euch vorausgehen
nach Galiläa.« (Mk 14,28)
Mission heißt immer, nach Galiläa gehen,
in die Galiläas aller Kontinente!
Unsere Liebe Frau von Aparecida, von Nazaret, von Guadalupe
und »so vieler anderer Namen« schütze dich immer und überall
auf deinen Wegen!
Mein Bruder, meine Schwester, die Stunde des Aufbruchs ist gekommen!
Nimm deine Hängematte ab, roll sie zusammen,
nimm deine Tasche oder deinen Rucksack,
verabschiede dich von Vater und Mutter, von der Familie,
von den Menschen, die dich lieben und die du liebst!
Und geh! Geh vorwärts! Geh deinen Weg und schau nicht zurück!
Alle beten für dich! Alle entzünden Kerzen für dich!
Geh mit Gott! Geh mit Gott!
Amen! Amen!

Reden vor der Öffentlichkeit der Welt

Vatikan, Brasilianische Bischofskonferenz,
Verleihung des Alternativen Nobelpreises

Intervention bei der XVI. Generalversammlung der Amerika-Synode

Rom, 27. November 1997

Ich komme aus dem brasilianischen Amazonasgebiet und möchte hier über Amazonien, seine Menschen, die indigenen Völker und die schrecklich bedrohte Umwelt sprechen. Ich spreche nicht in eigenem Namen. Auf dieser Synode leihe ich meine Stimme den Völkern Amazoniens und den Ortskirchen jener unendlichen Welt der Urwälder und Gewässer. Amazonien ist ein ganz besonderes Geschenk Gottes, des Schöpfers, ein Ausdruck seiner Liebe und seiner Zuneigung.

Bevor die Europäer kamen, gehörte Amazonien den indigenen Völkern. Seit dem 16. Jahrhundert dezimieren die Habsucht und die Gier der Weißen diese Völker erbarmungslos.

Jedes Jahr werden Tausende von Quadratkilometern von jahrtausendealtem Urwald durch Feuer zerstört. Der Dschungel fällt den Interessen der Großgrundbesitzer zum Opfer. Der Regenwald Amazoniens, die Heimat der Indigenen und der Flussanwohner, wird gewaltsam in riesige Weiden verwandelt. Holzfirmen beuten die noch verbliebenen Wälder aus und ruhen nicht eher, bis der letzte Edelholzbaum gefällt, zersägt und exportiert ist. Goldsucher dringen in die Wälder ein. Sie wollen um jeden Preis an Gold kommen, hinterlassen Mondkrater, verseuchte Flüsse und stecken die wehrlosen und nicht durch Antikörper geschützten Indios mit unzähligen Krankheiten an.

Trotz aller offizieller Erklärungen, Amazonien schützen und eine »nachhaltige Entwicklung« einführen zu wollen, ist die Wirklichkeit, in der wir leben, weit entfernt von diesen schönen Absichtserklärungen. Wenn der Raubbau, die Zerstörung und Ausplünderung der Natur- und Bodenschätze Amazoniens mit dem derzeitigen Tempo weitergehen, wird in weniger als zwanzig Jahren der schmerzliche Tag kommen, an dem wir ein Requiem für Amazonien feiern müssen: »Lacrimosa dies illa, dum ressurget ex favilla judicandus homo reus.« – »Tränenreich jener Tag, an dem aus der Asche der Mensch als Angeklagter aufersteht.«[76]

In diesem Kontext leben wir: Bischöfe, Priester, Ordensleute und unzählige Laien – Männer und Frauen – und kämpfen um den Aufbau des Reiches Gottes in Amazonien, das nach wie vor Missionsland ist. Wir wollen nicht die »Seelsorge« vom beharrlichen Schutz der Menschenrechte trennen. Deshalb werden viele »der Unsrigen« verfolgt oder wurden ermordet. Am vergangenen 10. Oktober jährte sich zum zweiten Mal der Tag, an dem mein Mitbruder Hubert Mattle ermordet wurde – in meinem Haus, mit Schüssen aus einer Maschinenpistole. Von manchen kennt man nicht einmal den Ort, wo sie verscharrt wurden. Sie starben um der Gerechtigkeit willen und verwirklichten die Worte aus dem ersten Johannesbrief: »Daran haben wir die Liebe erkannt, dass er sein Leben hingegeben hat. So müssen auch wir das Leben für die Brüder und Schwestern hingeben.« (1 Joh 3,16)

Als Bischof einer Ortskirche, deren territoriale Ausdehnung größer ist als Italien, und im Namen ihrer indigenen, ländlichen und städtischen Gemeinden bin ich mit konkreten Vorschlägen zu dieser Synode gekommen:

1. Die mutige Verpflichtung auf eine inkulturierte Evangelisierung: Dies bedeutet solidarische Nähe zu den Armen, den indigenen und afroamerikanischen Völkern und ist gleichzeitig eine Antwort auf die Globalisierung, die die lokalen und soziokulturellen Identitäten bedroht.

2. Die Inkulturation fordert uns heraus, unsere Kirchenstrukturen, Liturgien, Riten, Theologien, Ausdrucksweisen und Ämter zu hinterfragen. Oft fehlt die Dynamik und die klare Ausrichtung auf die Mission der Kirche, die die Liebe des dreieinigen Gottes vermitteln und das Leben und die umfassende Befreiung der Völker Amazoniens fördern soll.

3. Die Anklage der historischen und gegenwärtigen Ausbeutung des indigenen Landes und die Zerstörung ihrer Kulturen; die Begleitung der indigenen Kämpfe zur Wiedergewinnung und offiziellen Anerkennung ihres Landes und ihres gemeinschaftlichen Eigentums.

4. Der Schutz des Lebens und der Biosphäre wird mit größtem Nachdruck von den indigenen Völkern eingefordert. Die kommenden Generationen werden uns fragen, was wir ihnen vererben, in Bezug auf die gerechte Verteilung der Güter unseres Planeten, die Qualität der Erde, des Wassers und der Luft. Wir benötigen eine neue Askese für den Gebrauch der Güter und eine neue Bioethik, die über fragmentierte ökologische Forderungen hinausgeht.

5. In Amerika ist Amazonien wegen seiner Biodiversität eines der begehrtesten Ökosysteme, aber auch eines der bedrohtesten, wegen der Ausbeutung durch Holzfirmen und Berg- und Abbauunternehmen. Diese Region ist der natürliche Lebensraum vieler indigener Völker, nicht nur in Brasilien, sondern auch in Französisch- und Holländisch-Guyana, Venezuela, Kolumbien, Ecuador, Peru und Bolivien. Der Schutz der indigenen Völker, ihrer Gebiete und Kulturen ist Teil des umfassenderen Schutzes dieses einzigartigen Patrimoniums der Menschheit.

Eines der wichtigsten Ziele einer inkulturierten Evangelisierung ist, den Armen »zum Subjekt seiner eigenen persönlichen Entwicklung und seiner Entwicklung in der Gemeinschaft« zu machen (Puebla, Nr. 485), oder, wie Papst Johannes Paul II. in Santo Domingo den indigenen Völkern sagte: »Es geht definitiv darum, dass die indigenen Katholiken zu Protagonisten ihrer eigenen Förderung und Evangelisierung werden« (Botschaft an die Ureinwohner Amerikas, Nr. 6).

Predigt bei der 49. Versammlung der Brasilianischen Bischofskonferenz

Aparecida, 9. Mai 2011

Das Johannesevangelium spricht nicht von »Wundern«. Es spricht von »Zeichen« (σημεῖον, Plural: σημεῖα). Es berichtet von sieben Zeichen[77], deren Sinn es ist, den Glauben an Jesus, den Sohn Gottes, zu wecken und zu festigen. Genau wie die Zeichen ist auch der Glaube das »Werk Gottes« (Joh 6,29)! Er wird nicht aufgezwungen, sondern fordert eine persönliche Entscheidung, sich auf Jesus, den Christus, zu verpflichten. Die Reaktionen auf die Einladung dazu, auf das »Werk Gottes«, sind unterschiedlich. In Kana in Galiläa offenbarte Jesus »seine Herrlichkeit, und seine Jünger glaubten an ihn« (Joh 2,11). Aber später, als er das Brot vermehrt und über das Wasser geht, ist die Antwort schon nicht mehr so kristallklar und direkt wie in Kana oder bei der Heilung des Sohnes des königlichen Beamten, der »glaubte, er und sein ganzes Haus« (Joh 4,53).

Jesus sättigt Tausende von Menschen (Joh 6,1–15). Danach erklärt er dieses Zeichen in der Synagoge von Kafarnaum. Er verlangt, dass die Jünger sich »nicht abmühen für die Speise, die verdirbt, sondern für die Speise, die für das ewige Leben bleibt« (Vers 27). Hier geht es nicht darum, die Grundbedürfnisse des Menschen zu »spiritualisieren«. So wie niemand längere Zeit überleben kann, ohne zu essen, so müssen die Jünger sich vom »Brot des Lebens« nähren (Vers 48). Jesu Versicherung: »Wer mein Fleisch isst und mein Blut trinkt, hat das ewige Leben« (Vers 54) ruft in der Synagoge Empörung hervor. Für die Ohren der Juden sind das unerträgliche Worte. Und die Reaktion lässt nicht lange auf sich warten (Vers 66): »Daraufhin zogen sich viele seiner Jünger zurück und wanderten nicht mehr mit ihm.«

Jesus spürt die Krise der Zwölf und verlangt in provokantem Ton, dass sie klar Stellung beziehen; denn glauben bedeutet, nicht nur das Wort, sondern auch den hingegebenen Leib und das vergossene Blut des Herrn anzunehmen (Vers 67): »Wollt auch ihr weggehen?« Simon Petrus legt sein feierliches Glaubensbekenntnis ab (Verse 68–69): »Herr, zu wem sollen wir gehen? Du hast Worte des ewigen Lebens. Wir sind zum Glauben gekommen und haben erkannt: Du bist der Heilige Gottes!«

Jesus zieht sich auf den Berg zurück, denn die gesättigte Volksmenge will ihn »zum König machen« (Vers 15). Es ist schon Nacht. Die Jünger sind im Boot und rudern mühsam gegen die Strömung. Da kommt Jesus zu ihnen – er geht über das Wasser! »Sie hatten Angst«, sagt das Evangelium. Jawohl, Angst! Wenn die Angst das Herz überfällt, erzeugt sie Furcht, erschüttert sie uns bis in die Fundamente unserer Existenz und lässt uns nach Hilfe schreien. Genau in dieser Grenzsituation hören die Jünger die Stimme Jesu, die sie beruhigt (Vers 20): »Ich bin es. Fürchtet euch nicht!« An die Gegenwart Jesu zu glauben vertreibt die Angst. Glaube und Angst sind unvereinbar. Der Glaube gibt Mut, die Angst lähmt. Gott ist der »Imma-nu-'El«, der

»Gott-mit-uns« (Mt 21,23; Jes 7,14). Glauben bedeutet in der Nähe Gottes leben, in der intimen Beziehung zu ihm, eine lebendige Gotteserfahrung haben. Glauben bedeutet »mit Gott unterwegs sein« (Gen 5,22.24; 6,9). Gott verheißt Josua, dem Nachfolger des Mose: »Fürchte dich nicht, hab keine Angst; denn der Herr, dein Gott, ist mit dir, wohin du auch gehst.« (Jos 1,9) Finstere Nacht, aufgepeitschtes Wasser, heftiger Wind, Sturm mit Blitz und Donner, wilde Wogen, Panik im Boot, es droht zu kentern! Inmitten eines solchen Infernos hören wir die Stimme des Herrn: »Ich bin es. Fürchtet euch nicht!« Das Toben des Windes lässt nach, das ungestüme Meer beruhigt sich. Der Herr vertreibt die Finsternis der Nacht. Es leuchtet das Morgenrot: »Ich bin es. Fürchtet euch nicht!« Es ist Ostern: Das Leben hat den Tod besiegt! Die Gnade ist stärker als die Sünde. Die Liebe und der Frieden triumphieren über Hass und Krieg, machen der Gewalt und den Ungerechtigkeiten ein Ende.

Aber ist wirklich Ostern? Ist wirklich das Morgenrot jenes Tages angebrochen, der den Sieg bringt, die Befreiung aus dem Sklavenhaus? Ist das Ostern, das wir feiern, nicht nur eine Utopie, die wir hegen, ein Traum, den wir träumen? Ist die Welt nicht nach wie vor voller Kreuze? Stehen sie nicht an jeder Ecke, an allen Straßen, am Ufer eines jeden Stromes, Sees oder Flüsschens unseres Brasiliens? Sind an ihnen nicht Millionen von Männern und Frauen angenagelt, die als »überflüssig« und »wegwerfbar« angesehen werden (Aparecida, Nr. 65), weil sie nicht in ein System passen, das nur auf Gewinnmaximierung ausgerichtet ist? Sind nicht nach wie vor die indigenen Völker ans Kreuz genagelt – Opfer von Mord und Gewalt, von Vertreibung und Betrug, des Landes ihrer Ahnen beraubt, zu Parias der Gesellschaft herabgewürdigt, mit Fußtritten vertrieben wie Tiere, wie Vagabunden am Straßenrand behandelt oder in wahren Menschenpferchen zusammengedrängt, ohne die minimalsten Voraussetzungen für das physische und kulturelle Überleben?

Sind an diesen Kreuzen nicht die Opfer des Menschenhandels angenagelt, der in ganz Amazonien sein Unwesen treibt, die Mädchen und Jungen, die von nationalen und internationalen Prostitutionsringen angelockt und betrogen werden, in unserem eigenen geliebten Pará und in anderen Bundesstaaten des Nordens und Nordostens? Ist das Urteil zum Tod am Kreuz nicht schon über Tausende von Familien ausgesprochen, die aus ihren Häusern, von ihren Grundstücken und Feldern vertrieben werden durch sogenannte Entwicklungsprojekte, die dem Volk falsche Versprechungen machen, aber in Wahrheit Pläne sind, welche die Zerstörung Amazoniens beschleunigen und die Elendsgebiete anwachsen lassen? Was für ein Ostern feiern wir, wenn wir Tag und Nacht die verzweifelten Klagen von Familien hören, die um einen Bruder, eine Schwester, den Vater, den Mann, den Sohn weinen, die ermordet wurden, ohne dass die Verbrecher und gekaufte Killer belangt werden? Was für ein Ostern feiern wir, wenn wir unseren Planeten immer mehr von der Zerstörung bedroht sehen, verursacht von der gegenwärtigen Generation mit katastrophalen Folgen für das Leben ihrer Kinder und Enkel?

Schwestern und Brüder! Ostern ist noch nicht das Fest unserer Ankunft im endgültigen Reich der Herrlichkeit. Ostern ist die Feier des »Durchzugs«, und ein Durchgang ist kein Zielpunkt, sondern ist ein Weg. Wir sind unterwegs und denken daran, dass Jesus uns vorangeht. Er ist der Weg. Deshalb verlieren wir nie die Hoffnung auf eine andere Welt, eine gerechte und geschwisterliche Welt, auf die Welt des Guten Lebens.[78] Als Gott Jesus auferweckte, sagte er sein unwiderrufliches Ja zum Leben. Ostern feiern bedeutet bereit sein, »Werke Gottes zu vollbringen« (Vers 28). Und »das Werk Gottes ist, dass ihr an den glaubt, den er gesandt hat« (Vers 29). An den glauben, den der Vater gesandt hat, ist Verpflichtung auf das Leben, ist Verkündigung des Lebens, wo andere den Tod säen. Glauben heißt die Gerechtigkeit und die Liebe Gottes verteidigen, wo die Gewalt und der Hass die Menschenwürde und die Menschenrechte verletzen. Glauben heißt dankbar das Heim (οἶκος[79]) bewundern, das Gott für uns alle geschaffen hat, für es sorgen und es liebevoll bewahren für die Generationen, die nach uns kommen.

»Werke Gottes vollbringen« kann kein oberflächliches Bemühen sein. Es setzt vielmehr eine tiefe Mystik voraus, deren Grundlage die radikale Liebe Jesu »bis zur Vollendung«[80] (Joh 13,1) ist. Es bedeutet, sich durchdringen zu lassen von der »Liebe Gottes, die offenbar wurde in Christus Jesus, unserem Herrn« (Röm 8,39), es bedeutet die Betrachtung seines vergossenen Blutes, »das die unvergängliche Liebe«[81] ist, und seines hingegebenen

Leibes, der uns nährt und erhält und uns Mut gibt, solange wir Pilger in dieser Welt sind. Amen.

Rede bei der 49. Versammlung der Brasilianischen Bischofskonferenz

Aparecida, 6. Mai 2011

Rette, Herr, dein Volk! (Jer 31,7)

Ich beginne diese Rede mit dem Schrei des Propheten Jeremia: »Rette, Herr, dein Volk!« Dieses Flehen kommt aus dem Herzen eines Menschen, der sein ganzes Vertrauen auf Gott und seine Verheißung setzt: »Seht, es werden Tage kommen – Spruch des Herrn –, da wende ich das Geschick meines Volkes und führe seine Gefangenen zurück in das Land, das ich seinen Vätern gegeben habe, und sie werden es in Besitz nehmen.« (Jer 30,3) Das ist der Traum so vieler indigener Völker: Zurückzukehren in das Land ihrer Ahnen und in Frieden zu leben. Sie haben nie die Hoffnung aufgegeben, dass einmal der Tag anbrechen wird, an dem der gute Gott sie aus der Gefangenschaft des Todes befreit. Das ist auch unsere inständige Bitte: Rette, Herr, die indigenen Völker! Hol sie herunter vom Kreuz und gewähre ihnen in deiner Güte und Barmherzigkeit die Freude des Osterfestes, der Auferstehung, des Lebens!

Die diesjährige Fastenaktion (»Kampagne der Geschwisterlichkeit«) steht unter dem Motto »Die Schöpfung seufzt in Geburtswehen« (Röm 8,22) und fordert auf, das *Leben auf dem Planten in Geschwisterlichkeit* neu zu gestalten. In unseren Bistümern und Gemeinden haben wir uns mit den gravierenden Umweltproblemen befasst, welche die Zukunft des Planeten Erde bedrohen. Durch die verhängnisvollen menschlichen Eingriffe in die Natur besteht die reale Gefahr, das Leben in all seinen Formen auszurotten. Dies schmerzt uns besonders, denn »Lateinamerika ist der Kontinent der Erde mit der größten Artenvielfalt und mit einer reichen gesellschaftlichen Vielfalt in seinen Völkern und Kulturen« (Aparecida, Nr. 83).

Seit der Konferenz von Aparecida, der V. Generalversammlung der Bischöfe Lateinamerikas und der Karibik im Jahr 2007, ist die Sorge der Kirche unseres Kontinents wegen Amazonien und der gesamten Umweltfrage gewachsen (vgl. Aparecida, Nr. 84): »Unsere Schwester, Mutter Erde, ist unser gemeinsames Haus und der Ort, an dem Gott seinen Bund mit den Menschen und mit der ganzen Schöpfung geschlossen hat.« (Aparecida, Nr. 125) Diese Schwester-Mutter, dieses gemeinsame Haus der ganzen Menschheit, das wir »als unverdientes Erbe geschenkt bekommen haben, um es zu schützen«, »als einen kostbaren Raum für das Zusammenleben der Menschen [...] für das Wohlergehen aller« (Aparecida, Nr. 471), wird ohne Unterlass zerstört: »Die Erde wird verwüstet. Die Wasserreserven werden behandelt, als seien sie eine Geschäftsware der Unternehmen.« (Aparecida, Nr. 84; vgl. Nr. 85) Die Vernichtung der Wälder und der Biodiversität sowie die Verseuchung des Wassers »verwandeln die ausgebeuteten Gebiete in ungeheure Wüsten« und »bringen das Leben von Millionen Menschen [...] in Gefahr« (Aparecida, Nr. 473). Nach dem Schlussdokument von Aparecida ist der Grund dieses ökologischen Kollapses das »heutige Wirtschaftsmodell [...], das dem maßlosen Gewinnstreben Vorrang vor dem Leben der Menschen und Völker und vor dem vernunftgemäßen Umgang mit der Natur gibt« (Aparecida, Nr. 473). Dieses Modell ordnet den »Naturschutz der wirtschaftlichen Entwicklung unter, so dass die biologische Vielfalt Schaden leidet, Wasserreserven und andere Naturressourcen zur Neige gehen, die Luft vergiftet wird und das Klima sich wandelt« (Aparecida, Nr. 66).

Für die Mission der Kirche werden die Umweltfrage und der Naturschutz zu »neuen Areopagen« (Aparecida, Nr. 491). Aparecida sieht das menschliche Leben und die Umwelt, die Ökologie der Natur und die Ökologie der Menschheit stets in einem engen Zusammenhang: »Die beste Art und Weise, die Natur zu respektieren, besteht darin, eine humane und für die Transzendenz offene Ökologie zu fördern [...]. Der Herr hat die Welt für alle Menschen geschaffen, für die jetzt lebenden und die zukünftigen Generationen.« (Aparecida, Nr. 126) Mit Aparecida müssen wir lernen, ein neues Wirtschaftsmodell zu praktizieren, das in der Lage ist, die »immer begrenzter werdenden« Naturressourcen »nach gerechten Verteilungsprinzipien« zu regeln (Aparecida, Nr. 126). Die Ökologie mit ihrem Ziel, in Geschwisterlichkeit mit allen Menschen und mit der Natur zu leben, will ein neues Modell der gesellschaftlichen Entwicklung und eine persönliche Askese, deren Wurzel die Solidarität ist.

Das Thema »Kampagne der Geschwisterlichkeit« ist eine Herausforderung und gleichzeitig ein Imperativ: das Leben in Brasilien, auf dem lateinamerikanischen Kontinent und auf dem Planeten Erde als ein Leben in Geschwisterlichkeit mit den indigenen Völkern zu gestalten und umzugestalten. Deshalb stelle ich, wie schon so oft, dieser Generalversammlung die Realität der indigenen Völker Brasiliens vor. Als Bischof vom Xingu, als Präsident des Indianermissionsrates und als Missionar in Amazonien kann ich mich nicht der Verantwortung entziehen, hier in aller Kürze auf die gravierenden Probleme einzugehen, mit denen die indigenen Völker konfrontiert sind.

Das Problem des Landbesitzes

Die offizielle Anerkennung der indigenen Landgebiete ist zweifellos die entscheidendste und gleichzeitig eine überaus polemische Frage. Dieses Problem hat die größten Auswirkungen und zeigt mit aller Deutlichkeit die Interesselosigkeit der Regierung im Hinblick auf die indigenen Völker Brasiliens. Die Versäumnisse der Regierung zu dieser Frage zeigen deutlich, dass Wirtschaftsinteressen im Vordergrund stehen, mit dem Ziel, sich des Indiolandes zu bemächtigen und es schonungslos auszubeuten.

Die entsprechenden Daten lassen daran keinen Zweifel, denn von den bestehenden 1.023 indigenen Territorien sind nur 360 in allen Instanzen anerkannt worden, für 322 Landgebiete gibt es weiterhin keinerlei Maßnahmen zur Anerkennung durch den brasilianischen Staat. Von den Gebieten, die derzeit den Demarkierungsprozess durchlaufen, befinden sich 156 im Stadium der Überprüfung, 27 sind identifiziert, 60 sind vom Justizminister anerkannt und 63 von der Präsidentschaft der Republik ratifiziert worden. Darüber hinaus gibt es noch 35 Gebiete, die für indigene Völker vorgesehen sind.

Während der gesamten Regierungszeit Lulas verharrte die FUNAI in einem Zustand von Lethargie und Unterwürfigkeit gegenüber den vielfältigen Formen des Druckes, der gegen die Demarkierungen ausgeübt wurde. Ende 2009 beschloss die Regierung, fast wie durch Zauberei, die Restrukturierung der FUNAI durch das Dekret Nr. 7056 vom 28. Dezember jenes Jahres. Viele der indigenen Völker sind von der Restrukturierung nicht sehr angetan, weil sie ohne ihre Konsultation Strukturveränderungen festgelegt hat. Das widerspricht dem Übereinkommen Nr. 169 der Internationalen Arbeitsorganisation (ILO), das von der brasilianischen Regierung anerkannt wurde. Dieser Schritt schuf ein Klima extremen Misstrauens und hat so dem Fortgang der Demarkierungsprozesse noch zusätzlich geschadet.

Die Verlagerung von Demarkierungsprozessen auf die Gerichtsebene

Die Prozesse der Anerkennung indigener Gebiete verlaufen sehr schleppend, auch weil in den Prozessen Bundes- und Landesbehörden oft gegeneinander ausgespielt werden. Es sind Hunderte von Klagen eingereicht worden mit dem Ziel der Aufhebung von Demarkierungen. Viele Verwaltungsprozesse zur offiziellen Anerkennung von indigenen Landgebieten gehen aufgrund von Urteilen verschiedener Amtsgerichte und Instanzen der Bundesgerichtsbarkeit nicht weiter. In vielen Fällen, zum Beispiel in den Bundesstaaten Santa Catarina, Mato Grosso und Mato Grosso do Sul, haben die Regierungsstellen selber den Invasoren indigener Gebiete geraten, beim Bundesgerichtshof ordentliche Verfahren zu eröffnen. In diesen verlangen sie die Annullierung von Erlassen des Justizministeriums oder der FUNAI zur Demarkierung und Identifizierung indigenen Landes.

Die Gewalt gegen indigene Völker und deren Kaziken

Darüber hinaus haben wir Folgendes beobachtet: In Fällen, bei denen nicht durch politischen Druck oder gerichtliche Maßnahmen die offizielle Anerkennung verhindert wird, kommt es immer wieder vor, dass Gruppierungen mit rein wirtschaftlichen Interessen zur Gewalt greifen, in indigenes Land eindringen und die Kaziken dieser Völker angreifen oder ermorden. So beklagen wir in den letzten Jahren eine Explosion von Gewalt, die sich gegen die indigenen Völker richtet. Vom CIMI gesammelte Daten belegen, dass von 2003 bis 2010 in Brasilien 499 Angehörige indigener Völker ermordet wurden. In den nächsten Tagen wird der CIMI dazu einen »Bericht über das Ausmaß der Gewalt gegen die indigenen Völker im Jahr 2010« veröffentlichen, um diese Situation anzuklagen, damit die Behörden umgehend Maßnahmen zur Bekämpfung dieser eklatanten Menschenrechtsverletzungen ergreifen können.

Diesen Erhebungen zufolge haben im Bundesstaat Mato Grosso do Sul die Gewalttaten gegen die indigenen Völker eine Rekordhöhe erreicht. Dort sind die indigenen Gemeinden gezwungen, am Straßenrand zu leben; sie werden oftmals aus ihren Lagern vertrieben, ihre Zelte und Habseligkeiten verbrannt, ihre Kaziken ermordet. Etwa 50 Prozent aller Morde an Indigenen sind in diesem Bundesstaat zu verzeichnen. Nach aktuellen Informationen der Bundesstaatsanwaltschaft ist im indigenen Territorium von Dourados, einem Gebiet von 3.600 Hektar, in dem mehr als 12.000 Indigene zusammengepfercht leben, der Mordindex um 800 Prozent höher als im bundesweite Durchschnitt. Die Gewaltpraxis gegen die indigenen Völker in Mato Grosso do Sul, insbesondere gegen das Volk Guarani-Kaiowá, kann nur als Völkermord bezeichnet werden. Doch auch in mehreren anderen brasilianischen Bundesstaaten werden Angehörige indigener Völker hinterhältig ermordet. Informationen hierzu werden der Öffentlichkeit bewusst vorenthalten.

Die Nachlässigkeit der brasilianischen Regierung im Fall der Guarani-Kaiowá zeigt ihr Desinteresse an den indigenen Völkern. Die Rechtsverletzungen gegen dieses Volk sind umfassend angeklagt und angezeigt worden – sowohl vom CIMI als auch von anderen nationalen und internationalen Organisationen zum Schutz der Menschenrechte und der Rechte der Indigenen. Dennoch schaut die FUNAI bis heute tatenlos zu, trotz der Unterzeichnung eines »Protokolls zur Handlungsanpassung«, in dem sie sich 2008 verpflichtete, endlich den Prozess der Demarkierung in diesem Staat durchzuführen, der den Tod Hunderter Mitglieder des Volkes der Guarani-Kaiowá verhindern könnte.

Bei Verbrechen gegen die Indigenen werden die Täter nur sehr selten identifiziert, und wenn es doch der Fall ist, haben sie Mittel, das endgültige Urteil der entsprechenden Prozesse um Jahre hinauszuzögern. Im Falle eines tatsächlichen Richterspruchs kommt es jedoch kaum vor, dass sie verurteilt werden. Das erhöht noch zusätzlich das Gefühl der Straflosigkeit.

Ein effizienterer Schutz der indigenen Gemeinden und ihrer Kaziken sowie die Bestrafung derjenigen, die solche Gewalttaten begehen, könnten zumindest teilweise die Leiden lindern, denen die indigenen Völker seit Jahrhunderten ausgesetzt sind.

Die einseitig »entwicklungszentrierten« Projekte und ihre Auswirkungen auf die indigenen Landgebiete

Mit großer Besorgnis verfolgen wir die Durchführung von einseitig »entwicklungszentrierten« Projekten und die Auswirkungen, die sie auf die Territorien und das Leben der indigenen Völker haben oder haben können. Eine vom CIMI durchgeführte Erhebung zeigt, dass mindestens 450 Projekte in indigene Landgebiete eingegriffen haben. Viele von ihnen sind Teil des Wachstumsbeschleunigungsprogramms der Bundesregierung.

Dutzende von Wasserkraftwerken, Hochspannungsleitungen, Überlandstraßen, Eisenbahnen, Wasserstraßen und Häfen werden in allen Gebieten Brasiliens gebaut, ohne dass die indigenen Völker angehört werden, wie es die Bundesverfassung verlangt. Hier müssen vor allem gerichtliche Ungereimtheiten bei zahlreichen Genehmigungen im Umweltbereich hervorgehoben werden. Die Regierungsorgane werden so lange von den verantwortlichen Unternehmern unter Druck gesetzt, bis sie die Genehmigung erteilen. Die Genehmigung zum Bau des Wasserkraftwerks Belo Monte am Rio Xingu ist ein neues beschämendes Beispiel für den fehlenden Respekt gegenüber den indigenen Völkern und die Verletzung ihrer Rechte. Das für den Bau verantwortliche Konsortium »Norte Energia« geht so weit, in diesen Tagen in 17 brasilianischen Flughäfen irreführende Werbespots zu präsentieren. Es führt die öffentliche Meinung bewusst irre, indem es behauptet, dass die indigenen Dörfer nicht betroffen seien, weil sie nicht überflutet würden. Die Wahrheit ist genau das Gegenteil: den Bewohnern des ganzen Gebietes, sowohl in den Indiodörfern als auch am Ufer der »großen Schleife des Xingu«, wird durch die drastische Reduzierung des Wasservolumens um 80 Prozent praktisch das Wasser abgegraben. Diese Menschen leben vom Fischfang und der Subsistenzwirtschaft, und sie nutzen den Fluss zu ihrer Fortbewegung. Wie sollen sie überleben?

Wenn es um Projekte geht, die indigene Gebiete tangieren, dann zeichnet sich die Bundesregierung durch Respektlosigkeit und Dialogverweigerung aus. In dieser Hinsicht sind die Umleitung des Rio São Francisco und das Wasserkraftwerk Belo Monte exemplarisch. Wir wissen nur zu gut, dass die Umleitung des Rio São Francisco blanker Wahnsinn ist. Die Kosten sind explodiert. Die Arbeiten stehen still. Die Firmen haben fast die gesamte Arbeiterschaft entlassen. Nur kleine Gruppen zur Bewachung und zum Unterhalt der Bauten befinden sich auf dem Gelände. Der Zeitpunkt der Wiederaufnahme der Arbeiten steht in den Sternen.

Im Fall von Belo Monte haben der verweigerte Dialog und die fehlende Anhörung der Indigenen die Interamerikanische Menschenrechtskommission der Organisation der Amerikanischen Staaten (OEA) dazu veranlasst, mittels einer Sicherungsmaßnahme von der brasilianischen Regierung den sofortigen Stopp der Arbeiten zu verlangen. Auf überraschende und unerklärliche Weise hat die brasilianische Regierung auf den Beschluss der OEA mit der Androhung von politischen und wirtschaftlichen Vergeltungsmaßnahmen reagiert. Die derzeitige Präsidentin der Republik Brasilien hat sich bei ihrer Rede zum Amtsantritt zum Schutz der Menschenrechte bekannt. Dieses feierliche Versprechen hat nicht einmal den ersten konkreten Fall überdauert, mit dem sie konfrontiert wurde.

Investitionen auszuweiten und Infrastrukturen zur Beschleunigung des »Wirtschaftswachstums« Brasiliens zu schaffen ist ein fast »absolutes Gesetz« geworden. Daher hinterfragt man weder die Mittel noch die sozialen, ökologischen, wirtschaftlichen, kulturellen und politischen Auswirkungen, die diese Projekte heute und in Zukunft mit sich bringen.

Die Kriminalisierung indigener Völker

Ein anderes Problem, das uns sehr beunruhigt, ist die Kriminalisierung von Kaziken und anderen führenden Persönlichkeiten bei den indigenen Völkern. Die Versäumnisse der Regierung zur Demarkierung der Landgebiete und ihre Präferenz für einseitig »entwicklungszentrierte« Projekte hatten auch einen Effekt, den wir sehr begrüßen: Die indigenen Völker organisierten sich, um die Demarkierungsprozesse zu beschleunigen und Bauvorhaben zu verhüten, die schädliche Auswirkungen auf ihr Land und ihr Leben haben.

Die Reaktion vonseiten des Staatsapparates auf diese Organisation und Mobilisierung kam postwendend und in der absurden Form, ihre Kaziken zu kriminalisieren. Beispiele aus der jüngeren Vergangenheit sind die ständigen Übergriffe von Vertretern der Bundespolizei auf die Völker Tupinambá und Pataxó Hã-Hã-Hãe im Bundesstaat Bahia. Viele Personen mit Leitungsfunktion aus diesen Völkern werden gerichtlich verfolgt, einige von ihnen sind inhaftiert. Ein anderes sehr symptomatisches Beispiel betrifft das Volk Xucuru im Bundesstaat Pernambuco: 42 Xucuru-Indios wurden zu Gefängnisstrafen verurteilt, deren Durchschnitt bei zehn Jahren liegt. Statistische Daten zeigen, dass in Brasilien gegenwärtig 758 Indigene inhaftiert sind. – Der CIMI hat wiederholt die repressiven Handlungen von Vertretern des Staates gegen indigene Kaziken und deren Gemeinschaften angezeigt.

Der Angriff auf die in der brasilianischen Gesetzgebung verankerten indigenen Rechte

Die im Nationalkongress repräsentierten anti-indigenen Gruppierungen, vor allem jene, die dem Produktionsmodell des »Agrobusiness« verbunden sind, versuchten in den letzten Jahren höchst aggressiv, die indigenen Rechte im Bereich der legislativen Gewalt einzuschränken. Derzeit bestehen mehr als 200 Gesetzesnovellen gegen die indigenen Völker, die im Abgeordnetenhaus und im Bundessenat verhandelt werden.

Projekte im Interesse der indigenen Völker, zum Beispiel das Gesetzesprojekt PL 2057/91 zum neuen Statut der indigenen Völker und das Gesetzesprojekt PL 3571/08 zur Schaffung eines Nationalen Rates für Indiopolitik bleiben jedoch in der Schublade. Der Entwurf zum neuen Statut der indigenen Völker steckt schon seit mehr als 20 Jahren in den Instanzen fest, und es deutet nichts darauf hin, dass er in einer der nächsten Legislaturperioden verabschiedet wird.

Zur Lösung dieser dringenden Fragen bedarf es intensiver Vernetzung der indigenen Völker mit Teilen der Zivilgesellschaft und Nichtregierungsorganisationen.

Unzureichendes Haushaltsbudget

Auch das für die indigenen Völker vorgesehene Haushaltsbudget zeigt das Desinteresse an den 241 indigenen Ethnien unseres Landes. Selbst verabschiedete Mittel kommen nicht den indigenen Völkern zugute.

Um nur ein einziges Beispiel zu nennen: Im Jahr 2010 hat die FUNAI bei der Demarkierung und Regulierung der indigenen Landgebiete nur 47,51 Prozent der vorgesehenen 25 Millionen Reais (etwa 10 Millionen Euro) ausgegeben. Im selben Jahr hat die FUNASA etwa 19,357 Millionen Reais *nicht* investiert, die für die Errichtung von Gesundheitsposten im Dienst der indigenen Bevölkerung im Haushaltsplan des Bundes vorgesehen waren; dasselbe gilt für 27,139 Millionen Reais, die für Förderung, Überwachung, Schutz und Wiederherstellung der indigenen Gesundheit verabschiedet worden waren, und auch für 987.800 Reais zur Ernährungsüberwachung und -sicherung der indigenen Völker. Alle diese Mittel flossen in den Staatsschatz zurück.

Die indigene Gesundheitsfürsorge

Die für die Gesundheit der indigenen Völker zuständige staatliche Behörde FUNASA wird seit langem der Veruntreuung öffentlicher Gelder und der Korruption beschuldigt. Rechnungsprüfungen durch den Bundesrechnungshof haben schwerwiegende Unregelmäßigkeiten bei der Verwendung der Materialien und Geldmittel sowie bei der Durchführung der vorgesehenen Dienstleistungen festgestellt.

Mit großer Verspätung und schon fast zum Abschluss seiner Regierungszeit, Ende 2010, hat Präsident Lula die Schaffung des »Sondersekretariats für Indigene Gesundheit« (SESAI) angeordnet, das dem Gesundheitsministerium unterstellt ist. Das Sekretariat wurde formell beschlossen, aber noch nicht eingerichtet.

All dies hat eine ständige Verschlechterung der Situation der indigenen Völker zur Folge. Tragischerweise sind in den ersten vier Monaten dieses Jahres 2011 allein im indigenen Territorium Parabuburi des Volkes Xavante im Gebiet der politischen Gemeinde Campinápolis, Bundesstaat Mato Grosso, mindestens 35 Kinder aus heute absolut vermeidbaren Gründen gestorben, an Unterernährung, Infektionen oder Erkrankungen der Atemwege. Im Tal des Rio Javari in Amazonien breiten sich unter den Indigenen unkontrolliert Viren- und Infektionskrankheiten aus.

Indigene Schulbildung

Auch die Schulpolitik im indigenen Bereich ist widersprüchlich. Die Verantwortung liegt beim Nationalen Erziehungsministerium (MEC), welches die Mittel und Zuständigkeiten für die Schulbildung an die Bundesstaaten weitergibt, die sie ihrerseits an die Kommunen übergeben können. Indigene Lehrerorganistionen empfehlen jedoch eine Verlagerung auf die nationale Ebene. Das Erziehungsministerium ging mit der Verordnung Nr. 6861 vom 27. Mai 2009 einen anderen Weg – ohne auf Evaluierungs- und Beteiligungsprozesse der indigenen Völker Rücksicht zu nehmen. Es richtete Bildungsterritorien nach Ethnien ein. Die Mehrzahl der dafür zuständigen staatlichen Organe und der indigenen Völker versteht dieses Modell nicht.

Der Protagonismus der indigenen Völker

In den letzten Jahren forderten die indigenen Völker immer deutlicher bei den Behörden ihre Rechte ein und wurden so zu Protagonisten ihrer Angelegenheiten. Obwohl gewisse Beteiligungsräume geschaffen wurden, ist die Liste von nicht erfüllten Versprechen seitens der Bundesregierung lang. Erfolge sind eher auf regionaler oder lokaler Ebene zu verzeichnen. Nationale Bemühungen laufen aufgrund der politischen Verflechtungen zum Beispiel mit der großen Agrobusiness-Lobby ins Leere.

Die isolierten indigenen Völker

Eine sogar in Brasilien selbst wenig bekannte Realität sind die isolierten indigenen Völker. Erhebungen durch Missionare des CIMI, die in den nächsten Tagen veröffentlicht werden sollen, belegen Hinweise auf die Existenz von mindestens 90 indigenen Völkern oder Gruppen, die in Amazonien ohne jeden Kontakt zu der sie umgebenden Gesellschaft leben. Die Situation dieser Völker beunruhigt uns zutiefst. Dies gilt besonders für 18 Völker, die durch die Verschiebung der Agrargrenze nach Norden und durch Projekte des PAC (Wasserkraftwerke am Rio Madeira und in Rondônia) von einem regelrechten Genozid bedroht sind und am Rande der Ausrottung stehen.

Der brasilianische Staat muss die Rechte dieser isolierten Gruppen anerkennen und durch die Anwendung der nationalen und internationalen Gesetzgebung ihre soziale, kulturelle und wirtschaftliche Integrität sowie den

Schutz ihrer Territorien und Naturschätze garantieren. In allen Regionen, in denen isolierte Indiogruppen leben, müssen die Projekte im Bereich von Infrastruktur, Energieerzeugung, Besiedlung und Ausbeutung der natürlichen Ressourcen, besonders der Bodenschätze, sofort gestoppt werden.

Abschließende Erwägungen

Mit großer Besorgnis komme ich zum Schluss meiner Ausführungen, denn die Perspektiven sind alles andere als ermutigend, auch wenn wir berücksichtigen, dass die neue Regierung erst in ihren Anfängen steht. Die von der Bundespräsidentin gehaltenen Reden deuten auf die Weiterführung der einseitig entwicklungszentrierten Politik hin, die ausschließlich auf Megainvestitionen in Bauunternehmen und auf die Ausbeutung der natürlichen Ressourcen fixiert ist. Die indigenen Völker, ihre Organisationen und die gesamte Gesellschaft stehen vor großen Herausforderungen. Manche Kaziken betonen in Artikeln und Reden:

Obwohl die Weißen alles daransetzen, die Erde zu zerstören, wird sie überleben, solange die indigenen Völker überleben. Die Kinder der Erde vernichten heißt, die letzte Lebenshoffnung des Planeten zu vernichten.

Ich erinnere nochmals an die diesjährige Fastenaktion und betone die Notwendigkeit, sie als Teil unserer prophetischen Mission zum Schutz des Lebens weiterzuführen. Wenn wir uns für das Leben der indigenen Völker einsetzen und ihr angestammtes Land schützen, tragen wir auch zum Schutz unserer Erde bei. Es ist nun fünf Jahre her, dass unser geliebter Dom Luciano Mendes de Almeida (früherer Vorsitzender der Brasilianischen Bischofskonferenz) ins Haus des Vaters heimgegangen ist (27. August 2006). Wir alle, die ihn kannten, denken in Dankbarkeit an diesen Mann Gottes, der sein Leben den Armen und den von der Gesellschaft diskriminierten Menschen geweiht hatte. Ich erinnere mich, mit welcher Entschlossenheit er die indigenen Völker und unseren Einsatz für sie im Nationalkongress und in den Medien verteidigte und die brasilianische Gesellschaft aufrief:»Es ist an der Zeit, unsere Demokratie mit ihrem ethnischen und kulturellen Reichtum zu konsolidieren und an die Zukunft der indigenen Gemeinschaften

und der von ihnen verwirklichten nachhaltigen Entwicklung zu glauben.
Die geschwisterliche und christliche Solidarität in Achtung und Wertschätzung der ethnischen und kulturellen Pluralität Brasiliens wird uns den Segen Gottes garantieren und für alle eine neue Zeit der Gerechtigkeit und des
Friedens anbrechen lassen.«

Rede bei der Verleihung des Alternativen Nobelpreises (Right Livelihood Award)

Stockholm, 6. Dezember 2010

*Sehr geehrter Vorsitzender, geehrte Parlamentsabgeordnete, liebe Empfänger des
Alternativen Nobelpreises, Exzellenzen, liebe Freunde!*

In diesem unvergleichlichen und einzigartigen Augenblick überqueren meine Gedanken und Gefühle den Atlantischen Ozean. Ich versetze mich aus
Stockholm in die Südhälfte der Erde, zum gewaltigen Amazonasstrom, und
fahre ihn hinauf bis zu einem seiner größten Nebenflüsse, dem Xingu.

Seit 45 Jahren bin ich mit den Menschen und Völkern dieser Region unterwegs. Es sind die indigenen Völker, die seit Jahrtausenden dort leben; es
sind die Menschen, die an den Flussufern wohnen und vom Fischfang und
der kleinen familiären Landwirtschaft leben. Es sind viele Tausende von Mi-
grantenfamilien, die in den letzten Jahrzehnten auf der Suche nach besseren
Lebensbedingungen aus allen Bundesstaaten Brasiliens zugewandert sind.

Es sind die Menschen, denen ich mein Leben widme. Es sind die Menschen, die ich liebe und kenne, und es sind die Menschen, die mich lieben.
Der Grund dafür ist einfach: Als ich vor 45 Jahren, 1965, nach Brasilien,
nach Amazonien und an den Xingu kam, spürten sie, dass ich nicht auf der
Suche nach Reichtum oder Privilegien war. Ich kam, um diesen Töchtern
und Söhnen Gottes zu dienen. Sie sind die Frauen und Männer, die mit
mir unterwegs sind. Miteinander schützen wir ihre Würde, ihre Menschenrechte und unsere Umwelt – unser gemeinsames Haus auf der Mutter Erde.
Ökologie – vom griechischen Wort »oikos« – bedeutet »Haus, Heim«! Diese
Menschen wissen sehr genau, dass sie nicht überleben werden, wenn Amazonien weiterhin missachtet und zerstört wird. Und sie wissen, dass diese

grausame Zerstörung für den Planet Erde nichtwiedergutzumachende Folgen hat. Es wird die wirkliche Apokalypse sein.

Tatsache ist: Alle, die sich gegen die skrupellose Umweltzerstörung stellen, gegen jene, die nicht die geringste Achtung vor dem Menschen haben, gegen jene, die sofortige und gigantische Gewinne suchen, gegen die Ambitionen vieler Politiker und Unternehmer – alle diese Menschen riskieren ihr Leben. Verleumdungen, Diffamierungen und Morddrohungen sind die Waffen, mit denen man diejenigen einzuschüchtern versucht, die ihre Stimme gegen die Verletzungen der Menschenwürde erheben. Das ist einer der Gründe, weshalb die Sicherheitsbehörden am 29. Juni 2006 beschlossen, mich unter den Polizeischutz des Bundesstaates Pará zu stellen. Sie fühlen sich verantwortlich für die – wie sie sagen – »physische Integrität des Xingu-Bischofs«. Seit diesem Tag begleiten mich in meiner Heimatregion des Xingu bewaffnete Polizisten auf Schritt und Tritt. Heute Abend haben sie frei.

Ich nehme den Alternativen Nobelpreis im Namen all jener an, die mit mir heute für die indigenen Völker, für Amazonien und für die Menschenrechte kämpfen. Ich nehme ihn im Namen Dutzender von Menschen an, die ihre Leben gegeben haben, deren Blut vergossen wurde, die brutal ermordet worden sind, weil sie sich der systematisierten Zerstörung Amazoniens widersetzt haben. Unter den Menschen, die ermordet wurden, möchte ich zwei erwähnen, die mit mir Seite an Seite gearbeitet haben.

Schwester Dorothy Mae Stang aus den USA lebte 23 Jahre an der Transamazônica und wurde dort 2005 ermordet. Ich erinnere mich gut an unsere erste Begegnung im Jahr 1982. Sie sagte:»Ich möchte unter den Ärmsten der Armen arbeiten.« Das war nicht das erste Mal, dass mir jemand so etwas sagte, und ich erzählte ihr ein paar Einzelheiten, damit sie eine Vorstellung von der Realität am Xingu bekam. Zu meinem Erstaunen stellte sie keine weiteren Fragen und begann, inmitten der Armen zu leben. Ab und zu kam sie nach Altamira zurück, um bei den Behörden die Rechte der Kleinbauern einzufordern oder Missbräuche und Drohungen von Landräubern und Großgrundbesitzern anzuzeigen.

Es dauerte nicht lange, bis die ersten Drohungen gegen sie laut wurden. Die selbst ernannten »Eigentümer« des Landes begannen, sie zu verleumden und zu diffamieren. Dorothy lebte dieses schwierige, ermüdende und extrem erschöpfende Leben bis zum Morgen jenes schicksalhaften Samstags, dem 12. Februar 2005, an dem sie um sieben Uhr dreißig erschossen wurde. Dieses Verbrechen war bis ins kleinste Detail geplant. Die Verantwortlichen für ihren Tod sind aber nicht nur die Männer, die verurteilt wurden und im Gefängnis sitzen. Am 15. Februar 2005 habe ich Schwester Dorothy beerdigt. Nie zuvor in meinem Leben hatte ich gespürt, wie mein Herz von so heftigen Gefühlen fast zerrissen wurde, und selbst heute kann ich nicht beschreiben, was ich damals wirklich fühlte.

Der zweite Mensch, dessen ich heute hier gedenken möchte, ist Ademir Alfeu Federicci, genannt Dema. Vor vielen Jahren tauchte in Amazonien eine neue Kategorie von Eroberern auf: notorische Landräuber, die öffentliches Land an sich reißen. Sie halten sich Privatmilizen, um ihre Interessen durchzusetzen, und benutzen ihren politischen und finanziellen Einfluss, um den Besitz riesiger Gebiete zu sichern. Die Familien der Kleinbauern werden zur Zielscheibe dieser selbst ernannten »Eigentümer«. Eines dieser Opfer war Dema. Ademir Alfeu Federicci hatte sich gegen die Großgrundbesitzer gestellt. Als einer, der Verantwortung übernommen hatte in der kirchlichen und politischen Gemeinde, kämpfte er immer für Rechte der Kleinbauern und eine bessere Zukunft der Landbevölkerung. Am 23. August 2001 schrieb Dema einen Brief an die Bundespolizei und forderte sie auf, gegen die illegale Landnahme vorzugehen. Zwei Tage später wurde er in seinem Haus in Altamira brutal niedergeschossen. Er fiel vor seiner Frau, Maria da Penha, zu Boden. Seine letzten Worte waren: »Maria, sorg für unsere Kinder!« Dann starb er. Bis heute sind die Ermittlungen zu Demas Ermordung nicht abgeschlossen. Er wurde ermordet, weil er seine Stimme gegen das Projekt des Wasserkraftwerkes Belo Monte erhoben hatte.

Das Projekt Belo Monte scheint unantastbar, nicht hinterfragbar, ja sogar ein Projekt historischen Ausmaßes zu sein. Die Menschen, Familien, Gemeinden und Gemeinschaften sind nicht länger die Protagonisten ihrer Geschichte. Sie wurden nie angehört, sondern zum Schweigen gebracht, noch ehe das Projekt in der Hauptstadt Brasília geplant und ausgearbeitet wurde. Niemals wurden die legitimen Rechte und Sorgen der Bevölkerung am Xingu berücksichtigt. Alle, die dieses Projekt hinterfragen, werden sofort als »Feinde des Fortschritts« oder »Gegner der Entwicklung« abgestempelt. Betrachtet man die Größe Amazoniens (etwas mehr als die Hälfte ganz Brasiliens), dann ist es unglaublich, dass sein Hauptproblem mit dem Besitz- und Nutzungsrecht des Landes zusammenhängt. Die meisten anderen Probleme haben hier ihre Wurzeln:

- Die Gewalt auf dem Land hängt mit der Konzentration des Landbesitzes und der schändlichen Straflosigkeit, welche die Kriminellen genießen, zusammen. Sie morden, und es passiert nichts! Wenn sie verhaftet werden, kommen sie schon am nächsten Tag frei. Wenn sie verurteilt werden, laufen sie schon am darauffolgenden Tag frei und unbehelligt auf der Straße herum.
- Die staatlichen Behörden, die für den Schutz Amazoniens, dieses riesigen Bioms, eintreten sollten, sind abwesend. Amazonien ist »einzigartig«, seine Biodiversität »außergewöhnlich«. Auf der ganzen Welt gibt es nichts, was sich mit dieser Region vergleichen ließe, mit diesem Wunder der Schöpfung Gottes. Brasilien steht in der Verantwortung für den größten Teil dieses Bioms »Amazonien«.
- Ein weiteres riesiges Problem ist der Menschenhandel. Junge Menschen beiderlei Geschlechts werden mit Versprechungen auf ein besseres Leben und das »große Geld« ins Ausland gelockt. Sie verfangen sich im internationalen Netzwerk der Prostitution! Sie träumen von einem besseren Leben, sie träumen von ihrer Zukunft. Sie werden gezwungen, in einer Hölle von Sklaverei und Brutalität zu leben.

Die Kinderprostitution in Amazonien wird oft von Menschen aus den oberen Gesellschaftsschichten organisiert. Es sind Politiker, Unternehmer oder Kaufleute. Sie locken, versprechen, gebrauchen und missbrauchen. Und diesen sexuellen Verbrechern passiert nichts – ihr Schutz ist die Korruption. Ich erhalte diese Auszeichnung wegen meines Engagements für die indigenen Völker, ihre Rechte und ihre Würde. Die Verteidigung dieser Überlebenden von jahrhundertelangen Massakern ist mir immer ein besonderes Anliegen, eine Mission, gewesen.

In den 1980er-Jahren, in Zusammenhang mit der Verfassunggebenden Nationalversammlung, hatten wir das Ziel, die Rechte der indigenen Völker in der Verfassung zu verankern. Eine wesentliche Aufgabe bestand darin, die Kaziken der indigenen Völker zu ermutigen, selbst ihre Rechte einzufordern und ihre eigene Geschichte zu schreiben. Wir begannen, eine »Allianz« zwischen den indigenen Völkern und Organisationen der nicht-indigenen Gesellschaft aufzubauen.

Heute Abend nutze ich die Gelegenheit, um die Aufmerksamkeit der internationalen Gemeinschaft auf das Leid, die Verzweiflung und die Not des Volkes Guarani-Kaiowá im Bundesstaat Mato Grosso do Sul zu lenken. Die Indigenen sind auf kleine Parzellen zusammengedrängt, ihre jungen Leute sehen keine Perspektiven für die Zukunft. Die Selbstmordrate unter ihnen ist alarmierend hoch. Unternehmer, die mit moderner Sklavenarbeit produzieren, werden von den staatlichen Stellen wie Helden behandelt. Ich bin tief besorgt über die Gewalt gegen die Guarani-Kaiowá. Die gegenwärtige Regierung ignoriert diesen grausamen Völkermord, der sich vor ihren Augen abspielt. Aber wir dürfen unsere Augen vor solchen Verbrechen nicht verschließen!

Meine Damen und Herren der Jury! Ich nehme die Auszeichnung dankbar an, im Namen all jener Frauen und Männer, die gemeinsam mit mir kämpfen und nie aufgegeben haben. Ich danke all jenen, die mich während der letzten Jahre unterstützt haben, und denen, die meine Arbeit der *Right Livelihood Award*-Jury empfohlen haben. Ich bin für den *Right Livelihood Award* zutiefst dankbar. Ich werde mit dieser Auszeichnung in einem Augenblick geehrt, in dem unser Kampf für die indigenen Völker, die Menschenwürde und Menschenrechte neue Dimensionen und eine größere Bedeutung annimmt angesichts der Entwicklungsprojekte, die Amazonien bedrohen. Diese anti-ökologischen Wirtschaftsprojekte werden eine enorme und destruktive Auswirkung auf alle haben, auch für die Menschen, die heute Abend hier in Stockholm versammelt sind, und für alle Menschen dieser Erde.

Es ist mir eine Ehre, die Auszeichnung der *Right Livelihood Foundation* als eine internationale Anerkennung und Unterstützung unseres rückhaltlosen Engagements in dieser Arbeit anzunehmen. Ich verspreche weiterzumachen, so lange Gott mir das Leben erhält.

Vielen Dank, und Gott segne Sie alle!

Was habe ich getan?
Ich gestehe: Ich habe gelebt!
Autobiografische Fragmente

Was habe ich getan?

Anapu, 15. Juli 2006

Im Xingu-Gebiet in Amazonien wird der Schutz der Menschenrechte und der Umwelt von vielen Politikern und Unternehmern mit allen Mitteln bekämpft. Verleumdungen, Diffamierungen und Morddrohungen sind die Waffen, mit denen sie versuchen, diejenigen zum Schweigen zu bringen, die ihre Stimme erheben: Gegen die Angriffe auf die Menschenwürde und für die Agrarreform, die permanent hinausgeschoben wird, gegen die skrupellose Umweltzerstörung, die Plünderung und den Raubbau der Bodenschätze, gegen ein Entwicklungs- und Fortschrittsmodell, das ohne die geringste Achtung vor den Menschen und den lokalen Gemeinschaften nur die Interessen einer mächtigen Oligarchie verfolgt, die ausschließlich auf Gewinnmaximierung ausgerichtet sind.

Wir beklagen noch immer den Mord an einer Verteidigerin des Lebens

Was Schwester Dorothy Mae Stang inspirierte, war das Evangelium, das sie stets als eine Gute Nachricht für die Armen und Ausgeschlossenen verstanden hat. 23 Jahre engagierte sie sich an der Transamazônica, am 12. Februar 2005 wurde sie kaltblütig ermordet im Gebiet der Gemeinde Anapu im Bundesstaat Pará. Sie hat mit ihrem Leben und ihrem Tod Zeugnis für ihren Glauben abgelegt. Sie wusste, dass Gott mit ihr war. Im letzten Interview, das sie einem Journalisten gab, versicherte sie:»Ich glaube fest an Gott und weiß, dass er mit mir ist. Ich weiß, dass man mich umbringen will, aber ich werde nicht fliehen. Mein Platz ist hier, an der Seite dieser Menschen, die pausenlos von denen gedemütigt werden, die sich für mächtig halten!«[82]

Wir beklagen die Zerstörung Amazoniens

Das Projekt Belo Monte darf nicht angetastet, diskutiert oder in Frage gestellt werden. Die Menschen, Familien und Gemeinden zählen nicht angesichts dieses Projektes, das geplant wurde, ohne die legitimen Rechte und Sorgen der örtlichen Bevölkerung zu berücksichtigen. Der Mensch stört, ist ein Hemmschuh, ein Hindernis. In Wahrheit würden sich die Verfechter derartiger Mammutprojekte viel wohler fühlen, wenn mitten im dritten Jahrtausend diese »Steinzeit«-Indios und »rückständigen und überflüssigen« Flussanwohner endgültig vom Angesicht der Erde verschwunden wären. Wehe denen, die die »Dreistigkeit« besitzen, dieses Projekt in Zweifel zu ziehen, und wissen wollen, was tatsächlich für die Region geplant ist! Sie werden sofort als »Feinde des Fortschritts« abgestempelt, als »Gegner der Entwicklung«, als diejenigen, die Amazonien von der Außenwelt abschotten wollen.

In den letzten Wochen und Monaten wurde ich zur Zielscheibe heftiger Kampagnen. Unternehmer und Politiker erklärten dem Bischof vom Xingu und den Bürgerbewegungen den Krieg. Von ihren Rednertribünen herab brüllten sie: »Auf in den Krieg!« und versprachen in einem expliziten Aufruf zur Gewalt, »mit Knüppeln dreinschlagen« zu wollen. Dieser perverse Angriff basierte auf einem Artikel des Volkswirtes Armando Soares, der im *O Liberal* erschienen war, der Zeitung mit der größten Verbreitung in Amazonien:[83]

Die Mächtigen, die Vaterlandsverräter, die schlechten Brasilianer ließen ihre Bluthunde los, um diejenigen zu zensieren und zu behindern, die für die Befreiung Amazoniens aus der derzeitigen, von den Kräften des Bösen geschmiedeten wirtschaftlichen Abschottung kämpfen. [...] Aufgrund seiner Reichtümer und seiner strategischen Lage ist Altamira ein beliebter Fokus unserer Feinde, ein Ort, an dem ein Glaubensmann aus Inquisitionszeiten herrscht, ein autokratischer Diktator, der sich das Recht herausnimmt, sich in die Wirtschaft der politischen Gemeinde einzumischen und ein Klima von Terror und Angst zu verbreiten.

Die Gesellschaft Altamiras muss mit Entschlossenheit und Mut reagieren und alle diejenigen aus unserer Region vertreiben, die auf irgendeine Art wirtschaftliches Chaos, Arbeitslosigkeit, Leid und die Angst von Tausenden von Menschen verursachen. Der Vater Ciceros, des großen römischen Volkstribuns, lehrte, dass unbillige Männer aus der Gesellschaft ausgemerzt werden müssen, damit nicht die ganze Gesellschaft von ihnen verdorben wird.

Wir klagen den sexuellen Missbrauch von Minderjährigen an[84]

Altamira hat wieder einmal in den nationalen Nachrichten Schlagzeilen gemacht. Mit den Familien dieser Stadt, mit allen Frauen und Männern, mit der Jugend und den Führungskräften der Zivilgesellschaft bin ich entsetzt über eine Verbrechensserie von sexuellem Missbrauch an Minderjährigen. Qualifizierte Zeugen berichteten mir die Tatbestände, weil sie mir, dem Bischof, vertrauen, jedoch Angst haben, mit ihrem Wissen an die Öffentlichkeit zu gehen. Wie es scheint wurden diese Delikte schon länger begangen, kamen jedoch erst in den letzten Monaten ans Licht der Öffentlichkeit. Unfassbar, Fotos der Orgien, die die Bande organisierte, kursieren überall – bei allen möglichen Leuten – in Altamira, ebenso DVDs mit persersem Fotomaterial, die unter der Hand verkauft werden.

Ich rief das Volk auf, solidarisch zu sein mit den leidgeprüften Familien. Denn in der heutigen Zeit, die von Freizügigkeit und mannigfachen Ausschweifungen geprägt ist, kann sich leider keine Familie mehr immun fühlen gegenüber den obszönen Angeboten, denen ihre Töchter und Söhne tagtäglich ausgesetzt sind.

Weiterhin rief ich alle Christen und Christinnen dringend dazu auf, sich mit größerer Entschlossenheit am Kampf für Moral und Ethik in der Gesellschaft zu beteiligen, sich für gute Sitten einzusetzen und alle Delikte anzuzeigen, die die Würde der Frau, des Kindes und eines jeden Menschen verletzen.

Wörtlich erklärte ich:

Wer immer die Kriminellen auch sein mögen und welche politische oder finanzielle Macht sie auch immer erlangt haben, wir fordern von den Justizbehörden, dass sie mit höchster Dringlichkeit die notwendigen Maßnahmen treffen, um diese Verbrechen gegen die Menschenwürde aufzuklären

und alle Kriminellen zu identifizieren und festzunehmen, damit die Ge-
sellschaft von Altamira von diesen Ungeheuern befreit wird.

Als Bischof vom Xingu hätte ich angesichts dieser abscheulichen Delikte gegen Jugendliche niemals schweigen oder eine Stellungnahme verweigern können. Die Reaktion der Beschuldigten ließ nicht lange auf sich warten. Sofort kamen die Vergeltungsschläge. Die Morddrohungen gegen mich
sind nicht nur die Konsequenz meines Engagements für Amazonien und
meiner unbeugsamen Verteidigung der Rechte der indigenen Völker und
der Flussanwohner, der Armen auf dem Land und in den Städten, sondern
auch dieses Protestschreis gegen die Immoralität und den abscheulichen
Missbrauch, denen Mädchen von Altamira zum Opfer gefallen sind.

Als Konsequenz durchlebe ich ein Getsemani, das ich mir nie vorstellen
konnte. Aber Getsemani ist eine ganz besondere Stunde der Gnade, denn
auf dem Ölberg hat Jesus seine grenzenlose Treue zum Vater bestätigt und
ausgerufen: »Vater, wenn du willst, nimm diesen Kelch von mir. Aber nicht
mein, sondern dein Wille soll geschehen!« (Lk 22,44) Und der Vater »sandte ihm einen Engel vom Himmel, der ihm neue Kraft gab« (Lk 22,43). Dieser selbe Vater sendet mir heute nicht nur einen Engel, sondern eine ganz
Legion. Es ist das Volk des Xingu, einfache, arme, liebenswerte Menschen,
die mich seit Jahrzehnten kennen und niemals an meiner Liebe zu diesem
Land und an meinem Einsatz für seine Entwicklung gezweifelt haben. Es ist
das Volk, das so oft verlassen und vergessen wird und dem zu begegnen ich
das Privileg empfinde – entlang der großen und kleinen Flüsse, entlang der
Überland- und den Nebenstraßen, bis in die letzten Ecken des Oberen und
Unteren Xingu, am Amazonas, an der Transamazônica und den anderen
großen Straßen, die die Urwälder Amazoniens durchschneiden. Ich habe
mit diesem Volk und für dieses Volk, das mir ans Herz gewachsen ist, gelitten. Jetzt werden Frauen und Männer, Kinder, Jugendliche und alte Menschen aus Altamira und dem Landesinnern zu Engeln, die der Vater gesandt
hat, um mich zu trösten, zu stärken und mich zu bitten, dass ich mich nicht
einschüchtern lasse durch die Bosheit und die Schmähungen von ein paar
aufgebrachten Individuen, und vor allem, dass ich meinen Weg nicht verlasse.

Ich bereue nichts von all dem, was ich unter den derzeitigen Umständen gesagt habe, und nehme kein einziges Wort zurück! Die Positionen, die ich beziehe, waren und sind immer vom beständigen Gebet getragen. Ich weiß, dass Gott mit mir ist! Ich weiß, dass Gott mir ein besserer Leibwächter ist als die Polizisten, die mich begleiten. »Wenn Gott für uns ist, wer kann dann gegen uns sein!« (Röm 8,31), oder, um es mit den Worten von Psalm 118,5–6 zu sagen:

In meiner Bedrängnis rief ich zum Herrn;
der Herr hat mich erhört und frei gemacht.
Der Herr ist bei mir, ich fürchte mich nicht.
Was könnten Menschen mir antun?!

Ich gestehe: Ich habe gelebt!

Dankbarkeit erfüllt mein Herz, wenn ich auf mein gesegnetes Leben zurückblicke. Mehr als 45 Jahre davon ist das Tal am Xingu-Fluss in Amazonien meine zweite Heimat. Als Priester und seit 1981 als Bischof gestehe ich, dass ich vieles Thérèse verdanke, unserer »heiligen Thérèse vom Kinde Jesu«, »Thérèse von Lisieux« oder einfach »Kleine Thérèse« (2. Januar 1873–30. September1897). Von ihr habe ich nicht nur gehört oder eine Biografie gelesen. Ich kenne sie, wie man einen tief geliebten Menschen kennt. Seit Jahrzehnten ist Thérèse immer an meiner Seite, in guten, wie in schlechten Tagen, in Stunden der Freude und viel mehr noch in Zeiten des Leidens. Ich spüre, dass sie mich begleitet, auf breiten und ebenen Straßen, auf steinigen und engen Pfaden. Sie ist mir Schwester, Freundin, Vertraute, geliebte Gefährtin.

Gott offenbart sich uns auf vielfältige Weise. Die Heilige Schrift bekundet seine Gegenwart. In der Eucharistie ist er zugegen, als »Gott-mit-uns«. Die unendliche Liebe und Zärtlichkeit Gottes entdecke ich täglich aufs Neue durch seine wunderbare Schöpfung, in den funkelnden Sternen am Firmament, den schillernden Fischen im Xingu, den majestätischen Bäumen im Regenwald, aber auch in den unscheinbaren lila Blümchen am Straßenrand, denen der Staub der Transamazônica nichts anhaben kann.

Immer bleiben sie rein und makellos. Manchmal aber weist uns Gott den Weg durch Menschen, denen wir im Alltag begegnen, deren Leid uns bewegt, deren Zeugnis uns begeistert, oder er lenkt unsere Schritte durch die, die schon bei ihm in der ewigen Heimat sind.

Dieser »Gott-mit-uns« hat mich ihr anvertraut. Wie ein Schutzengel behütet sie mein Leben, wacht über mich, nimmt mir die Zweifel, bestärkt mich im Tun. Thérèse, meine Schwester, Freundin, Vertraute, geliebte Gefährtin. Oft und oft habe ich ihre Schriften gelesen und versucht, auch zwischen den Zeilen ihre Botschaft zu ergründen. Mit jedem Mal verstand ich ihr kostbares Vermächtnis an die Welt besser.

Durch ihr überwältigendes Zeugnis verkündete Thérèse das Evangelium. Zu Lebzeiten wusste man sogar in Lisieux wenig über sie, nur ihre Familie und ihre Mitschwestern im Konvent kannten sie. Heute wird sie rund um den Erdball verehrt.

Als Christen sind wir berufen, das Evangelium durch unseren Dienst am Nächsten lebendig werden zu lassen. Ihren Weg der Nachfolge entdeckte Thérèse bei der Meditation der Heiligen Schrift: »Als ich den mystischen Leib der Kirche betrachtete, erkannte ich in keinem der Glieder, die der heilige Paulus beschreibt (vgl. 1 Kor 12–31a), mich selbst oder richtig: in jedem Glied hätte ich mich gern gesehen. Da bot mir die Liebe einen Angelpunkt für meine Berufung. [...] Ich erkannte, dass die Liebe alle Berufungen in sich schließt, dass die Liebe alles ist, dass sie alle Zeiten und Orte umfasst, mit einem Wort, dass die Liebe ewig ist. Da wurde mein Herz trunken von höchster Freude und ich rief aus: Jesus, meine Liebe, endlich habe ich meine Berufung gefunden: Mein Beruf ist die Liebe! Ja, ich habe meinen Platz in der Kirche gefunden. Du hast ihn mir gegeben, mein Gott. Im Herzen der Kirche, meiner Mutter, will ich die Liebe sein«, schrieb sie später in ihrer Biografie.[85] Gott hat Thérèse zur Missionarin, Jüngerin und Lehrerin der Liebe berufen.

Zum ersten Mal begegnete ich Thérèse in der Pfarrkirche meines Heimatortes Koblach in Österreich. Wenn ich die Kirche betrat, fiel mein Blick oft auf das schlichte Bildnis der Karmelitin im braunen Habit, mit weißem Mantel und schwarzem Schleier, ein Kreuz und Rosen in den Händen. Es war eine jener Statuen in Serienproduktion aus Gips. Gott sei Dank brachte Céline, die Schwester von Thérèse, 1894 bei ihrem Eintritt in den Karmel von Lisieux eine Kamera mit, so dass wir das wahre Antlitz von Thérèse auch von Fotos kennen. Was aus der Statue geworden ist, weiß ich nicht. Sie verschwand. Wenige Monate vor meiner Priesterweihe erfolgte die Restaurierung der Pfarrkirche. »Vergiss mir nicht Thérèse«, sagte ich zum Künstler, der den inneren Kirchenraum gestalten sollte. Als Vorlage gab ich ihm ein Heiligenbildchen. Beim feierlichen Einzug in die Pfarrkirche zu meiner Primiz prangte über mir ein prächtiges Gemälde mit Thérèse und anderen Heiligen im Gewölbe. Sie war ja nicht nur an diesem Festtag mit mir, sondern auch all die Zeit davor.

Im Jahr 1958 trat ich in das Noviziat bei den Missionaren vom Kostbaren Blut Christi in Schellenberg, Liechtenstein, ein. Ich wollte Priester, Missionar werden und die Welt im Licht des Evangeliums mitgestalten und verändern. Die Bedeutung und Tragweite dieses Entschlusses schien mir damals allerdings längst nicht so klar wie heute. Ich war zwar Student, aber dennoch Mitglied der katholischen Arbeiterjugend. Gemeinsam mit den jungen Arbeiterinnen und Arbeitern setzte ich mich für Gerechtigkeit und Frieden, Solidarität und Geschwisterlichkeit ein. Wir waren überzeugt, dass eine andere, bessere, heilere Welt möglich ist.

Ich war ein aufgeweckter, lebenslustiger Jugendlicher, der sich überall zu Hause fühlte. Ich spielte Gitarre, schlüpfte beim Theaterspiel in unterschiedlichste Rollen, organisierte Treffen, sang bei Festen und moderierte das Programm bei Veranstaltungen, zu denen ich häufig eingeladen war. Heute fehlt mir die Übersicht, wie viele Nächte ich bei Musik und Tanz, bei Gesang und Unterhaltung verbrachte. Meist war ich unter jenen, die bis zur Sperrstunde blieben. Hin und wieder ging ich von einem Fest direkt in die Schule, stellte meine Gitarre in die hinterste Ecke, um sie vor den gestrengen Blicken der Lehrer zu verbergen. Eines Tages stellte mich aber der Griechischprofessor zur Rede: »Erwin, wann wirst du dein Leben ändern?« »Im nächsten Herbst!«, antwortete ich unbekümmert. Daraufhin entgegnete der Professor kopfschüttelnd: »Was soll denn aus dir werden? Wenn du so weitermachst, sehe ich schwarz!« Obwohl ich die Wahrheit sagte, hat er meine Antwort nicht zur Kenntnis genommen. Als Schüler der letzten

Klasse in der Mittelschule würde ich »im nächsten Herbst« nicht mehr die Schulbank drücken. Damit war auch die Zeit gekommen, um über meine Zukunft nachzudenken. Ich überlegte, den einen oder anderen Beruf zu ergreifen.

Kurz nachdem ich im Kino den Film »Sauerbruch: Das war mein Leben!« gesehen hatte, der die Biografie des hervorragenden deutschen Chirurgen erzählte, wollte ich wie er den Menschen als Arzt helfen. Auch eine Lehrtätigkeit schien mir anstrebenswert. Ich könnte Jugendliche unterrichten und ihnen auf dem Weg in die Welt der Erwachsenen Werte und Ideale vermitteln.

Es schmerzte mich die Beobachtung, dass viele meiner Freundinnen und Freunde kaum Kraft im Gebet suchten, selten oder nie die Heilige Messe mitfeierten oder gar an Gott zweifelten. Ganz gegenteilige Erfahrungen machte ich hingegen in der katholischen Arbeiterjugend, die mich in meiner Berufswahl bestärkten und schließlich überzeugten: Ich musste Priester werden! Als Priester könnte ich vieles machen, dachte ich und stellte mir das Priestertum als einen Beruf vor, in dem ein Mensch zugleich als Künstler, Aktivist und Organisator von Versammlungen, Treffen und liturgischen Feiern seinen Auftrag erfüllt.

So trat ich also in das Noviziat ein und hatte Glück mit einem ausgezeichneten Novizenmeister an meiner Seite. Beinahe ein Heiliger, der Jesus wirklich liebte. Mit dem ersten Tag im Kloster endete meine unbeschwerte Jugend. Aus und vorbei war es mit lustigen Festen und fröhlichen Ausflügen. Ein straffer Zeitplan bestimmte fortan meinen Tagesablauf: Gebet, Meditation, Eucharistiefeier, Studium, Arbeit, Stille, Andacht. Eine gelegentliche Wanderung in den Wald oder ein Spaziergang über die Felder verschaffte etwas Abwechslung im sonst ereignislosen Alltag.

Manchmal bestiegen wir den einen oder anderen Berg in Rätikon und Silvretta. Aber es war anders als früher. Eine Bergwanderung endete nicht mehr in einer Schutzhütte, in der wir bis spät in die Nacht sangen und scherzten. Nun atmeten wir die reine Luft der Berge und nicht mehr die stickige Luft und den Qualm wie bei früheren Festen. Wir bestaunten die wunderbare Schöpfung und priesen Gott und sangen die Psalmen. »Herr, unser Herrscher, wie gewaltig ist dein Name auf der ganzen Erde.« (Ps 8,2), oder: »Die Himmel rühmen die Herrlichkeit Gottes, vom Werk seiner Hände kündet das Firmament.« (Ps 19,2)

Vor Einbruch der Dunkelheit kehrten wir stets in das Ordenshaus zurück. Undenkbar, in einer fremden Herberge das Nachtlager aufzuschlagen. Abends hieß es früh zu Bett, um morgens den Glockenschlag bei Tagesanbruch nicht zu verschlafen. Ein vom Sonnenaufgang bis zum Sonnenuntergang geregeltes Leben war mir bisher fremd. Anfangs meinte ich, auf einem anderen Planeten zu sein, Lichtjahre von der Erde entfernt. Mein Novizenmeister bemerkte schnell meine innere Not. Er befürchtete, dass ich wohl nicht am richtigen Platz sei und meine frühere Jugendzeit zurücksehne. Er zögerte nicht lange und äußerte unverbrämt seine Bedenken: »Ich bin mir nicht sicher, ob du wirklich für das Ordensleben berufen bist. Es gibt unterschiedliche Wege, um Gott zu dienen. Priester sein ist eine Berufung, die einer hat oder auch nicht, und das Noviziat eröffnet die Möglichkeit, zu erkennen, wo Gott dich haben will.« Nachdenklich senkte ich den Kopf und schwieg.

Verwirrung, Ratlosigkeit und Zwiespalt quälten mich. Im Inneren des Herzens fühlte ich mich von Gott gerufen, denn warum hätte mich sein Plan sonst bis hierher geführt? Warum habe ich die vielen Stürme und Hürden, denen ein Jugendlicher ausgesetzt ist, überwunden, ohne dabei meinen Glauben zu verlieren?

Sonntags versäumte ich nie eine Eucharistiefeier, nicht einmal dann, wenn ich auf einer Reise unterwegs nur schwer eine offene Kirche fand. Während eines Ausflugs in das schweizerische Tessin habe ich sogar lateinisch die Beichte abgelegt, weil ich kein Italienisch sprach, und brachte den Pater damit in Verlegenheit, denn seine Lateinkenntnisse waren bereits etwas verblasst.

Warum hat es mich nie gestört, wenn man sich über mich lustig machte und mancher Kollege meine Religiosität als Relikt aus alten Zeiten betrachtete, das nicht in die moderne Welt passte?

Oft und oft besuchte ich vor dem Beginn des Unterrichts noch eine Kirche und empfing den Leib Christi. Wenn der Zug Verspätung hatte, kam ich erst zum Schlusssegen und verweilte dann einige Minuten vor dem Bildnis Unserer Lieben Frau.

Warum war ich schon in jungen Jahren von den Worten der heiligen Teresa von Ávila ergriffen?

Nada te turbe,	*Nichts soll dich ängstigen,*
nada te espante!	*nichts dich erschrecken!*
Todo se pasa!	*Alles vergeht!*
Dios no se muda.	*Gott bleibt derselbe.*
La paciencia todo lo alcanza.	*Geduld erreicht alles.*
Quien a Dios tiene,	*Wer auf Gott baut,*
nada le falta.	*dem fehlt nichts.*
Solo Dios basta!	*Gott allein genügt!*

Dutzende Male schrieb ich diese Zeilen ins Poesiealbum, wenn mich Freundinnen oder Freunde darum baten. »Unruhig ist unser Herz, bis es ruht in dir. Denn auf dich hin hast du uns geschaffen.« (Augustinus: Bekenntnisse II/4) Warum habe ich so wie der heilige Augustinus empfunden, wenn ich mir unsicher war und fragte, ob ich oberflächlich sei?

Warum? – Warum hat mich Gott sicher an der Hand geleitet, damit ich nicht in den Abgrund stürze wie viele andere Jugendliche? Und jetzt hat mich dieser Gott, mein Freund, fallengelassen! War die Berufung, die ich vermeintlich spürte, nichts anderes als flüchtige Romantik, eine bloße Illusion? Sprachlos stand ich vor dem Novizenmeister. Ich fühlte mich verlassen, mutterseelenallein. Was sollte ich jetzt auch antworten? Ich blieb stumm!

Nach einigen Augenblicken ergriff der Pater das Wort und sagte:»Gut, machen wir noch einen Versuch! Ich gebe dir ein Büchlein, das deinem Leben möglicherweise eine neue Richtung gibt, und vielleicht entdeckst du deine priesterliche Berufung!«

Ich erinnere mich an diese Begebenheit, als ob sie gestern gewesen wäre! Der Pater überreichte mir ein Büchlein mit dem Bild einer Ordensfrau auf dem Umschlag. Das Foto kam mir sehr bekannt vor. Es zeigte die Schauspielerin France Descaut als Schwester Thérèse in einem Film vom französischen Regisseur André Haguet. Sein 1952 gedrehter Streifen trug den Titel »Die Geschichte einer Seele«, so, wie auch das Buch hieß.[86]

Einige Szenen waren noch so lebendig, obwohl ich den Film vor Jahren in Feldkirch gesehen hatte. Das bezaubernde Lächeln der Karmelitin, ihre innige Beziehung zu ihrer Familie, ganz besonders zu ihren Schwestern, die auch in den Karmel eintraten. Pauline (Agnes von Jesus) setzt am 2. Oktober 1882 als Erste diesen Schritt, ihr folgen Marie (Maria vom Heiligsten Herzen) am 15. Oktober 1886, Thérèse selbst (Theresia vom Kinde Jesu und dem Heiligsten Antlitz) am 9. April 1888 und schließlich Céline (Geneviève vom Heiligsten Antlitz) am 14. September 1894.

Viel zu früh starb Thérèse im Alter von erst 24 Jahren am 30. September 1897 an den Folgen einer Tuberkulose. Den Blick auf das Bild des gekreuzigten Herrn gerichtet und mit den Worten »Ich liebe dich, mein Gott, ich liebe dich!« hauchte sie ihr junges Leben aus.

Der Film hat mich zu Tränen gerührt und verstohlen schlich ich aus dem Kino, damit niemand sah, dass ich geweint hatte. Und jetzt überreicht mir der Pater jenes Buch, das als Filmvorlage diente. Ich nahm es dankend an.

Während des Noviziates gab es eine besondere Zeit für geistliche Lektüre. Täglich eine halbe Stunde. Dabei sollten in der Kapelle spirituelle Werke gelesen werden. Nach dreißig Minuten schloss man die Lektüre, um sie am nächsten Tag fortzusetzen. Die *Geschichte einer Seele* nahm ich hingegen mit auf mein Zimmer. Jede freie Minute habe ich darin gelesen, einige Kapitel oder Seiten sogar mehrfach. Ich kam bald zur letzten Seite, welche den Tod von Thérèse am 30. September 1897 in allen Einzelheiten erzählt, einschließlich ihrer letzten Worte: »Je l'aime. Mon Dieu, je vous aime!« – »Ich liebe dich, mein Gott, ich liebe dich!« Wie oft habe ich seitdem dieses letzte Wort von Thérèse wiederholt! Ich begann die *Geschichte einer Seele* von vorne und las zumindest einige Teile noch einmal. Danach erfuhr ich, dass es noch andere Schriften von Thérèse gab: *Letzte Gespräche der Heiligen von Lisieux* und die *Briefe der heiligen Thérèse von Lisieux*. Auf einmal interessierte mich alles! Ich hatte die große Liebe meines Lebens entdeckt: Thérèse!

Ich weiß nicht, was passiert ist, aber der Novizenmeister befragte mich nie wieder bezüglich meiner Berufung. Es gab die sogenannten Nikodemusgespräche, die Einzelgespräche mit dem Novizenmeister, bei denen das ausschließliche Thema das »spirituelle« Leben des Novizen war, wie er seine Beziehung zu Gott lebe und seine Meditationen mache, ob er Unsere Liebe Frau liebe, ob er dem Beispiel der Heiligen folge. Schon damals unterhielt ich mich mit Thérèse! Der Pater hat nie wieder meine Berufung in Frage gestellt. Irgendwann sagte er nur: »Du wirst es nicht bereuen. Dein Leben wird wunderbar.« Vom Noviziat aus ging ich an die Universität nach Salzburg. Zuerst studierte ich Philosophie, schloss mit dem Lizenziat ab und belegte dann Theologie. Während dieser Zeit schrieb ich einen Brief an den Karmel in Lisieux und bat um die Zusendung der autobiografischen Manuskripte. Ich konnte kein Französisch, und so habe ich Wort für Wort mit Hilfe des Wörterbuchs übersetzt. Mein holprig verfasstes Schreiben hat die Karmelitinnen sicher erheitert. Aber zu meiner Überraschung habe ich ziemlich bald das Buch erhalten und es bis heute wie einen Schatz bewahrt. Obwohl ich den Inhalt kannte, wollte ich Thérèses Schriften in ihrer Muttersprache. Das Lesen in Französisch war für mich eine andere Sache als das Schreiben oder Sprechen.

Einige Monate vor meiner Priesterweihe entdeckte ich im Gedicht »Warum ich dich liebe, o Maria« die wunderbare Zeile »Lieben bedeutet alles zu geben und sich selbst hinzugeben« – »Aimer, c'est tout donner et si donner soi même«[87]. Diese Worte von Thérèse brachten mich dazu, dass ich für mein Primizbildchen den Vers 16, Kapitel 3 aus dem ersten Brief des Johannes wählte: »Daran haben wir die Liebe erkannt, dass Er sein Leben für uns hingegeben hat. So müssen auch wir für unsere Brüder und Schwestern das Leben hingeben.« (1 Joh 3,16) »Sich selbst hinzugeben«, das wollte auch ich versuchen.

Während meiner Priesterweihe im prachtvollen Dom von Salzburg kam mir plötzlich der Abschnitt über die Berufung des Saulus aus der Apostelgeschichte in den Sinn. In einer Vision gebot der Herr dem Jünger Hananias dem Saulus aus Tarsus die Hände aufzulegen. »Ich werde ihm auch zeigen, wie viel er für meinen Namen leiden muss.« (Apg 9,16), sprach der Herr weiter. Heute weiß ich, dass diese Botschaft auch für mein Leben bestimmt war. Selbst wenn meine Leiden nicht mit denen von Thérèse vergleichbar sind, so war und ist sie mir in schmerzerfüllten Zeiten besonders nahe.

Am 3. Juli 1965 wurde ich zum Priester geweiht, und knapp fünf Monate später, am 25. November, war ich bereits in Belém, der Hauptstadt des Bundesstaates Pará.

In Hamburg ging ich an Bord der MS Emsstein der norddeutschen Reederei Lloyd. Vor der Küste der Normandie flogen meine Gedanken in das von hier nicht allzu weit entfernte Städtchen Lisieux. Eines Tages werde ich an diesen Ort reisen, wo Thérèse gelebt hat und gestorben ist. Ich werde in der Kapelle vor ihrem Reliquienschrein beten, im Karmel die Eucharistie feiern, den Beichtstuhl sehen, in dem sie das göttliche Erbarmen erfahren hat. Ich werde vor dem Tor des Karmels stehen, unter dem sie sich von ihrem Vater beim Eintritt in das Kloster verabschiedet hat, und Les Buissonnets besuchen, wo sie zuvor gelebt hatte.

Damals, auf der MS Emsstein, war ich mir sicher, dass mich mein Weg eines Tages auch nach Lisieux führt, allerdings hatte ich noch keine Ahnung, wann das sein würde. Es sollten mehr als vier Jahrzehnte vergehen, bis sich dieser Wunsch erfüllte. Dennoch hat mich Thérèse in all den Jahren auf wunderbare Weise begleitet. Kaum in Belém angekommen, werde ich zur Einkleidung einer Jugendlichen aus den Philippinen in die Kirche der Heiligen Theresia eingeladen. Nun beginnt mein Leben als Pater in der Prälatur am Xingu, mit mehr als 368.000 Quadratkilometern das größte Bistum in Brasilien. Viele Aufgaben werden mir übertragen, ich unterrichte in der Lehrerbildungsanstalt und besuche die Gemeinden in der Nähe von Altamira, dem Sitz der Prälatur, oder im Landesinneren. Dort entdecke ich, dass die Missionare vom Kostbaren Blut die erste von ihnen erbaute Kapelle der heiligen Theresia geweiht hatten.

Ich werde mit der Pastoral vom Hafenort Vitória und von Souzel betraut. Die Pfarrei Heiliger Franz Xaver ist nur auf dem Wasserweg erreichbar. Ich brauche also ein Schiff für die Reisen in die kleinen kirchlichen Gemeinden rund um Souzel. Das erste Schiffchen nenne ich *Teresinha*. Mittlerweile hat die Pfarrei ein größeres Schiff, aber den Namen beibehalten. Unzählige Male hat mich die *Teresinha* sicher an das Ziel meiner Reise und wieder zurück nach Vitória gebracht.

Tage, Monate, Jahre verstreichen. Am 31. Oktober 1980 erhalte ich die Nachricht, möglichst bald in die Apostolische Nuntiatur nach Brasília zu kommen. Als ich in Altamira das Flugzeug besteige, ist mir der Grund dieser Reise völlig unbekannt. Kurz vor Mittag des 3. November werde ich vom Nuntius Carmine Rocco empfangen. Er überreicht mir einen Brief mit dem Hinweis, ihn sofort zu öffnen. Ich bin schockiert, aufgewühlt, fassungslos über das, was ich lese: die Ernennung zum Bischof vom Xingu. Warum gerade ich?

Nicht nur der Papst vertraue auf meinen »sensus ecclesiae«, sondern auch Priester, Ordensleute und Laien am Xingu würden auf mich bauen, haben die Befragungen ergeben, sagt der Nuntius. Er bittet mich, die Nominierung anzunehmen und dies schriftlich zu bestätigen. Diesen Brief schreibe ich mehr mit dem Herzen als mit dem Verstand. »Wie ich mit Mose war, will ich auch mit dir sein. Ich lasse dich nicht fallen und verlasse dich nicht. Fürchte dich also nicht und hab keine Angst; denn der Herr, dein Gott, ist mit dir bei allem, was du unternimmst.« (Jos 1,5b.9b) Aus diesem Schriftwort schöpfe ich die Zuversicht, dass Gott mit mir ist, wenn ich seinem Ruf folge und das bischöfliche Amt übernehme.

Ich wusste um die schwierige und verantwortungsvolle Mission, aber ich wollte noch mehr »Diener Christi Jesu« sein und dabei auf die Gnade Gottes, auf die Fürsprache der lieben Muttergottes und aller Heiligen, ganz besonders der heiligen Theresia vom Kinde Jesu, vertrauen. Getreu den Lehren der Heiligen Mutter Kirche und gehorsam gegenüber dem Nachfolger Petri will ich mein Leben für meine Schwestern und Brüder einsetzen.

Einmal mehr begleitet Thérèse, als Patronin der Missionare, meinen Weg. Als bischöflichen Wahlspruch wähle ich »Diener Christi Jesu« und den 25. Januar, das Fest der Berufung des heiligen Apostels Paulus, als Tag der Bischofsweihe. Neben dem Apostolischen Nuntius als Hauptkonsekrator waren die Bischöfe aus Pará und Amapá Mitkonsekratoren. Aus allen Pfarreien der Prälatur wurden Vertreterinnen und Vertreter erwartet. Diese Menschenmenge hätte in der Kathedrale nie Platz gefunden, darum wurde vor der Kirche eine große Bühne aufgebaut, die ein riesiges Transparent mit Kreuz und Kelch sowie meinem Wahlspruch »Diener Christi Jesu« schmückte.

Der 25. Januar 1981 war angebrochen. Zur Sorge aller regnete es seit dem vorangegangenen Abend ohne Unterlass. Die Bischöfe und die Verantwortlichen für die Liturgie überlegten, die Feier aufgrund der schlechten Wetterbedingungen nun doch in die Kathedrale zu verlegen. Gut, dass sie zuvor noch meine Meinung einholten. »Das Fest wird im Freien stattfinden. Ich habe eine Vereinbarung mit der heiligen Theresia.« Sie lächelten über meinen Einwand. Dennoch war ich mir sicher, dass mich Thérèse nicht im Stich lassen würde, und erinnerte mich an den Tag ihrer Einkleidung. Als sie nach der Feier in die Klausur zurückkehrte, war der Innenhof in Schnee getaucht, weiß wie das Festkleid, das sie trug, und sie betrachtete dieses Zeichen als Beweis der »Zärtlichkeit Jesu«. Auch ich hoffte nun inständig auf ein Zeichen, vertraute auf die Liebe und den Beistand von Thérèse, trotz Regenzeit und düsterem Himmel. Pünktlich um 7.30 Uhr schloss der Himmel seine Schleusen, und sogar einige Sonnenstrahlen durchdrangen die Wolkendecke, als sich die Prozession zum feierlichen Einzug in Gang setzte. Nach über zwei Stunden spendete ich erstmals als Bischof den Segen. Die Zeremonie war beendet, ohne dass sie ein Regentropfen getrübt hatte. Thérèse blieb mir treu, und ich wusste, dass sie die Patronin meiner bischöflichen Mission sein würde.

Plötzlich zogen wieder schwere Wolken auf und bevor die ersten Tropfen fielen, schrie der Zeremoniar: »Es kommt Regen, sucht schnell einen schützenden Unterstand!« Ein Wolkenbruch ging über der Stadt nieder und dauerte bis in die späten Abendstunden.

Von nun an war ich oft unterwegs, um die Gemeinden im ganzen Gebiet der riesigen Prälatur zu besuchen. Bald schon konnte ich wie der heilige Paulus sagen, ich habe keine bleibende Stätte (vgl. 1 Kor 4,11). Ich reiste mit dem Schiff, mit dem Jeep oder dem Flugzeug. Manchmal konnte ich nur zu Fuß eine abseits gelegene Siedlung erreichen. Jedes Mal erfuhr ich mehr von den Sorgen und Nöten des einfachen Volkes, das allein gelassen, an den Rand gedrängt, vom Festmahl des Lebens ausgeschlossen wurde. Hin und wieder kam ich auch in ein indigenes Dorf, um den Indios zu sagen: »I mã mebengôkrê k~inh kumrêx« – »Es stimmt, ich liebe die Indios.« Und mit einem herzlichen Lächeln erwiderten sie: »Wajanga benjadjwyr rax kuben kêt, ôbikwa kumrêx« – »Der Bischof ist kein Weißer, er ist unser Verwandter.«

Einen dieser Besuche bei den Indios Kayapó werde ich mein Leben lang nicht vergessen. Ich war bereits auf der Heimreise von Tucumã nach Altamira. Ein bischöflicher Mitbruder mit Pilotenschein führte eine letzte Überprüfung des Kleinflugzeuges durch und bescheinigte wie der Mechaniker, dass alles in bester Ordnung sei, zumal erst jüngst die Generalwartung erfolgt war. Die Maschine hob in Tucumã ab und erreichte bald eine Höhe von 5.000 Fuß. Vor uns lagen etwa zwei Flugstunden. Beim Blick aus dem Fenster erspähte ich unter uns blühende Ipês im üppigen tropischen Wald, so wie ihn Gott geschaffen hatte.

Plötzlich verwandelte sich das monotone Schnurren des Motors in ein Tuckern und Stottern, bis es schließlich verstummte und der Propeller stillstand. Der Pilot war kreidebleich und offensichtlich beunruhigt. Ich fühlte mich knapp am Rande des Todes. Sollten wir einen Absturz in dieser Gegend überleben, würde uns wohl kaum jemand finden. In dieser Stunde der größten Gefahr flehte ich zu Thérèse:»Du, Patronin der Missionare, stehe uns bei.« Und das Unglaubliche geschah. Nach etwa drei oder vier Minuten sprang der Motor wieder an. Diese Zeitspanne schien mir wie die Ewigkeit.»Danke, Thérèse. Ich werde dich nie vergessen und aller Welt dieses Wunder bekunden«, betete ich aus tiefstem Herzen. Das Kleinflugzeug gewann wieder an Höhe, und vor uns erschien bereits der majestätische Xingu mit seinen Wasserfällen, Seen und Inseln. Bald darauf landeten wir gesund und wohlbehalten in Altamira. Der Pilot berichtete den Vorfall dem Flughafenmechaniker. Dieser öffnete die Motorhaube, und nach einem kurzen prüfenden Blick rief er entsetzt:»Mein Gott, ihr seid noch am Leben? Der Motor ist ziemlich defekt.« Ich war wie erstarrt, aber mein Herz überschlug sich vor Freude. Mit seiner Schadensmeldung bestätigte der Mechaniker das wundersame Wirken von Thérèse.

Im Februar 1983 besuchte ich viele Gemeinden entlang der Transamazônica. –»Ich habe das Elend meines Volkes gesehen, gesehen! [...] Ich habe seine laute Klage über seine Antreiber gehört ...« (Ex 3,7) Das sind Worte Gottes, unseres Herrn. In aller Demut könnte ich hier dieselben Worte ausrufen, denn auch ich begegnete einem versklavten Volk, einem Volk am Rand der Verzweiflung. Die Zuckerrohrpflanzer hatten ihre Ernte schon vor Monaten abgeliefert und immer noch nichts dafür erhalten. Sie hatten gearbeitet und waren nicht bezahlt worden. Am Pfingsttag 1983 hielten sie eine Vollversammlung ab und beschlossen, die Transamazônica zu blockieren, um die Aufmerksamkeit ganz Brasiliens zu erlangen. Ich erfuhr von dem Beschluss am folgenden Tag und fuhr sofort zum Kilometer 94, wo das Volk kampierte. Ich sah Männer, Frauen, sogar Schwangere, Kinder – und alle schauten auf mich und erwarteten ein Wunder. Was habe ich gebetet! Ich verbrachte die Nacht im Lager der Familien. Mitten auf der Straße feierte ich mit ihnen die Heilige Messe. Plötzlich bekam ich Fieber und musste nach Altamira zurück. Es kam der 1. Juni. Ich lag in meinem Zimmer, und der Arzt hatte eine Infusion gelegt. Da klingelte das Telefon, und eine Anwältin teilte mir mit, dass die uniformierte Polizei zum Kilometer 92 unterwegs war. Ich zog die Infusionsnadel heraus und bat einen Fahrer, mich zur Transamazônica, zum Lager der Leute zu bringen.[88]

Sie empfingen mich mit Freuden:»Ihre Gegenwart hier ist wie Weihwasser«, sagten sie mir. Ich bat sie inständig, nicht zu»reagieren«, auf gar keinen Fall»zurückzuschlagen«, was auch immer in den kommenden Stunden passieren würde. »Wir sind in Gottes Hand! Er möge uns segnen!« Man hörte schon den Gleichschritt der nahenden Soldaten. Es waren siebzig an der Zahl, bis an die Zähne bewaffnet! Als sie herangekommen waren, riefen die Frauen: »Wir wollen Frieden!« Und die Männer antworteten: »Wir wollen Gerechtigkeit!« Nach und nach schwiegen alle und setzten sich in den roten Staub der Straße. Sie schauten auf mich! Es war ein Augenblick, in dem ich einen Entschluss fassen musste, dessen Konsequenzen völlig unabsehbar waren: Dem Volk den Rücken kehren oder mich mit ihm hinsetzen. Ich wählte die zweite Alternative, denn ich glaube daran, dass der Hirte dort zu sein hat, wo seine Herde ist. Und die Herde saß im Straßenstaub und war umzingelt. Nach einigem Geschrei begannen die Soldaten, Tränengasbomben zu werfen. Als ich einem ebenfalls anwesenden Arzt helfen wollte, der ohnmächtig geworden war, packte mich ein Soldat am Hemd und warf mich gewaltsam zu Boden. Obwohl ich niemals den Rat gegeben hatte, die Straße zu blockieren, war ich es, der für den verzweifelten Beschluss der Zuckerrohrpflanzer zu zahlen hatte. Ein paar Wochen früher hatte mich jemand gefragt, ob es legal sei, eine Straße zu blockieren. Ich verneinte und sagte, es sei gegen die Verfassung, eine Bundesstraße zu sperren, obwohl ich in jenem Augenblick dachte:»Was verstößt wohl mehr gegen die Verfassung? Eine Straße sperren oder eine Ernte nicht bezahlen und so die Zuckerrohrpflanzer mit ihren Familien in die Verzweiflung treiben?« In dem Bericht, den man von mir nach dem Vorfall erbat, schrieb ich:»Es bleibt mir nur noch zu sagen, dass man mich ruhig festnehmen, schlagen und demütigen kann. Allmählich entdecke ich, was es heißt, Diener Jesu Christi zu sein.« Ich weiß, dass Thérèse mit dabei war, dort im Staub der Transamazônica!

Drei Wochen später machten wir in der Prälatur Exerzitien. Kardinal Aloísio Lorscheider war an den Xingu gekommen, um diese Tage von Gebet und Meditation zu begleiten. Ich wusste, dass mein Name für die Präsidentschaft des CIMI in Betracht gezogen wurde, für den der Bischofskonferenz angegliederten Indianermissionsrat. Der CIMI koordiniert die Pastoral- und Menschenrechtsarbeit unter den fast 180 indigenen Völkern, die es in Brasilien noch gibt – Überlebende der jahrhundertelangen Massaker. Ich fragte Dom Aloísio, was ich tun sollte, welchen Rat er mir in dieser Frage geben würde. Er antwortete sofort und sagte, ich solle zum Wohl der Kirche Brasiliens annehmen. Ich wurde gewählt und übte das Amt acht Jahre lang aus, von 1983 bis 1991, im ständigen Einvernehmen mit der Brasilianischen Bischofskonferenz. 1987 begann die Verfassunggebende Nationalversammlung. Brasilien sollte ein neues Grundgesetz erhalten.

Es war der richtige Augenblick, mit vereinten Kräften für die Aufnahme der indigenen Rechte in die Bundesverfassung zu kämpfen. Bis dahin waren die Indigenen nicht als Erwachsene behandelt worden, sondern waren Kindern oder geistig behinderten Menschen gleichgestellt, die einer besonderen Vormundschaft vonseiten des Staates bedurften. Ich hatte keine ruhige Minute mehr. Ich sprach vor dem Kongress, pflegte Kontakte mit Abgeordneten und Senatoren und tat alles, um die Mitglieder der Verfassunggebenden Versammlung davon zu überzeugen, dass die Indios als erwachsene Staatsbürger betrachtet werden mussten. Sie waren Brasilianerinnen und Brasilianer mit allen Rechten, mit dem Recht auf ihre ererbten Landgebiete, ihre Sprachen, ihre Traditionen und kulturellen Ausdrucksweisen, ihre Organisationen. Unser Einsatz für diese Völker sagte nicht allen zu und erhielt insbesondere nicht den Beifall derer, die in die indigenen Gebiete eindringen wollten, um Holz und Bodenschätze auszubeuten. Diese Gebiete als indigene Territorien zu demarkieren bedeutete, anderen den Zugang zu Kulturland, Bodenschätzen und Edelhölzern zu sperren oder zumindest zu erschweren. Deshalb mussten diejenigen zum Schweigen gebracht werden, welche die Indios verteidigten, und einer von ihnen war der Präsident des CIMI.

Im August 1987 startete eine in ganz Brasilien verbreitete Tageszeitung eine heftige Verleumdungskampagne. Wir wurden auf so schmutzige Weise diffamiert, dass es sich nicht einmal lohnt, die unhaltbaren Beschuldigungen zu zitieren. Es wurde sofort eine Parlamentarische Untersuchungskommission eingerichtet, um die Wahrheit oder Unwahrheit der schweren Anschuldigungen zu erheben. Die Intrige wurde entlarvt, aber das bereitete den Feindseligkeiten kein Ende. Als ich darauf wartete, nach Brasília gerufen zu werden, um mich vor der Kommission zu verteidigen und im Namen des CIMI die völlig grundlosen Beschuldigungen zurückzuweisen, geschah auf der Transamazônica der schon geschilderte »Unfall« auf dem Weg nach Brasil Novo, bei dem Pater Salvador ums Leben kam. Ich lag sechs Wochen im Krankenhaus. 33 Tage lang konnte ich mich nur durch einen Trinkhalm ernähren. Mein Leben war plötzlich in eine Phase tiefer Leiden eingetaucht. Ich verbrachte viele Nächte ohne Schlaf und mit großen Schmerzen. Im Krankenhaus diktierte ich einen Brief an meine Brüder und Schwestern, die gerade beim Pastoralrat der Prälatur versammelt waren:

Bei dem Unfall habe ich den Tod vor mir gesehen. Aber es war kein bleicher Totenschädel. Ich sah das blutüberströmte Gesicht unseres Herrn. Die Erfahrung des 16. Oktober 1987 hat mich viele Stunden über unsere Mission und unsere pastoralen Tätigkeiten meditieren lassen. Ich dachte daran, dass der älteste Teil, der Kern der vier Evangelien, nicht eine Erzählung über die Predigten und Wunder unseres Herrn ist, sondern über seine Passion: sein Leiden, sein Sterben am Kreuz, und dann, nachher, die große Verheißung der Botschaft des Ostermorgens: »Der Herr ist wahrhaft auferstanden!« (Lk 24,34)

In jeder Eucharistie feiern wir das Gedächtnis des Todes und der Auferstehung des Herrn. Wir brechen das Brot, den »Leib, der für euch hingegeben« wurde. Wir erheben den Kelch, »das Blut, das für euch und für alle vergos-

sen« wurde, und wir bekennen: »*Deinen Tod, o Herr, verkünden wir, und deine Auferstehung preisen wir. Komm, Herr Jesus!*«

Tatsächlich habe ich in diesem Augenblick, in dem mein Leben am seidenen Faden hing, das »heilige Antlitz« Jesu gesehen, und später, im Krankenhaus, oft an dieses Antlitz gedacht, das für Thérèse das überzeugendste Symbol und Ausdruck der Liebe war. »O anbetungswürdiges Antlitz Jesu, einzige Schönheit, die mein Herz verzückt! Lass dich herbei, mir dein göttliches Ebenbild aufzuprägen ...« (*Gebete*, Nr. 16), betete Thérèse und berichtet, dass sie »auf den Berg Karmel entrückt, im Schatten des Kreuzes erblühen sollte, mit den Tränen und dem Blut Christi als Tau, und die Sonne war sein anbetungswürdiges Antlitz ...« (*Geschichte einer Seele*, Manuskript A, 71, Vorderseite).

In jenen endlosen Nächten im Krankenhaus Guadalupe in Belém wachte Thérèse an meiner Seite. Ich sprach mit ihr, und sie hörte mich! Mein Zustand erlaubte mir nicht, das Brevier zu beten. Wie viele Rosenkränze habe ich gebetet! Wenn die Schmerzen unerträglich wurden, dachte ich an die letzten Monate von Thérèses Leiden und an ihren enormen Mut, ihr Leben zu geben, sich zu opfern, sich der barmherzigen Liebe als Brandopfer hinzugeben. Ich entdeckte die Dimension des Leidens. Auch wenn ich fürchterliche Schmerzen litt, begann ich, Thérèse viel besser zu verstehen als zuvor!

Nach zwei Monaten in Belém kehrte ich an den Xingu zurück. Allmählich kam ich wieder zu Kräften, und trotz anfänglicher Schwierigkeiten nahm ich die Besuche bei den Gemeinden an den großen und kleinen Flüssen, an den Überlandstraßen und Nebenstraßen wieder auf.

1995 wurde ich bei der Generalversammlung der CNBB zum Koordinator der Missionarischen Dimension der Kirche Brasiliens gewählt. Auch diese Funktion habe ich acht Jahre lang ausgeübt, bis 2003. Und wieder hat Thérèse mich begleitet. Ich sprach mehrere Male zum brasilianischen Bischofskollegium über das, was die missionarische Dimension für unsere Kirche bedeutet. Ich rief die Kirche zur Mission in Amazonien auf, wohin so viele Familien migrieren, die zu »Schafen ohne Hirten« (vgl. Mt 9,36) werden, weil es nicht genug Missionare und Missionarinnen gibt, um sie zu betreuen. Oft wenden sie sich von ihrem Glauben oder von der Kirche ab.

Meine Worte an die Bischöfe waren immer ein Appell an den missionarischen Geist. Und Thérèse inspirierte mich wieder einmal, als ich sagte:

Die Methoden, das Evangelium vorzustellen, haben sich geändert, aber die Leidenschaft, das Feuer, der Eifer, welche die Verkündigung und das Zeugnis begleiten und motivieren müssen, sind unveränderlich und unersetzlich. Wenn wir keine tiefe missionarische Mystik haben, die ansteckt und überzeugt, werden unsere Bemühungen, auch wenn sie sich noch so sehr an modernen Kommunikationstechniken orientieren, nicht über ein oberflächliches religiöses Marketing hinausgehen. »Evangelisieren besagt [...], die Frohbotschaft in alle Bereiche der Menschheit zu tragen und sie durch deren Einfluss von innen her umzuwandeln und die Menschheit selbst zu erneuern«, sagt Papst Paul VI. in seinem immer noch hochaktuellen Apostolischen Schreiben Evangelii Nuntiandi (Nr. 18). In Brasilien stehen wir heute vor spezifischen missionarischen Herausforderungen. Wir sind gerufen, die dringenden missionarischen Herausforderungen anzunehmen, sowohl in Mitverantwortung mit der Mission ad gentes der Weltkirche als auch in der Herausforderung der grenzüberschreitenden Mission in unserem eigenen Land.

Wie jedes Jahr verbrachte ich Weihnachten und Neujahr mit den Gemeinden des Unteren Xingu. Bei den langen Bootsreisen las ich wieder einmal eine Meditation von Thérèse, die mit einer Anspielung auf den verheißenen »Rosenregen« endet. Während ich auf den wundervollen smaragdgrünen Wassern des Xingu dahinglitt, beendete ich die Lektüre und bat Thérèse, unserer so schwierigen und konfliktvollen Realität zu gedenken. Ich sagte ihr: »Meine Liebe, es wird Zeit, wieder eine Rose zu senden!« Als ich nach Hause kam und die Tür zu meinem Zimmer öffnete, erlebte ich eine große Überraschung: auf dem Regal, neben dem Bild von Thérèse, fand ich eine wunderschöne, große rote Rose! Noch nie zuvor hatte jemand Blumen in mein Zimmer gestellt ...

Abkürzungen und Glossar

CEBs: Comunidades ecleciais de base, Kirchliche Basisgemeinden.

CELAM: Consejo Episcopal Latinoamericano, Lateinamerikanische Bischofskonferenz.

CIMI: Conselho Indigenista Missionário, Indianermissionsrat, 1972 als Organ der Brasilianischen Bischofskonferenz gegründet mit dem Ziel einer ganzheitlichen Pastoral- und Menschenrechtsarbeit mit den indigenen Völker. Der CIMI nimmt seit seiner Gründung eine starke Anwaltsfunktion für die indigenen Völker innerhalb der brasilianischen Gesellschaft ein.

CNBB: Conferência National dos Bispos do Brasil, Brasilianische Bischofskonferenz

CPT: Comissão da Pastoral da Terra, Kommission für die Landfrage bei der Brasilianischen Bischofskonferenz, gegründet 1975.

Demarcação: Im deutschen mit Demarkierung übersetzt. Nach der brasilianischen Verfassung von 1988 müssen Landgebiete, die traditionell den indigenen Völkern gehören, diesen auch zugesprochen und mit Besitztiteln übergeben werden. Zuerst wird ein anthropologisches Gutachten eingeholt, ob in diesem Gebiet tatsächlich, soweit die Erinnerung reicht, dieses oder jenes Volk ansässig war. Dann wird das Land offiziell von der FUNAI vermessen, als indigenes Territorium erklärt und schließlich vom Präsidenten der Republik ratifiziert. Danach erfolgt die entsprechende Eintragung ins Grundbuch. Demarkierungsprozesse ziehen sich oft über Jahrzehnte hin. Viele Indios wurden und werden wegen der Landfrage ermordet.

Dokument von Medellín: Schlussdokument der II Generalversammlung des Lateinamerikanischen Episkopats. Medellín, Kolumbien 1968.

Dokument von Puebla: Schlussdokument der III Generalversammlung des Lateinamerikanischen Episkopats, Puebla, Mexiko 1979.

Dokument von Santo Domingo: Schlussdokument der IV Generalversammlung des Lateinamerikanischen Episkopates und der Karibik, Santo Domingo, Dominikanische Republik, 1992.

Dokument von Aparecida: Schlussdokument der V Generalversammlung des Lateinamerikanischen Episkopats und der Karibik, Aparecida, Brasilien 2007.

Evangelii Nuntiandi: Apostolisches Schreiben von Papst Paul VI, 8. Dezember 1975.

FUNAI: Fundação National do Índio, Nationale Stifung des Indio, Staatliche Organisation für die indigenen Völker in Brasilien.

FUNASA: Fundação National de Saúde, Staatliche Gesundheitsbehörde.

IBAMA: Instituto Brasileiro do Meio Ambiente e dos Recursos Naturais Renováveis, Brasilianisches Institut für Umwelt und erneuerbare natürliche Ressourcen.

INCRA: Instituto National de Colonização e Reforma Agrária, Nationales Institut für Kolonisierung und Agrarreform.

PAC: Programa de Aceleração do Crescimento, Programm der brasilianischen Regierung für ein beschleunigtes Wachstum.

PDS: Projeto de Desenvolvimento Sustentável, Projekt für eine nachhaltige Entwicklung.

Anmerkungen

[1] Der Dichter und Sänger Caetano Veloso wird es mir verzeihen, dass ich hier auf sein Lied »Língua« (Zunge, Sprache) zurückgreife: »Eu não tenho pátria, tenho mátria e quero frátria« – Ich habe kein Vaterland, ich habe ein Mutterland und will ein Bruderland.

[2] Dom José Maria Pires, nach dem großen Anführer in der Zeit der Sklavenbefreiungen des 17. Jh. auch Dom »Zumbi« genannt, ist einer der wenigen schwarzen Bischöfe Brasiliens. Er zeichnet sich vor allem durch sein Engagement gegen die Diskriminierung von Menschen afrikanischer Abstammung aus.

[3] Der Name, mit dem die Kayapó sich selbst bezeichnen, bedeutet wörtlich: »Männer, die aus dem Wasserloch kamen«. Er kann verstanden werden als »Mensch, der von da kam, woher das Wasser kommt, also von oben, vom Himmel«.

[4] Die ca. 4.500 Kilometer lange »Überlandstraße« BR 230, von João Pessoa im Westen (Atlantik) bis fast an die Grenze zu Peru im Osten, zum Ort Humaitá (brasilianische Stadt, eine andere gleichen Namens liegt in Paraguay). Sie ist nur teilweise wirklich befahrbar, und oft wird als »eigentliche« Transamazônica nur der Abschnitt zwischen Marabá und Itaituba im Bundesstaat Pará verstanden.

[5] Tanz aus dem Norden Brasiliens, insbesondere dem Bundesstaat Pará, mit Schritten in schneller Folge.

[6] Vgl. die Mitteilung der CNBB in: *Comunicado Mensal da CNBB*, Nr. 226, Juli 1971, S. 65ff.

[7] Originaltitel *Em defesa da Vida na Amazônia*; vgl. in: Comunicado Mensal da CNBB, 438. Januar/Februar 1990, S. 100ff.

[8] Die deutsche Übersetzung *Aparecida 2007. Schlussdokument der 5. Generalversammlung des Episkopats von Lateinamerika und der Karibik* wurde von der Deutschen Bischofskonferenz als Nr. 41 der Reihe »Stimmen der Weltkirche« herausgegeben und ist online verfügbar unter: www.dbk.de/fileadmin/redaktion/veroeffentlichungen/weltkirche/WE_41.pdf (19.07.2011).

[9] Der Hintergrund dieser Überlegungen, die beim 3. Congresso Missionário Americano (3. Amerikanischer Missionskongress) vom 12.–17.08.2008 in Quito (Ecuador) vorgetragen wurden, sind vor allem die Dokumente des Zweiten Vatikanischen Konzils (die Pastorale Konstitution *Gaudium et Spes* »Über die Kirche in der Welt von heute« und das »Dekret über die Missionstätigkeit der Kirche« *Ad Gentes*), das Schlussdokument der V. Lateinamerikanischen Bi-

schofskonferenz 2007 in Aparecida (*Documento de Aparacida*, Nr. 406), das Arbeitspapier von Aparecida (*IdT*, Nr. 18-21) und die *Diretrizes Gerais da Ação Evangelizadora da Igreja no Brasil* (Generalrichtlinien der Brasilianischen Kirche zur Evangelisierung, DGAE-2008-2010, Nr. 207-209).

[10] Am 16. Juni 2008 wurde die Nachricht veröffentlicht, dass die Sternwarte La Silla in Chile drei Superplaneten entdeckt habe, die 4,2 Mal, 6,7 Mal und 9,4 Mal so groß seien wie die Erde.

[11] Vgl. Irenäus von Lyon, Gegen die Häresien, 6,1.

[12] Brief vom 1. Juni 1560; in: LEITE, Serafim (Hrsg.): Cartas dos primeiros jesuítas do Brasil, III. São Paulo: Comissão do IV Centenário da Cidade de São Paulo, 1954, S. 253–255.

[13] Texte nach der portugiesischsprachigen Wochenausgabe des *L'Osservatore Romano*, Rom, Jahr XIV, Nr. 12 (694), vom 20.03.1983, S. 15 (151).

[14] CNBB: Igreja: comunhão e missão, Nr. 117-119. Dokument Nr. 40; vgl. auch *Comunicado Mensal da CNBB* Nr. 430 vom 20.04.1988, S. 430.

[15] Statement von Dom Nei Paulo Moretto, Bischof vom Caxias do Sul, RS, bei der 36. Generalversammlung der CNBB, 30. April 1998. *Comunicado Mensal da CNBB* Nr. 520, April 1998, S. 520.

[16] Botschaft von Johannes Paul II. anlässlich des Weltmissionssonntags 1999, Nr. 9 (Schluss). In elektronischer Version verfügbar unter: www.vatican.va/holy_father/john_paul_ii/messages/missions/documents/hf_jp-ii_mes_25051999_world-day-for-missions-1999_ge.html (19.07.2011).

[17] *L'Osservatore Romano* (portugiesischsprachige Ausgabe), Rom, Jahr XXX, Nr. 23 (1.538), vom 05.06.1999, S. 3 (275).

[18] Die brasilianischen Verfassungen sind im Originaltext verfügbar unter: www.planalto.gov.br/ccivil_03/Constituicao/principal.htm (19.07.2011).

[19] *Comunicado Mensal da CNBB* Nr. 399, April 1986, S. 520. Vgl. KRÄUTLER, Erwin: Testemunhas de resistência e esperança. Discursos de Itaici. Brasília: CIMI, 1991.

[20] *Comunicado Mensal da CNBB* Nr. 410, April 1987, S. 541.

[21] *Comunicado Mensal da CNBB* Nr. 420, April 1988, S. 557.

[22] *Comunicado Mensal da CNBB* Nr. 420, April 1988, S. 559.

[23] *Comunicado Mensal da CNBB* Nr. 430, April 1989, S. 561.

[24] Artikel von Jarbas Passarinho in der Zeitung *Jornal do Brasil*, Brasília, vom 25. März 2004.

[25] ARNS, Paulo Evaristo: Brasil: nunca mais. Um relato para a história. Petrópolis: Vozes, 18. Auflage 1986.

26 Rede im Plenarsaal »Nereu Ramos« des Abgeordnetenhauses des Nationalkongresses bei der »4. Friedenskonferenz Brasiliens, Nationalforum zur Agrarreform und Gerechtigkeit auf dem Land, Nationalkampagne zur Begrenzung des Landbesitzes« (*4a Conferência da Paz no Brasil, Fórum Nacional pela Reforma Agrária e Justiça no Campo, Campanha Nacional pelo Limite da Propriedade da Terra*), einer gemeinsamen Veranstaltung des Nationalen Rates der christlichen Kirchen Brasiliens (CONIC) und des Abgeordnetenhauses; Brasília, 25. August 2008.

27 In diesen Kontext gehört der Autounfall auf der Transamazônica; vgl. Teil IV, Kapitel 2.

28 Anspielung auf einen berühmten Ausdruck des brasilianischen Dichters Olavo Bilac, der damit das Portugiesische als letzte und schönste vom Lateinischen abstammende Sprache preist (Lazio ist die Heimat des Lateins).

29 Vgl. »A civilização perdida da Amazônia« (Die verschollene Zivilisation Amazoniens) von Flávio Dieguez aus Monte Alegre und Carlos Eduardo Lins da Silva aus Washington. Im Internet verfügbar unter: http://super.abril.com.br/superarquivo/1996/conteudo_35374.shtml (19.07.2011).

30 VIEIRA, Padre Antônio. Sermões. Band II, Epiphaniepredigt, Nr. 5. Faksimile der Ausgabe von 1679, São Paulo: Ed. Anchieta, 1943.

31 Eine Krankheit, welche die Bantus »Kubanza« nannten. Die Portugiesen machten aus diesem Wort »Banzo«. Es handelt sich um eine unstillbare Sehnsucht, die pathologische Ausmaße annehmen kann und dann zu Melancholie, Resignation und Depressionen führt, die den Tod verursachen.

32 Bei den hier genannten exotischen Perkussionsinstrumenten handelt es sich um eine Standtrommel (Curimbó), Maracas (Rasseln, ursprünglich aus Kalebassen), ein Schrappinstrument (Reco-reco, ursprünglich aus Bambus) und eine Schotenrassel (Xeque-xeque).

33 Vgl. den Newsletter der Landlosenbewegung MST: *MST Informa*, Nr. 152, vom 11.08.2008. Die englischsprachige Ausgabe der Homepage des MST kann unter www.mstbrazil.org aufgerufen werden.

34 Am 20. März 2009 bestätigte der Bundesgerichtshof den Entscheid zum Weiterbestehen des Indioreservats Raposa Serra do Sol. Der Beschluss, mit zehn Stimmen gegen eine, weist die Eingabe gegen die Einrichtung des Reservats zurück, die im Jahr 2005 von Augusto Botelho, Senator des Bundesstaates Roraima (PT – Partido dos Trabalhadores), eingereicht worden war. Die Via Campesina ist eine internationale Organisation zum Schutz der Rechte traditioneller Bauern. Der *Grito dos Excluídos* (Schrei der Ausgeschlossenen) ist eine von der katholischen Kirche ins Leben gerufene Bewegung, die vor allem am symbolträchtigen 7. September, dem brasilianischen Unabhängigkeitstag (»Unabhängigkeitsschrei«), Demonstrationen veranstaltet.

35 Die Bandeirantes – eigentlich »Bannerträger« – werden als Nationalhelden gefeiert, weil sie im 17. Jahrhundert bis ins Landesinnere vordrangen, das Land den Indigenen raubten, Edelmetalle und Edelsteine in »Minas Gerais« entdeckten und schürften. Nachdem sie immer wieder indigene Einwohner versklavten und töteten kamen sie mit den Jesuiten und Jesuitenreduktionen in Konflikt und wurden von diesen bekämpft.

36 so zum Beispiel der *O Liberal* vom 26.5.2008.

37 Aktuelle Informationen rund um die Bewegung *Xingu vivo para sempre* sind im Internet unter: www.xinguvivo.org.br verfügbar.

38 Zum hier geschilderten Treffen in Altamira (und darüber hinaus) ist vom Sender *Deutsche Welle TV* in der Reihe »Glaubenssachen: Die Kirchensendung« im Internet der Beitrag »Von Mord bedroht – Indianerbischof Erwin Kräutler« frei verfügbar unter: www.youtube.com/watch?v=uVXeL2l1eS0 (19.07.2011).

39 Röm 10,17. Meditation für die Exerzitien der CNBB bei ihrer 46. Generalversammlung in Itaici (2.–11. April 2008).

40 In diesem Kapitel verdanke ich viel den Meditationen des ersten französischen Arbeiterpriesters Jacques Loew (1908–1999) »Ce Jesus qu'on appelle Christ«, Fayard, 1970 (Portugiesische Version: »Esse Jesus chamado Cristo«). Auf persönliche Einladung von Papst Paul VI hielt er im Vatikan im Februar 1970 die Fastenexerzitien.

41 In Kayapó enthalten die Verben für »hören«, »zuhören«, »wissen« alle die Silbe »ma« – »Leber«. Das Wort für »Ohr« und für »Gehör« ist ein und dasselbe: »iamak«: Die Worte müssen gut bis zur Leber gelangen. Wie oft tadelt eine Mutter das ungehorsame Kind und ruft: »Djam ga a-ma-kre-kêt?« – »Bist du taub?« Alle Gefühle hängen mit dem gehörten Wort zusammen, und auch die Sehnsucht hat ihren Sitz in der Leber: »Ba ajê ô a-ma kumex« – »Ich habe große Sehnsucht nach dir.« »Õ a-ma« – »Ich habe viel ›Gefühl‹ nach dir, ich möchte dich sehr gern ›hören‹«. Diese wertvollen Hinweise verdanke ich unserem Xaverianerpater Renato Trevisan, der lange Jahre unter den Kayapó in der Prälatur Xingu gelebt hat.

42 Ignatius von Loyola. Geistliche Exerzitien, Nr. 32 (allgemeine Gewissenserforschung, Elemente für die Unterscheidung); Nr. 135 (Einführung in die Unterscheidung von Appellen); Nr. 176 (Unterscheidung der verschiedenen Geister); Nr. 313–370 (Regeln für die verschiedenen Unterscheidungen).

43 Der Originaltext des heiligen Thomas lautet: »Sicut enim maius est illuminare, quam lucem solum videre, ita maius est contemplata aliis tradere, quam solum contemplari« (Summa theologica, secunda secundae, 188,6).

44 Vgl. Röm 1,1. Meditation für die Exerzitien der CNBB bei ihrer 46. Generalversammlung in Itaici (2.–11. April 2008).

45 Auch Epaphras, dem apostolischen Repräsentanten in der Gemeinde von Kolossos, gibt Paulus diesen Titel »Diener Christi Jesu«. Er lobt ihn zweimal und sagt der Gemeinde: »Immer kämpft er für euch im Gebet« (Kol 4,12). Titus nennt sich selbst ebenfalls »Diener Gottes«, und Jakobus sagt »Diener Gottes und des Herrn Jesus«. Judas beginnt seinen Brief folgendermaßen:»Judas, Diener Jesu Christi, Bruder des Jakobus« (Jud 1). Im ersten der ihm zugeschriebenen Briefe bittet Petrus »die Auserwählten, die als Fremde (Migranten) [...] in der Welt zerstreut leben« (1,1): »Seid Diener Gottes« (1 Petr 2,16). Johannes erklärt in seiner Offenbarung, dass Jesus Christus seine Enthüllung (Offenbarung) »seinem Knecht Johannes gezeigt hat«.

46 Das Wort »Weg« ohne jeden Zusatz ist der Apostelgeschichte eigen und bezeichnet die Gemeinde der Gläubigen, zum Beispiel »Anhänger des Weges« (Apg 9,2); »erklärten ihm den Weg« (Apg 18,26).

47 Vgl. SCHWANKL, Otto. »Was sucht ihr?« (Joh 1,38). Berufung in biblischer Sicht. Vorträge auf der Pastoraltagung Passau 2007.

48 Die Formulierung »κατελήμφθην ὑπὸ Χριστοῦ Ιησοῦ« bedeutet nicht einfach »jemand hat mich erreicht«, wie manchmal übersetzt wird, sie ist viel massiver: »jemand kam zu mir und packte mich bei der Hand« – umgangssprachlich: »packte mich beim Kragen«.

49 Dieses Wort erinnert an eine Gestalt in griechischen Tragödien (zum Beispiel Sophokles, Antigone), die eine Art von blinder Macht, von unvermeidlichem Verhängnis darstellt, das unentrinnbare Schicksal, das sogar noch über der Macht der Gottheiten steht und dem man nicht den Gehorsam verweigern kann; es ist eine unpersönliche und geheimnisvolle Macht, die das Geschick der Menschen bestimmt. Natürlich meint Paulus nicht eine »unpersönliche Macht« oder ein »unvermeidliches Verhängnis«, sondern spielt auf diese Gestalt der griechischen Tragödien an, um zu sagen, dass er dem Herrn bis in die letzte Faser seines Herzens verbunden ist und nicht mehr von ihm loskommt im Sinne von Gal 2,20: »Nicht mehr ich lebe, sondern Christus lebt in mir.«

50 Das Wort »parrhesia« (»παρρησία«) kommt im Neuen Testament vor (Apostelgeschichte), aber es hat seinen Ursprung in der antiken griechischen Literatur, besonders bei Euripides. Es ist aus den Elementen »παν« (pan) und »ρημα« (rhema) zusammengesetzt und bedeutet wörtlich »das ganze Wort«. So ist die parrhesia der mutige Entschluss, »alles« zu sagen, »die ganze Wahrheit«, ohne etwas zu verbergen oder zu verschweigen. Man kann es mit vielen verschiedenen Begriffen übersetzen, und nur alle zusammen können die wirkliche Bedeutung des Wortes »parrhesia« ausdrücken: Unerschrockenheit, Kühnheit, Festigkeit, Wagemut, Furchtlosigkeit, Freimut, Vertrauen, Zuversicht, Leidenschaft, Inbrunst, Eifer. Vgl. Apg 4,13.29.31; 9,27; 13,46; 14,3; 19,8; 26,26; 28,31.

51 Vgl. S. 174ff.

52 »Fleisch« bezeichnet die Menschheit. Das Wort hat unser Menschsein angenommen, mit all seinen Schwächen und Gebrechen, einschließlich des Todes (vgl. Phil 2,6–8). Der bei Johannes verwendete Ausdruck »ἐσκήνωσεν« (»er stellte sein Zelt auf«) erinnert an das Zelt der Begegnung, das beim Exodus die Gegenwart Gottes symbolisiert. Im Wort, im Eingeborenen des Vaters, wohnt jetzt das »'ehejeh 'ascher 'ehejeh« (Ex 3,14), der wahre Immanuel, »Gott ist mit uns«, und zugleich Jehoshu'a, »Gott rettet«, »Gott befreit«.

53 Vgl. Lk 24,13–35. Meditation für die Exerzitien der CNBB bei ihrer 46. Generalversammlung in Itaici (2.–11. April 2008).

54 Vgl. Johannes Paulus II., *Enzyklika Sollicitudo Rei Socialis*, Nr. 39.

55 Vgl. *Schlussdokument von Aparecida*, Nr. 65.

56 Der griechische Text des Neuen Testamentes sagt »ἄφαντος ἐγένετο« – »er wurde unsichtbar«. Es ist das einzige Mal, dass die Bibel »ἄφαντος« gebraucht, und deshalb meine ich, dass es angebracht ist, es wörtlich zu übersetzen »er wurde unsichtbar«, statt mit dem üblichen »und er verschwand von ihnen«. Unsichtbar werden bedeutet nicht »entschwinden«, »sich entfernen«. Jesus bleibt gegenwärtig, wenn auch »unsichtbar« für das physische menschliche Auge. Im Vers 29 baten die beiden Jünger »Bleibe bei uns!«, und der Vers fährt fort: »Und ging hinein, zu bleiben mit ihnen.«

57 Vgl. COMISSÃO EPISCOPAL PASTORAL PARA A ANIMAÇÃO BÍBLICO-CATEQUÉTICA DA CNBB (Hrsg.): Catequese, caminho para o discipulado e a missão. (Texto-base Nr. 86). Nationales Katechetisches Jahr, 2009.

58 In diesem Abschnitt habe ich mir Worte von Paulo Suess zu eigen gemacht, aus seinem Vortrag *A missionariedade dos presbíteros. Reflexões missiológicas em torno do »Documento de Aparecida«* vom 16. Februar 2008 beim 12. Nationalen Priestertreffen (Encontro Nacional dos Presbíteros, ENP), das vom 13.–19. Februar 2008 in Itaici/Indaiatuba (Bundesstaat São Paulo) stattfand.

59 Bei dieser Meditation stütze ich mich auf Gedanken des großen Alttestamentlers der Universität Freiburg im Breisgau, Alfons Deissler (1914–2005): Die Grundbotschaft des Alten Testaments. Freiburg: Herder, 1972, S. 48ff.

60 In den hebräischen Handschriften setzten die Masoreten die Vokale von »Adonai« unter die Konsonanten des Tetragramms (die vier Konsonanten JHWH) um anzuzeigen: »Lies: Adonai« (wörtlich: »Mein Herr«). Die Christen verstanden diesen Hinweis später nicht mehr und machten deshalb aus »Jahwe« das Wort »Jehova«.

61 Vgl. auch Hos 12,10: »Aber ich, der Herr, dein Gott, *seit der Zeit in Ägypten*, ich lasse dich wieder in Zelten wohnen ...«.

[62] In der Erzählung von Kain und Abel: Die beiden Brüder bringen das Opfer »Jahwe« dar. Nach dem Brudermord wendet »Jahwe« sich an Kain: »Wo ist dein Bruder Abel?« Und Kain antwortet irritiert: »Was weiß ich? Bin ich vielleicht der Hüter meines Bruders?« Und »Jahwe« erklärt: »Ich höre das Blut deines Bruders vom Ackerboden zu mir schreien« (Gen 4,9–10).

[63] Eva: »[...] denn sie wurde die Mutter aller Lebendigen« (Gen 3,20); Mose: »Ich habe ihn aus dem Wasser gezogen« (Ex 2,10); Samuel: »Ich habe ihn vom Herrn erbeten« (1 Sam 1,20); Jesus: »[...] denn er wird sein Volk von seinen Sünden erlösen« (Mt 1,21) – Jehoshu'a: JHWH rettet (erlöst, befreit).

[64] Der große Segen des Alten Testamentes: »Der Herr segne dich und behüte dich. Der Herr lasse sein Angesicht über dich leuchten und sei dir gnädig. Der Herr wende sein Angesicht dir zu und schenke dir Heil« (Num 6,24–26; Herr = Jahwe).

[65] Statement vor der »Parlamentarischen Untersuchungskommission (Comissão Parlamentar de Inquérito, CPI) zu Landproblemen« der Gesetzgebenden Versammlung des Bundesstaates Pará am 30. August 1984.

[66] Vgl. dazu meinen Artikel »Eu vi a miséria do meu povo ...« (»Ich habe das Leid meines Volkes gesehen ...«), veröffentlicht im *O Liberal*, Belém, Sonntagsausgabe vom 22. Juli 1984, S. 8.

[67] Vgl. das Wochenbulletin der CNBB: *Notícias*, Nr. 666, vom 17.03.1983, die (kirchliche) Zeitschrift *O São Paulo*, 11.–17.03.1983, S. 3 und die (kirchliche) Dokumentationssammlung *SEDOC*, Mai 1983, S. 1143.

[68] Vgl. die vollständige Dokumentation in der Zeitschrift des CIMI: *Porantim* X/101 (September 1987).

[69] Schwester Dorothy Mae Stang, in den USA geboren und in Brasilien eingebürgert, wurde am 12. Februar 2005 im Alter von 73 Jahren ermordet. Das Verbrechen geschah im Gemeindegebiet von Anapu, wo sie lebte, 140 Kilometer von Altamira entfernt.

[70] »Bleib mit Gott« – »Fique com Deus«, ist ein Abschiedsgruß, auf den der »Bleibende« antwortet: »Vá com Deus« – »Geh mit Gott«.

[71] Im Jahr 1999 schuf der INCRA das »Projekt zur nachhaltigen Entwicklung« (PDS), um Familien mit traditioneller Lebens- und Produktionsweise so zu unterstützen, dass sie von ihrem Anbau leben konnten. Das PDS wurde von den örtlichen Politikern und den Holzfirmen in sein Gegenteil verkehrt.

[72] Während des Wahlkampfes gab es sogar Versprechen von den Rednertribünen herab: »Wenn ihr mich wählt, werde ich dafür sorgen, dass Dorothy aus Anapu verschwindet!« Und wenn jemand vor den Kameras des *TV Globo* laut und deutlich sagte: »Was diese Schwester da macht, ist eine bösartige Provokation!«

und noch hinzufügte: »Es gibt da bewaffnete Leute, die reagieren werden« – war das nicht eine Anstiftung zum Verbrechen? Und haben nicht all jene das Verbrechen angestiftet, die in einer heimlichen Versammlung in Altamira den Beschluss fassten, dieses Verbrechen in Auftrag zu geben? Haben nicht all jene das Verbrechen angestiftet, die Schwester Dorothy verleumdet haben, die behaupteten, sie hätte Waffen an die Siedler verteilt, und die sie so der Bandenbildung beschuldigten? Haben nicht all jene Gemeindevertreter das Verbrechen angestiftet, die von der Rathaustribüne herab die Arbeit von Schwester Dorothy attackiert, ihr Engagement zum Wohl der Kleinen und Armen in Bausch und Bogen verurteilt und die Plantagen- und Holzfirmenbesitzer verteidigt haben, die ihnen die Wahlkampagnen finanzierten? Haben nicht all die, die die Nachricht vom Tod Dorothys mit Feuerwerken gefeiert haben, sich *post mortem* als geistige Urheber dieses Verbrechens entlarvt? Warum werden sie nicht zu Erklärungen und Aussagen vorgeladen?

[73] Anmerkung von Paulo Suess, dem Herausgeber der brasilianischen Originalausgabe: Während der Vorbereitungen zu diesem Buch erhielten wir am 7. April 2009 die Nachricht, dass die Justiz den Freispruch des Fazendeiros Vitalmiro Moura (»Bida«) annulliert, seine Festnahme angeordnet und einen neuen Prozess für ihn und den Killer Rayfran Sales (»Fogoió«) angesetzt hat.

[74] Mayi (06.12.1930–06.08.1999) hieß mit bürgerlichem Namen Marie Baptiste Ortiz und war eine Kleine Schwester Jesu.

[75] Vgl. S. 174 ff, die liebende Hingabe ihrer selbst von Sr. Dorothy Stang.

[76] Verszeilen aus dem mittelalterlichen Hymnus »Dies irae«.

[77] Das Johannesevangelium berichtet von sieben Zeichen Jesu: 1. die Verwandlung von Wasser in Wein bei der Hochzeit zu Kana (2,1–11); 2. die Heilung des Sohnes eines königlichen Beamten (4,46–54); 3. die Heilung des Gelähmten am Teich Betesda (5,1–18); 4. die Brotvermehrung (6,1–15); 5. Jesus geht auf dem Wasser seinen Jüngern entgegen (6,16–21); 6. die Heilung des Blindgeborenen (9,1–41); 7. die Auferweckung des Lazarus (11,1–45).

[78] Anmerkung der Übersetzerin: »Bem Viver« (spanisch: »Bien Vivir«), zu deutsch etwa »Gutleben« oder »Gutes Leben«, ist die annähernde Übersetzung eines alten weltanschaulichen Prinzips vieler lateinamerikanischer Völker (zum Beispiel qechua: *sumak kawsay*; aymara: *suma qamaña*; guarani: *teko porã*). Dieses Konzept des »auskömmlichen Zusammenlebens« wird in den letzten Jahren immer mehr als Alternative zu anderen Lebens- und Gesellschaftskonzepten verfochten und hat schon Eingang in neuere lateinamerikanische Verfassungen gefunden.

[79] Im Konzept der »Ökologie« kommt die Silbe »Öko« von dem griechischen Wort »οἶκος« (oikos), das »Haus« oder »Heim« bedeutet.

[80] Das »er liebte sie bis zur (extremen/äußersten/letzten) Vollendung« (Joh 13,1), im griechischen Original »εἰς τέλος ἠγάπησεν αὐτούς«, verbirgt sich auch im letzten Wort Jesu: »Es ist vollbracht« (Joh 19,30): »τετέλεσται«, das wörtlich bedeutet: »es wurde zu (seinem extremen/äußersten/letzten) Ende gebracht«.

[81] Ignatius von Antiochien, Brief an die Römer, 7,3.

[82] Vgl. S. 197

[83] SOARES, Armando: Reagir é a palavra de ordem. In: O Liberal, Belém, 06.06.2006, S. 11.

[84] Statement von Bischof Erwin Kräutler im Programm »Cidade Livre«, Altamira, das auch am 27.06.2006 von TV Nazaré und TV Canção Nova gesendet wurde.

[85] THÉRÈSE VON LISIEUX: Manuscripts autobiographiques. Lisieux: 1957. S. 227ff.

[86] THÉRÈSE VON LISIEUX: Geschichte einer Seele, Paulinus, Trier 2009.

[87] Gebet, 54,22.

[88] Diese Episode wird auf S. 167ff näher beschrieben.